走向智能丛书

知行

郭朝晖 著

MIND AND HAND

Digital Evolution of Industrial Gene

工业基因的数字化演进

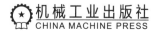
机械工业出版社
CHINA MACHINE PRESS

图书在版编目（CIP）数据

知行：工业基因的数字化演进/郭朝晖著. —北京：机械工业出版社，2022.11
（2024.6 重印）
（走向智能丛书）
ISBN 978-7-111-71868-0

I. ① 知⋯　II. ① 郭⋯　III. ① 现代工业 - 数字化 - 研究　IV. ① F4-39

中国版本图书馆 CIP 数据核字（2022）第 198755 号

知行：工业基因的数字化演进

出版发行：机械工业出版社（北京市西城区百万庄大街 22 号　邮政编码：100037）	
责任编辑：王　颖	责任校对：李小宝　王明欣
印　　刷：三河市宏达印刷有限公司	版　　次：2024 年 6 月第 1 版第 4 次印刷
开　　本：165mm×225mm　1/16	印　　张：18.5
书　　号：ISBN 978-7-111-71868-0	定　　价：99.00 元

客服电话：(010) 88361066　68326294

版权所有·侵权必究
封底无防伪标均为盗版

序一

Mind and Hand
知行

通向数字化共识之路

拜读郭朝晖博士的《知行：工业基因的数字化演进》，激发了我对以下问题的思考：是什么原因导致了今天人们对数字化议题缺乏共识？什么是信息、数据、知识、智慧？什么是信息化和数字化？什么是大数据、物联网、区块链、云计算、中台、智能制造、工业互联网、数字化转型？产业互联网、工业互联网、工业物联网有什么区别和联系？数字经济、信息经济、知识经济、网络经济有什么区别？元宇宙是趋势还是泡沫？对于新概念，有人兴奋，有人疑惑，有人迷茫，有人嗅到了商机，有人看到了炒作。人们关于一个新概念的争论还没结束，又被下一轮的新概念所淹没。这是一个充斥着"新概念雾霾"的时代，数字化的共识已成为昂贵的"奢侈品"。我们需要思考的是，这一现象背后的原因到底是什么？如何才能找到通向数字化的共识之路？

该书为我们找到了一条凝聚共识的新路，这条道路上有四个路标：真问题、元认知、秒懂力和知行合一。

一、真问题

实践是检验真理的唯一标准，对数字化领域认知、理念、规律的讨论，需要在实践中进行，需要在解决真问题中迭代。

（一）认知的路径

人们对新概念的认知有两条路径：从概念出发和从实践出发。

长期以来，欧美发达国家的数字化一直走在前列，如今尴尬的现实是，如果抛开政策的话语体系，我国企业界和学术界关于数字化的认知体系是建立在舶来品概念基础之上的：从40年前的企业资源计划（ERP）、客户关系管理（CRM）、供应链管理（SCM）、制造执行系统（MES）、产品全生命周期管理（PLM），到15年前的物联网、大数据、云计算、CPS[⊖]、数字孪生、新一代人工智能，再到10年前的工业4.0、工业互联网、数字化转型，以及今天热炒的元宇宙。人们热衷于分析舶来品概念的英文词根，追根溯源直到古希腊，这是必要的，但还远远不够。

这些概念或源自技术视角、商业视角，或源自经济视角、政策视角，乃至文学视角。人们研究新概念是因为担心错过了热点的当班车，也看到了资本市场上的追捧，以及学者、专家们的争论甚至诋毁，许多人充满了迷茫与困惑，共识成为"奢侈品"。

（二）共识的锚点

很多时候，人们对技术趋势和时代潮流的理解和洞察是从舶来品的概念出发，从各自知识背景和经验出发。人们不仅需要从概念出发，更需要从实践出发、从问题出发，把实践中的真问题作为理解新概念的锚点，从而透过"新概念雾霾"发现规律和本质。以真问题为锚点是化解重大分歧、找到共识之路的不二法门。

（三）变与不变

对于当下国内外关于数字化的理念、理论、方法、方案、模式，一个基本态度是，学习并理解，但不盲从。今天，每当业界对数字化新概念产生重大分歧的时候，我们都需要回到当下的中国，回到中国经济社会发展

⊖ CPS（Cyber-Physical System），赛博物理系统。——编辑注

的场景，回到中国面临的真问题。我们要不断思考什么变了，什么没变。在这一点上，郭朝晖博士思考问题的方式正是我所欣赏的。

面对众说纷纭的数字化趋势，需要把新思想、新技术、新方案深深扎到我国最新的商业实践中，深到人潮涌动的商场、机器轰鸣的车间、散发着泥土芳香的牧场。其他国家企业数字化的今天不一定意味着我国企业数字化的明天，只有从根本上解决企业的成本、质量、运营、效率等问题，找到应对需求巨变的方案，应对供给体系从规模化走向个性化、服务化、智能化的挑战，重构产品、研发、生产、物流及供应链体系和商业模式，构建企业新的竞争力，才能理解新概念的价值。该书反复强调的理念是要处理好技术必要性与经济可行性的关系，新概念需要放到这一场景下系统思考其内涵、外延、本质和价值。

二、元认知

历史上，从来没有任何一种技术像数字技术这样，能够在如此短的时间内涌现出如此多的对人类产生深远而广泛影响的新技术，这些技术的群体性、持续性、爆发性突破与应用让人们来不及思考技术、产业及经济社会转型的本质和底层逻辑，这是客观上造成"新概念雾霾"的重要原因。那么，共识缺失的主观原因又是什么？

理论是节约信息的工具。

跳出现象挖掘事物的本质是形成共识的基础，对数字化本质和规律的洞察是穿越"新概念雾霾"的利器。

郭朝晖博士在该书中对于底层逻辑和认识方法论的思考，可帮助我们理解数字化转型的本质。这种思考给我带来的启发是，共识需要建立在对事物本质理解的基础之上，再找到从现象到一般的规律，以小见大，见微知著。在认识、理解数字化本质和规律的道路上，面对层出不穷、纷繁复杂的数字化概念、理念、观点、模式和案例，我们需要对认知体系和方法论进行反思和再认知，需要"元认知"的视角和方法论。该书对一些我们认为的"常识"进行了重新定义，如效率、质量、成本、创新等。

元认知是美国心理学家 J. H. 弗拉维尔提出的，指的是"对认知的认知"，是对认知活动刻意的、有意识的察觉和控制。

认知是人们对外部世界的判断、理解、选择和记忆，元认知是个体像旁观者一样对自己的认知世界的理性的、自觉的、独立的"认知"。人们对事物的认识，都是从认识现象开始的，在认识了现象之后，进一步把握事物的本质，明确自己是怎么思考的，思考的底层逻辑是什么，思考的方式对不对，思考的局限性是什么，等等。

在数字化的认知体系中，如何构建元认知？有三个核心关键词。

（一）自省

能够反思自己认知的基础是自省，是开放的心态。孔子说："吾有知乎哉？无知也。"苏格拉底说："我唯一知道的就是自己一无所知。"人们常说互联网的未知远大于已知。面对数字技术革命，人们关于数字化认知的基本假设是，我的认知体系是片面的、有局限性的。数字技术的发展将不同专业背景的人聚集到一个平台上，形成共同的认知。

20多年前互联网快速普及时，人们经常讲3C融合，即通信（Communication）、计算机（Computer）和消费类电子产品（Consumer Electrics）的融合；讲三网融合，即广电网、通信网和互联网的融合。10多年前工业互联网出现时，人们开始讨论IT与OT的融合，企业外网（互联网）与内网（工业以太网）的融合。今天，当讲到数字化转型时，它将IT技术、工业软件、自动化、互联网、云计算，以及企业管理、市场营销等不同专业背景的人聚集在一起讨论需要形成共识的话题，这些人缺乏共同的知识背景、话语体系、业务场景和目的，共识成为一种"奢侈品"就在所难免。

在数字化认知的共识之路上，首先需要谦卑的心态——我只是一个拥有碎片知识的人。共识从承认自己一无所知开始，我们对这个时代需要保持足够的敬畏，专家们也要相信那些对决策负责的企业家们的判断力。没有谦卑态度的专业知识是偏执的，没有专业知识的谦卑是矫揉造作的。

（二）三观

人们总在寻找和提取符合自己看法和假设的回忆，不自觉隐瞒或忽视相悖的信息，对不熟悉、不认同的观点有天然的抵触，容易支持自己偏好的观念、对应关系和虚假联系。

每个人都有信息茧房，它与学历、职位和经验无关。

突破认知的瓶颈，构建元认知需要有三观：历史观、全球观和全局观。

历史观就是把对新生事物理解的时间尺度拉长，从历史的纵深感中寻找事物的本质。你能看到多远的过去，就能看到多远的未来，前瞻性的判断力来自长周期的规律中。60年来，大型机、小型机、微型机、云计算、数据中台、智能手机、智能汽车等技术演进遵循的底层逻辑就是软硬解耦，能力复用。

全球观就是把新生事物认知的空间尺度拉宽，找到全球认知的坐标系。德国人的工业4.0，美国人的工业互联网，中国人的两化深度融合，本质上都是跨越集成应用的技术发展。

全局观就是把对新生事物认知的视野拉高，构建本质认知的穿透力。任何一个新概念都是在当前特定的技术和背景条件下产生的，并都要与时俱进。例如，2020年物美将自己的ERP系统升级成了多点系统。国内ERP厂商纷纷将ERP核心产品升级，基于云平台重新定义自己的产品理念和价值导向。

（三）方法

黑格尔曾说："熟知非真知。"

人们对事物的认识，都是从认识现象开始的，在认识了现象之后，要进一步把握事物的本质，不能只停留在对事物表面的熟知上。当我们意识到应该反思熟知与真知，对思维本身进行思考时，就会形成批判性思维。

熟知的结果就是直接导致人们感受器官的钝化、抑制与封闭，也因为"熟"，反复和单调的经验阻碍了人们对外界丰富新鲜信息的接收和反应。人们需要不断反思自己的思想观念、心智模式和性格习惯，因为人们很容易把自己认知的尽头当作世界的尽头。

元认知需要科学的方法论，数字技术带给世界最重要的价值是，把一个个孤立的单元连接成一个复杂的类生物系统。数字时代的设备、产线、工厂、供应商、销售商、产品、客户等，都基于无所不在的感知和连接，物理世界成为一个有机生物体。但许多人用机械论的方法认识世界，数字时代的物理世界并非一切事物都完全服从于机械因果律，遵循一个不间断的因果链条，世界不是各个子要素的简单相加。

任何新的概念体系都要放到大系统的坐标系中找到相应的位置，人们需要抛弃非此即彼的线性思维，走向复杂的系统思维。对于数字技术的认知，需要抛弃"五官争功论"——总要争辩出眼睛、鼻子、耳朵哪个作用更大。今天的5G、物联网、工业软件、人工智能、数字孪生、云计算、边缘计算、时间敏感网络等构成了智能技术群的"核聚变"，只有协作才能发挥更大的作用。

在数字时代，不确定性是常态，应对不确定性是数字化转型的逻辑起点。对这一逻辑起点假设的不同是形成人们认知分歧的原点，近现代科学成就不断强化人们基于确定性逻辑规律的认知，大部分的现实问题要靠确定性的科学来解决。近代科学绝对化、简单化的思维框架已容不下不确定性，对于不确定性造成的不可预测性，坚持传统思维框架的人们耿耿于怀，总想找到一劳永逸的灵丹妙药。对不确定性的重新认识，是现代科学对于人类思想的重要贡献。数字化将人类带入一个深度感知、广泛连接、泛在智能的复杂巨系统，人类认知的世界观需要从"机械的、可预见的、静态的"逐步向"不断进化的、不可预见的、永远发展的"方向演进。

数字化驱动的复杂巨系统中，涌现是数字系统演进的基本动力，新技术在实践应用创新中加速新概念的迭代，理解和认识任何新概念都需要动态思维，对任何新概念的理解都应是动态的，而不是静止的。

多视角观察是数字时代认识方法论的基本要求，任何一个新概念都可以从技术、商业、管理、产业、治理等不同视角来观察。正如朝晖博士在该书中讲的，创新不是发明，任何创新都要从技术可行性与经济可行性的统一视角来观察。

最后，理性探讨问题的原则是对"动机论""诛心论"保持足够的警惕。经常看到的现象是，人们在讨论新概念、新观点的过程中，有意无意地热衷于批判动机、分析心态，把一切看不惯的言行上升到道德高度加以鞭笞谴责，自己感觉正义在胸、真理在握。动机看不见也百口难辩，诛心只有"大胆假设"，没有"小心求证"，讨论走进死胡同。"法不诛心，唯论言行。"

三、秒懂力

维特根斯坦认为，语言的边界就是思想的边界。

当数字化概念的认识门槛如此之高的时候，人们需要反思：语言是否能表达我们的思想？这引出两个基本思考：一是关于新概念本身，对新概念的内涵和外延阐释是否触及对事物本质的理解；二是关于受众对新概念的接受，新概念的传播是否具备"秒懂力"。

郭朝晖博士的系列文章引发很多人的共鸣和讨论，这使我想起了几年前唐文等出版的《秒懂力》。我理解秒懂力就是以极低的理解成本，把任何复杂、晦涩的技术概念提炼、归纳和转化为可接受内容的能力。在对数字化理解的专业表达中，郭朝晖博士的思考和表达是具备"秒懂力"的，他能够把一种高度专业化、抽象化的技术体系，以更通俗的方式传递给受众。

在通向数字化概念共识的道路上，如何建立秒懂力？有三个视角。

(一) 换位思考

当你能准确表达你所反对的观点，你们的分歧已减少了50%。

当我们反对一个观点时，很多时候我们不知道到底在反对什么，你所反对的是不是对方想表达的。

很多时候，人们的分歧并非观点的不同，而是基本概念、基本假设、约束条件、观察视角、价值导向等方面的认知差异。我们经常看到的现象是，一群人围绕某个议题或观点产生了争论，过了很久才发现，他们并不清楚到底在争论什么问题。

数字技术快速迭代的今天，人们不断赋予新概念以新的内涵、新的观点，人们达成共识的基础是能站在对方的视角清晰准确地表达对方的观点。

(二) 故事思维

有效传递信息、理念、洞察的重要方式是故事。故事是人类最原始、最有效的理念传播方式。故事思维有四个要素——人物、情节、场景和意义，一个人在特定的场景中展示了一个有冲突张力的事件，并从这个事件中传递了理念和观点。郭朝晖博士是讲故事的高手，他在该书中给我们讲了很多故事，这些故事所构建的秒懂力，可以实现数字化理念认知的破圈传播。

（三）启发大于共识

降低理解成本的另一个观察视角是，人们传播的理念和观点是否有启发性，能否引起共鸣。

新概念试图描述新现象，理解新规律，洞察新趋势。对新概念的研究、学习、讨论乃至争论的目的在于去伪存真并逼近真相，以此指导实践。认知是一个无限逼近真理的过程，共识是在实践检验中不断形成的，认知的基本流程是新现象 – 新概念 – 新理论 – 再实践 – 新现象……，只有在实践与理论的无数闭环迭代中，才能找到真相。从这个意义上，对于新概念、新洞察，人们没有必要追求100%的认同与共识，共识的终极目的在于指导实践，而有共识的认知可以指导实践，有争议的启发也可以指导实践。讨论交流的目的在于形成共识，但更重要的是在于启发，在于观念的碰撞中有没有对自己所从事工作更加深入、更加全面、更加系统的思考，并据此优化人们的决策和行为。

学校教育凝聚了人类社会几千年来关于认知的最大共识，而教育的本质是唤醒，是启发。人们常说："教育就是一棵树摇动另一棵树，一朵云推动另一朵云，一个灵魂唤醒另一个灵魂。"在充满不确定性的数字化领域，在探寻规律、追求共识的道路上，启发比共识更重要，启发是通向新一轮共识的路标。

四、知行合一

思维创造世界。关于理论与实践的关系，是哲学命题，也是现实问题。"知"是指内心的觉知，对事物的认识，是物理世界在人的意识世界中规律化、体系化的呈现；"行"是指人的实际行为，从知先行后、知易行难到知行合一，它是中国古代哲学中认识论和实践论的命题。

《知行：工业基因的数字化演进》的书名体现了郭朝晖博士一直以来对现实与理论的思考。面对数字化的美好蓝图，实践者总是寸步难行，往往不能沿着理论的方向直线式前进。面对问题和挑战，我们应该坚持一种什么样的理念、态度和方法？

没有正确理论指导的实践叫蛮干，没有实践检验的理论是空想。今天的数字化语境中，很多时候"行"比"知"更重要。

观念和思想是指导行为的工具，就像筷子和勺子是吃饭的工具一样，一种思想和理论是否为真理，在于它是否能指导人类的实践，并获得实效。

人们热衷于各种数字化新概念，本质上是试图洞察这个时代的规律和发展趋势，并指导人们的实践行为。该书呈现的实践导向、问题导向的思维方式是我所欣赏的。该书对于当前业界提出的 CPS、数字孪生、人机关系、创新系统等的阐述，体现了作者理论与实践相结合的思维方式，主要体现在三个方面。

一是迭代思维。该书一个重要观点是，做到知行合一就是要走一条渐进的道路，这意味着企业需要根据自身的条件，从实际问题出发，从短板入手，尊重技术发展的规律。在我看来，进化的另一种表达是：Think big（大处着眼）、Start small（小处着手）、Scale fast（快速进化）。这是数字化时代业务迭代的基本模式。

二是工程思维。理念上的可行性在工程上是否可行？该书讲到了很多关于创新的认识，如何以工程的方法论降低创新的风险，如开放式创新，通过合作或收购实现创新，最小可行产品（Minimum Viable Product）方法，仿真方法，原型方法等。总之，就是要把研发的风险降下来。

三是市场思维。数字化技术要同时考虑两个方面的问题：技术可行性和经济可行性。"快速响应"是连接两者的重要桥梁：通过数字化技术改变人机关系，提升快速响应能力，为企业创造更多价值。企业的管理者要把技术创新当作企业的风险投资，在管理过程中实现创新。

是为序。

安筱鹏
2022 年 5 月

序二

Mind and Hand
知行

2022年4月27日，郭朝晖先生给我来电，告诉我他写了一本新书，希望我写几句话，我欣然应允。因为我了解他，相信这本书值得一读。我是2004年到宝钢工作后不久就认识朝晖的，那时，为了与科技人员建立制度化的沟通渠道，我定期召开科技人员座谈会，请在宝钢有代表性的科技专家畅谈对科技工作的意见和建议，几乎每次座谈朝晖都参加。退休后，我仍与他保持联系。2021年3月，为了解企业数字化转型现状，我约了几位专家在轻松的气氛中面聊，朝晖自然也在列。

收到《知行：工业基因的数字化演进》书稿电子版后，我用一周时间读完了这本著作，颇受教益。书名一目了然，恰当地体现了该书的基本内涵。"工业基因的数字化演进"，说明工业企业数字化是为工业发展服务的，是一种工具，一种利器——非同寻常的现代化工具，它可以使现代工业基因得以优化。我们不能把数字化与工业基因割裂开来，为数字化而数字化。对于"工业基因"，作者用五个"理解"来解析，即理解效率、理解质量、理解成本、理解标准和理解管理。对于前三个基因，人们比较熟悉，但对它们的认识和实践到位的至今仍不多见。对于后两个基因，许多人并没有给予应有关注，而这两个基因恰恰在很大程度上决定了前三个基因的优劣。数字化可以对效率、质量、成本、标准和管理的优化产生难以想象的作用，从而使工业产品以前所未有的新姿态，满足和引导人们的物质文化需求，造福于人类。数字化不是改变工业基因，而是优化它。这种优化是一个渐进的过程，通过日积月累的渐变，到某一个时点，在某一个地点实现突变，所以作者用了"演进"两个字来描述。演进需要"韧性"精神，不可能一蹴而就。

该书的书名在"工业基因的数字化演进"前用了"知行"二字，可以说，这是作者从认识（知）和实践（行）两个角度来谈工业基因的数字化演进的基本条件。在作者看来，演进能否顺利展开，首先要解决好认识问题，搞清楚一系列基本概念及概念之间的逻辑关系。认识问题解决不好，实践难免是盲目的，也不可能取得成功。认识问题本身也离不开实践。在这个意义上可以说，实践是高于认识的。在知与行的关系方面，古往今来不外乎三种学说，即《尚书》中的"知易行难"、孙中山先生提出的"知难行易"和王阳明的"知行合一"，这三种学说各从一个重要侧面阐述了知行的关系。如何把握？朱熹曰："知行常相须，如目无足不行，足无目不见。论先后，知为先；论轻重，行为重。"知行之间是相互依赖的，知中有行，行中有知，这就是知行合一；但可分先后、轻重。若要行动，总得先把这件事"是什么"和该"怎么做"尽可能搞清楚，弄明白，所谓"凡事预则立，不预则废"。这就是"知难行易"的价值，也就是"知为先"的理由。"知"不是为知而知，是为了行，是行的准备，一件事能否做好，最终取决于行——实践是检验真理的唯一标准。这就是"知易行难"的价值，也就是"行为重"的理由。

从现实看，在知和行的关系方面，缺乏知和缺乏行的问题都是存在的：在知的方面，缺乏鲁迅所指出的"明白的理性"；在行的方面，形式主义和官僚主义时有抬头，至今仍是我们的大敌。相比较而言，知和行，缺乏行的问题更突出。作者身在企业，对企业存在的理论脱离实际的问题特别敏感，严肃地指出了教育界、科技界和企业界存在的理论脱离实际的问题。作者十分看重现场，该书中引用了我国著名数字化专家宁振波先生的一段话："会议室里听到的不一定是真实的。真实的信息，往往来自接近事实的地方；远离事实的地方，了解到的往往是远离真实的假象。"工业中真实的东西往往只能在一线才能看到，对此，我深以为然。成功的日本企业的管理诀窍之一，是紧紧依靠一线员工开展无止境的现场改善活动，即所谓"自主管理"，这是企业创新的重要基础。宝钢之所以能成为国内领先的优秀企业，与创业初全套引进新日铁的基层管理制度有关，其中之一就是员工自主管理。当年还没有"数字化转型"这一概念，现在有了数字化，现场管理完全可以演进至一个新阶段。

该书的一个鲜明特点是问题导向，与"重实践"密切相关，作者针对现实中存在的问题（包括认识方面的问题和实践方面的问题）进行分析，有的放矢。问题导向的前提是看得到问题、看得清问题，做到这一点并不容易。有人看得到、看得清认识方面的问题，却看不到实践中的问题；有人则反之；有人两方面的问题都看不到、看不清。难能可贵的是，作者既能看到、看清认识方面的问题，也能看到、看清实践方面的问题，这与他的经历和专业性有关。他既有扎实的专业功底，又有长期的实践基础，尤其是他勤于思考，又善于思考。作者往往善于对一些习以为常的观点进行补充——看到它的另一面或另两面。比如，人们常说发展中国家有"后发优势"，作者则提出"后发优势"是在特定条件下才存在的，失去了这个条件，更多的是"后发劣势"；又比如，在创新中遇到困难要"知难而进"，作者则提出还要补充两个角度，一是"知难而退"，二是"知难而变"。书中类似的例子比比皆是，充分体现了在实践中的辩证思维。

本书的最后一篇（第六篇）为"陈旧观念与工业文化"，最后一章（第二十六章）为"工业文化与工业数字化"，以文化压轴，别具匠心。广义的文化分为四个层面，即观念层面、制度层面、习惯层面和器物层面，从这样的意义上说，一切问题归根结底都是文化问题。当今世界正经历百年未有之大变局，面对日益激烈的国际竞争，我们靠什么立于不败之地？最直观地，可以说靠科技创新，更要靠先进的体制机制。需要再问的是：合理的、先进的制度靠什么来建立和实施？靠高素质的人。正如鲁迅100多年前所指出："首在立人，人立而后凡事举。"我在宝钢工作了11年，下功夫梳理了鲁迅的"立人"思想，在宝钢开讲"鲁迅'立人'思想与宝钢人发展"。退休后，我把很大一部分精力用于鲁迅"立人"思想的研究和传播。回到朝晖的这本书，我想说的是，一个企业工业基因的数字化演进能否顺利，取决于这个企业领导干部、科技人员、管理人员和员工的素质能否提升到当今世界人类发展所必须达到的程度。

该书围绕"知行：工业基因的数字化演进"，提出了许多独创性的见解，知识点很广，阅读该书可以领略朝晖博士"博"之风采。

刘国胜

2022年5月7日

前言
Mind and Hand
知行

积跬步以至千里

谈到数字化转型,人们经常陷于各种情绪的纠结中。

看到了机会,发现了价值,就会感到激动;想不清思路,找不到办法,就会感到焦虑;受到用户的批评,价值得不到体现,就会感到困惑。其实,矛盾的冲突往往体现在"时间"上:长期看(看未来),往往满怀希望;短期看(看眼前),往往充满困惑。长期看,数字化技术的价值往往被低估,数字化转型的意义巨大;短期看,价值往往被高估,实际的意义不大。短期看,要防止过热就快不得,需要一步一个脚印地往前走;长期看,要抓住机会就慢不得,需要只争朝夕。我们需要找到一条从当下开始并通往未来的道路。这条道路就是逐步演进之路。

要理解未来,理解数字化转型的长期作用,可以沿着一条线索思考:从"人机关系"的改变到"人人关系"的改变。

数字化技术的直接作用是改变人机关系,提高自动化和机器决策的能力。但人机关系的改变会诱发人与人关系的改变。人人关系的改变往往表现为业务流程再造、商业模式创新和新型企业的出现。这些改变会促进社会分工,导致经济社会的发展,并反过来促进人机关系的进一步改变。数字化技术的作用,就是在人机关系和人人关系相互促进的过程中不断演进，深刻地改变着工业技术、经济社会和人类文明。

前途是光明的，道路却是曲折的。要理解数字化转型当前的困难，就要理解技术的经济性。

理论家展望未来，似乎有无限的发展空间，而实践者要脚踏实地解决眼前的困难。人类历史发展过程中的一粒尘土，就可能成为挡在实践者面前的一座高山。所以，实践时常不能沿着理论的方向直线式前进。我们注意到，企业数字化转型中的现实困难，本质上是技术先进性与经济性的矛盾。也就是说，先进的技术未必带来经济效益。这就会阻碍数字化技术的推进。对企业来说，先进性和经济性的统一是知行合一的基础。我们的注意力应该集中在如何实现并促进这种统一上。

演进策略就是解决这个矛盾的思路。企业采用演进策略时，应该放弃数字化转型一步到位的执念和奢望，每一步的行动都应结合具体的条件和现实的需求。这样，就可以把数字化转型中"登天的困难"化解成"登山的困难"，才能促成技术先进性与经济性的统一。通过长期的坚持，积跬步以至千里，就能够引发技术和社会发展的质变和飞跃。逐步演进可以有效地化解创新中的风险，顺应社会发展的需求，让企业成为技术的"先驱"，而不是"先烈"。

坚持演进的道路并不容易。要只争朝夕，更要坚定不移。要看到方向，还要看到困难，更要有克服困难的勇气和解决困难的思路。既要有"知难而进"的决心，也要有"知难而退""知难而变"的智慧和眼光。既要有追求极致的精神，还要有舍弃理想主义的决断。既要善于解决具体问题，又不能止步于就事论事，要为长期的持续改进铺路。

走演进的道路，要继承现代工业的优秀基因，并让技术具备经济性。有些专家的学术地位很高，对数字化技术的话语权很大，如果他们缺乏企业的实践经验，不熟悉现代工业的技术和管理的特点，对技术演进的规律理解不深，就容易对企业的数字化工作造成误导和干扰。对这种问题的担忧也是写作本书的动力之一。

本书的写作目的是帮助工业企业的管理人员和技术人员把数字化转型的思想和思路贯通起来，从不同层面全面地认识数字化转型，从而更深刻地理解现代工业和以此为基础的技术创新。全书总共分成六篇。

第一篇从企业的角度理解技术创新。企业的创新不同于学术研究，数字化转型是技术创新的过程，而技术创新是不断演进的过程。创新一般是由外部条件和需求变化引发的，技术随着外部条件的变化而不断演进。创新时常发生在条件不太成熟，需求不太清晰的时候。创新者要学会顺应技术发展的规律，要善于把握条件变化的时机以及技术进步的分寸。

第二篇介绍现代工业的本质特点和经济社会发展的需求。现代工业的基因不同于实验室中的技术原理，是指现代工业技术和管理的特点和精髓。认识工业基因，是促成技术先进性和经济可行性统一的基础。技术演进必须长期坚持，演进方向需要顺应经济社会的发展，才能取得数字化技术的先机。

第三篇从人机关系的角度讨论数字化技术的演进。从人机关系出发，可以把机械化、自动化、信息化、智能化放到控制论的体系内，从而便于理解技术演进的逻辑。工业互联网和人工智能都可以看作重构人机关系的方法。技术演进的推动力是新一代信息技术的发展。计算机决策具有巨大的潜力，相关技术发展的过程，是潜力释放的过程，也是应用场景不断拓展的过程。工业界和学术界的创新机会，往往来自新的应用场景。数字化技术的应用，其实是重构人机关系的过程。

第四篇从知识角度讨论数据技术与工业知识的相关问题。工业大数据和工业互联网的发展产生众多的应用场景和机会，使得根因分析、数据建模、工业App的技术经济性发生了本质变化。工业企业要抓住这个机会，需要深刻认识工业大数据和工业互联网平台的作用。

第五篇从价值创造的角度讨论数字化技术。走演进之路的目的，是促进技术先进性和经济性的统一。以快速响应为桥梁，可以把数字化的技术与价值创造联系起来。数字化技术提升了企业资源配置的能力，为快速响应奠定了基础。而资源配置方式的改变，促进了组织流程和商业模式的改变，带来了创新创业的机会，最终会引发企业生态的改变。

本书的最后一篇对固有观念和工业文化进行了探讨。笔者发现，企业推进数字化技术的阻力和风险，大都与固有观念相关，它们产生于特定的历史时期和环境，在当时具有一定的合理性。但是，人们的思想却没有与时俱进，从而阻碍了数字化技术的应用。

在工业领域，先行者的实践往往是走在理论前面的。我们谈到的每一个概念和思想，都可以在过去的实践中找到对应的案例。理论的新颖性，更多体现在实践的延长线上。实践是丰富的，也是多维度的；理论的作用是把多个低维度实践整合为一个高维度的理论空间，帮助人们在实践中扩大视野。

本书的写作先后花了7年的时间，这期间有多次打算放弃，却觉得对不起过去花费的心血。所以，虽然本书有很多的毛病，但最终还是决定将其出版。写作本书时，笔者坚持一个原则：写出来的东西，必须能够说服自己。但自认为想明白的观点，却不一定是对的。在撰写本书的时候，笔者深深感觉到知识的不足、实践的局限、认知的不深，衷心希望读者批评指正。

时光似箭,岁月如梭。在不知不觉中,笔者已经走过了50多年的人生。在这50多年的时间里,我看到了理论的重要性,更能体会实践知识的价值。25年前,我博士毕业后直接到了宝钢工作,得到许许多多前辈的指导和朋友的帮助。

特别感谢任德祥先生。1997年,任先生筹建宝钢技术中心自动化所时,我有幸成为该研究所的"第一个兵",开启了我在宝钢20多年的职业生涯。任先生不仅是我工作中的领导,更是我人生和职场的导师。任先生生前曾反复教导我要"读书、明理、做好人",要成为一个对社会有贡献的人。

特别感谢何麟生先生。何老是宝钢信息技术的奠基人,他的远见卓识是超越时代的。40多年前宝钢建设之初,何老就提出"数据不落地""抓计算机就是抓知识"的思想。他清晰地意识到计算机能为企业和社会的管理带来革命性的变化。何老在世时曾多次嘱咐我,希望能把这些思想传承下去。希望本书的出版能够告慰两位前辈的在天之灵。

特别感谢我的师傅王洪水先生。王先生是宝钢多个信息系统的项目负责人。20世纪60年代,王先生于北京钢铁学院研究生毕业,后来从事计算机工作,是典型的跨专业人才。在项目开发过程中,他积累了丰富且宝贵的经验。王先生一直教导我"需求驱动""价值引领""关注技术的条件""关心企业最关心的事情"。这些教导让我终生难忘。

我刚到宝钢时,经常听到有人感谢领导,感谢同事,感谢合作者。当时的我还年轻,听到这种话的时候,总是有些不屑。20多年过去了,我意识到这些感谢是真诚的,是发自内心的。借此机会,我对各位帮助过我的领导、老师、同事、朋友和学生表示衷心的感谢!

在本书的写作过程中,樊志宏、李兆华、宁振波、赵敏、朱铎先、宋宇宾、王健、刘斌等多位前辈和朋友，提出了许多宝贵的意见和建议。阿里研究院副院长安筱鹏先生、宝钢集团原党委书记刘国胜先生为本书写了序言。工信部两化融合工作领导小组首任专家组长王安耕先生、中国信息通信研究院院长余晓晖先生、清华大学软件学院院长王建民先生、浙江中控创始人褚健先生、宝钢技术业务专家王洪水先生为本书写了推荐语。在此，对他们一并致以衷心的感谢！

作者

目录
Mind and Hand
知行

序一

序二

前言

第一篇　技术创新的演进逻辑

第一章　技术创新的概念与特点 ┊ 3

　　幸存者偏差 ┊ 3

　　创新中的人择难题 ┊ 4

　　熊彼特定义的创新 ┊ 6

　　模仿与创新的差异 ┊ 8

　　技术创新与科学研究 ┊ 9

第二章　抓住技术创新的机遇 ┊ 11

　　背离理论的算法 ┊ 11

　　工程师的方法论 ┊ 12

　　基础条件与创新 ┊ 14

　　需求拉动的作用 ┊ 15

　　创新的机遇期 ┊ 16

　　　　创新条件的差异 ┊ 17
　　　　创造条件的智慧 ┊ 19

第三章　重新定义用户的需求 ┊ 21
　　　　创新与个性化需求 ┊ 22
　　　　需求的综合性和矛盾性 ┊ 23
　　　　潜在需求 ┊ 24
　　　　挖掘潜在需求 ┊ 25
　　　　需求的三种类型 ┊ 27
　　　　需求描述的误区 ┊ 28
　　　　定义需求的智慧 ┊ 29
　　　　现实约束与退半步 ┊ 30
　　　　退半步与持续演进 ┊ 32
　　　　需求驱动的内涵 ┊ 33

第四章　超越自己的视野 ┊ 35
　　　　认知的视野与关键问题 ┊ 35
　　　　从需求到技术原理 ┊ 37
　　　　从原理到技术成功 ┊ 39
　　　　从技术到商业成功 ┊ 40

第五章　企业的创新与研发管理 ┊ 42
　　　　风险防范的逻辑 ┊ 42
　　　　创意的产生 ┊ 44
　　　　常识性筛选 ┊ 45
　　　　三个常识性问题 ┊ 47
　　　　战略性筛选 ┊ 50
　　　　项目过程管理 ┊ 51

　　　　研发管理的挑战 ┊ 53

第二篇　工业基因与经济社会环境

第六章　现代化工业的基因 ┊ 59

　　　　理解效率 ┊ 60

　　　　理解质量 ┊ 62

　　　　理解成本 ┊ 67

　　　　理解标准 ┊ 69

　　　　理解管理 ┊ 71

　　　　从原理到工业技术 ┊ 73

第七章　技术演进的经济视角 ┊ 77

　　　　技术的经济可行性 ┊ 77

　　　　先进性与经济性的矛盾 ┊ 80

　　　　分工协作与第三产业 ┊ 82

　　　　知识的价值与知识经济 ┊ 85

　　　　高科技与市场化 ┊ 86

　　　　数字化技术的经济动因 ┊ 88

　　　　竞争、同质化与长尾 ┊ 89

第八章　社会发展与技术经济性 ┊ 91

　　　　机器代人与社会发展 ┊ 91

　　　　机器代人与民众就业 ┊ 93

　　　　社会发展与质量要求 ┊ 94

　　　　社会发展与时间成本 ┊ 96

　　　　社会发展与劳动力供求 ┊ 98

后发优势与后发劣势 ┊ 100

第三篇　人机关系的演变逻辑

第九章　从机械化到自动化 ┊ 105
　　　传统机器的局限性 ┊ 105
　　　维纳的深刻思想 ┊ 106
　　　催生控制论的技术条件 ┊ 107
　　　典型自动控制系统 ┊ 109
　　　自动化产线与无人工厂 ┊ 111

第十章　信息化与管控融合 ┊ 114
　　　信息化的控制论视角 ┊ 114
　　　工业企业的计算机系统 ┊ 116
　　　管理与控制的融合 ┊ 117
　　　工业互联网与管控融合 ┊ 119
　　　数字时代的管理 ┊ 121

第十一章　计算机决策的潜力 ┊ 123
　　　知识、信息与决策 ┊ 123
　　　认识模型的意义 ┊ 125
　　　模型求解的潜力 ┊ 127
　　　数学模型的局限性 ┊ 129
　　　技术对潜力的约束 ┊ 130

第十二章　人工智能及相关学派 ┊ 132
　　　人工智能的思想 ┊ 132
　　　人工智能的学派 ┊ 134

学派之间的关系 ┊ 136

第十三章　从自动化到智能化 ┊ 140

机器决策的隐患 ┊ 140

工业场景中的机器决策 ┊ 142

智能潜力释放的三条线索 ┊ 143

CPS ┊ 146

从感知走向认知 ┊ 148

第十四章　数字时代的人机关系 ┊ 151

算法的局限性 ┊ 151

人机协同决策的层次 ┊ 152

远程化的意义 ┊ 154

第四篇　数据技术与工业知识

第十五章　引爆技术热点的机会 ┊ 159

理解数据质量 ┊ 159

消除断点的意义 ┊ 162

工业互联网平台的作用 ┊ 163

大数据与工业大数据 ┊ 165

常见的数据质量问题 ┊ 167

第十六章　工业知识软件化与工业 App ┊ 171

管理系统中的工业 App ┊ 171

研发类工业 App ┊ 173

实时管控与工业 App ┊ 175

实时管控工业 App 的开发 ┊ 177

工业 App 的调整问题 ┊ 178
工业 App 的人才需求 ┊ 179

第十七章　工业数据的根因分析 ┊ 181

理解根因分析 ┊ 182
根因分析的陷阱 ┊ 183
陷阱背后的深层原因 ┊ 186
跳出陷阱的思路 ┊ 189
提高根因分析的效率 ┊ 191

第十八章　工业对象的数据建模 ┊ 194

数据建模的出发点 ┊ 194
大数据时代的建模机会 ┊ 196
第四范式与科学规律的发现 ┊ 199

第十九章　知识管理与软件化 ┊ 201

知识管理的困境 ┊ 201
知识管理与计算机的结合 ┊ 203
智能化时代的知识管理 ┊ 204
知识范畴的拓展 ┊ 206

第五篇　数字化技术与价值创造

第二十章　价值创造的时间视角 ┊ 212

控制论与快速响应 ┊ 212
快速感知 ┊ 213
快速决策 ┊ 215
快速执行 ┊ 216

第二十一章　价值创造的空间视角 ┊ 218

　　市场与优质资源 ┊ 218
　　资源对接的建立 ┊ 219
　　资源对接的平台 ┊ 222

第二十二章　价值创造的不同视角 ┊ 225

　　一线工人的视角 ┊ 225
　　基层管理者的视角 ┊ 227
　　技术人员的视角 ┊ 228
　　高层管理者的视角 ┊ 229

第二十三章　价值创造的演进视角 ┊ 232

　　持续改进中的问题 ┊ 232
　　丰田公司的经验 ┊ 234
　　对标找差与 PDCA ┊ 236
　　PDCA 与 IVRA ┊ 237
　　平台与持续改进 ┊ 238
　　数字孪生、移动通信与持续改进 ┊ 240

第六篇　固有观念与工业文化

第二十四章　创新过程的固有观念 ┊ 244

　　创新中的常见观念问题 ┊ 244
　　创新中的常见偏见 ┊ 245
　　项目管理中存在的问题 ┊ 247
　　科技活动中的话语权问题 ┊ 250

第二十五章　抛开数字化转型的执念 ┊ 253
　　　　　　放弃理想的执念 ┊ 253
　　　　　　实践带动技术进步 ┊ 256
　　　　　　责任心是基础 ┊ 257

第二十六章　工业文化与工业数字化 ┊ 259
　　　　　　工业文化 ┊ 259
　　　　　　IT 文化与工业文化 ┊ 260
　　　　　　研发与生产的文化冲突 ┊ 261
　　　　　　工业数字化与科技向善 ┊ 262

第一篇

Mind and Hand
知行

技术创新的演进逻辑

推进数字化技术的过程本质上是一种技术创新。理解创新的逻辑，有利于推进数字化技术。

科技工作的价值往往短期被高估，长期被低估。 短期被高估，是因为忽视了技术应用过程中具体的困难和约束；长期被低估，是因为低估了长期演进的力量。创新活动充满风险和不确定性。理论和实践都表明，逐步演进是化解风险和不确定性的路径，高科技往往是长期演进的结果。技术的演进方式是由外部条件和客观规律决定的。企业用演进的思想指导创新，就是顺应客观规律。

创新可以看作是人与人的竞争与博弈，这决定了常规的思路基本是无效的。笔者称这种现象为"人择难题"。创新成功的关键是抓住外部条件改变的机会，这样才能做成前人没做成的事情，才能破解"人择难题"。外部条件是逐渐改变的，这决定了技术发展也只能是逐步演进的。创新者要从同时代的竞争者中胜出，不仅要善于把握时代的机遇，还要善于利用自身的条件，洞察潜在的需求，做技术演进过程中的领先者。

创新时常产生于个性化的场景，具有个性化的需求、条件和约束。在创新活动中，客观条件往往不能支持用户的原始需求。

创新者需要在深入理解具体应用场景的前提下，才能提出合理的技术目标和解决方案；在满足可行性需求的基础上，把个性化的技术变成通用的技术或产品，才能成为真正的创新。

要遵循技术演进的规律，创新者不仅要有"知难而进"的勇气和毅力，还要有"知难而退""知难而变"的见识、能力和智慧。在条件不成熟的时候，创新者要勇于放弃那些理想主义的想法，把时间和资源集中在能够成功的工作上，这就是知难而退；当客观条件和主观需求产生矛盾时，要学会变通，让主观需求符合客观条件，这就是知难而变。在这样的基础上，才能实现"知难而上"，才能让创新活动险中求胜。

创新的成功依赖于外部条件和需求的改变，但条件往往是渐变的。条件和需求不成熟的时候，创新难以成功；但完全成熟以后，同时代的竞争会变得非常激烈，成功的机会也会变得渺茫。所以，创新者要在条件不太成熟、需求不太明确的时候开展工作。创新中的具体困难，往往就是条件不成熟、需求不明确导致的。这种特点也决定了技术进步是逐步演进的过程。

创新是企业的风险投资行为，企业要善于进行创新管理，化解创新中的困难。这样，创新才能成为企业的有效投资行为。

第一章

Mind and Hand
知行

技术创新的概念与特点

从事创新工作时,人们会遇到各种预料之外的问题,困难和难点往往在计划之外,冥冥中似乎专门与人作对。我们探求创新的规律,就是为了把预料之外的问题变为预料之中。

幸存者偏差

人们的很多经验来自实践,但实践也可能是有片面性的。比如,当人们的实践或统计样本来自某些特殊的场景/群体时,就很容易导致错误的认识,这种现象叫作"幸存者偏差",图 1.1 形象地说明了这种现象。我们在认识技术创

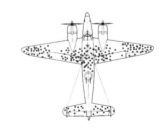

图 1.1　幸存者偏差:机身上的弹孔

新和发展规律时，特别要防止"幸存者偏差"的误导。

> 二战期间，为了减少战机损失，英国人统计了飞机上弹孔的分布情况。他们认为，弹孔密集的地方更容易被打中，应该增加这些部位的装甲厚度。但一位统计学家却提出了完全不同的见解——油箱下面没有弹孔，却恰恰是最需要保护的地方。油箱下面没有弹孔的原因是：如果油箱中弹，飞机就飞不回来了，也就不能纳入统计范围了。

创新过程中会出现一种特殊的"幸存者偏差"，称为"人择难题"。

创新中的人择难题

创新中奇怪的事情，往往与股民的感觉类似：买了很久的股票总是不涨，但卖掉之后马上就涨了。自己的判断似乎总是错误的。这类的常见问题包括：

- 预料之中的困难往往不难，真正的困难往往在预料之外；
- 自己遇到的项目总是特别难，别人成功的项目总是特别简单；
- 容易做的项目别人都做了，领导让我做的都是没条件做的；
- 专家普遍看好的项目往往做不成，能做成的项目往往被多数人忽视；
- 理论水平高的项目往往实用性差，实用性强的项目往往理论水平低。

国外有两组统计数据：平均三千个想法中，只有一个能够取得创新的成功；公司开展的创新项目中，成功率不到十分之一。这两组数据体现了创新活动的风险，而上述现象也是创新风险的具体表现。

古罗马奥古斯都大帝有句名言："神奇并不违反自然，它违反的是我们对自然的认识。"人们觉得某件事情奇怪，其实是因为没有掌握事物发展的规律。人们一旦认识了规律，认识到了事物发生、发展的必然性，也就不会感到奇怪了。

按照宇宙学理论，宇宙原本可以有多种样子，我们所处的宇宙，是其中非常奇怪的一种，它的许多属性都非常特殊。为什么特殊的事情偏偏就发生了呢？为了解释这种现象，物理学家提出了一种理论——人择宇宙学原理（简称人择原理）。根据这个理论，宇宙只能是人类现在看到的这个样子：如果宇宙不是这个样子，就不会有人类这样的高级生命存在，也就不会有人讨论"宇宙为什么是这个样子"。

"人择原理"用"反证法"证明了宇宙"很奇妙"的必然性。同样的逻辑也可以解释创新中各种奇怪的困难和意外，它们本质上是前人选择的结果。

当前的创新，其实都是前人没有做成的——如果前人已经成功，也就不会有现在的创新了。前辈中有很多优秀的人才，我们今天能想到的办法，前辈往往也想到过。如果这些方法能够奏效，前人早就成功了。所以，容易想到的、常规性的方法在创新中往往不可行，笔者称这种困难为"人择难题"。

为了取得创新的成功，我们需要依据上述特点寻找方法。笔者发现：创新成功要利用前人没有的条件，针对过去没有的需求。在这种背景下，即便前人有了同样的想法也难以取得成功，就可以规避"人择难题"。规避掉"人择难题"，创新往往就不是太难了——这就是所谓的"抓机会"。不难理解，创新的机会窗口，往往发生在条件和需求产生改变的时刻。我们还注意到，在世界范围内，条件的成熟和需求的出现，大都是不同步的。创新者要从某些特殊场景的个性化问题入手，把握特殊的条件和需求，才能从同时代的竞争者中脱颖而出。个性化的问题往往在实践中遇到，工业技术的创新常常来自现场的实践。

德国哲学家叔本华认为真理都要经过三个阶段：第一阶段被冷嘲热讽，第二阶段被激烈反对，到了第三阶段被认为不证自明而广泛接受。这个观点适合科学研究，也适合技术创新。人们从事创新工作时，思维方式往往处于上述第一和第二阶段；从事日常性工作时，思维方式往往处于认识的第三阶段。

笔者认为创新思维的特殊之处体现在对"需求"的理解和定义上。我们知道，需求往往是主观的，而用于满足需求的条件却是客观的。在特定的历史时期，客观条件不一定能满足原始需求，两者是存在矛盾的。创新者不能违背客观规律，却可以适度偏离人的主观愿望。

历史上，许多技术的进步都没有完全符合人们的初衷。人们意识不到这种现象，仅仅是"习惯了"。技术的进步，往往只是原始需求的不断演进。比如，人类一直期望长生不老，虽然这个愿望无法满足，但可以寻找延年益寿的良药。客户希望买到绝对安全、油耗接近于零的汽车。这样的汽车在现实中并不存在，但人们可采用高强钢、气囊等技术来增加安全性，降低油耗。在新技术出现之初，人们往往关注原始需求与技术实现之间的差异，而当人们习惯了以后，就觉得差异理所应当了。

创新条件理想的时候，看到机会的人就会多，平均到个人的机会往往就少了。所以，创新往往发生在条件不理想的时候。由于客观条件不理想，用户的原始需求往往没有办法实现。换个角度，创新者往往不能"不折不扣"地按用户的原始需求做事。为此，创新者往往要重新定义用户的需求，设法找到用户期望和可行技术的交集。要实现这个目标，创新者往往需要比普通技术人员更加深刻地理解用户。

熊彼特定义的创新

人们常把技术创新看成一种纯粹的技术活动，而发明一般被看成典型的技术创新。但著名经济学家、创新理论之父熊彼特却认为：**发明并不是创新，只有将发明用于经济活动并且取得成功才是创新**。熊彼特对创新的定义，超出了技术的范畴。符合经济性的技术创新才是对企业家有价值的创新。

> 熊彼特定义的创新，比技术创新的范畴要大。在他看来，创新就是通过"生产要素的组合"，建立一种"新的生产函数"。典型的创新包括：开辟一个新的市场、采用一种新的原料、生产一种新的产品、采用一种新的生产技术、采用一种新的生产组织等。

创新是在竞争的背景下产生的，几乎任何一种技术都有类似、相关、可替代的技术，新技术要有足够的优势才能被市场接纳。所以，新技术往往需要比已有技术"更好"地满足用户需求，这就会对项目的定位带来很大的挑战。创新项目的定位往往难以事先一次性找准，在研发过程中，对目标的调整、优化是难免的。

对创新目标的调整和优化，可能会付出巨大的代价。于是，又衍生出另外一个问题：需要花多大的代价、多长的时间，才能研发出满足用户或市场需求的技术或产品。一种常见的失败模式是：前期对需求的理解不到位、项目定位错误、技术方案有问题。技术或产品开发出来以后，发现很难修改，或者修改的代价太大，最终丧失了用户信任和市场机会。

从这个角度看问题，技术创新的关键往往是制定合适的功能目标、实施方案和技术线路，尽量做到不调整、少调整、快调整，以及低成本地调整。而要做到这一点，关键是正确地认识用户的需求，减少不必要的失误。这样，技术创新就成了专业性越来越强的工作。

从经济角度看，导致技术创新失败的原因很多，如市场太小、市场开拓不利、供应链异常、资金链断裂，也可能是国际关系变化、政治因素导致。当然，大量的失败是研发过程本身导致的，如质量问题、成本问题、研发周期问题等。

我们在前面曾经谈到，技术问题本质上也是经济问题。用熊彼特的概念讨论创新中的技术问题，就是要回答这样的问题：**如何按照经济成功的要求从事技术研究与开发工作？** 按照经济成功的要求，企业在选择技术创新项目时，就应该避开市场太小、市场开拓困难、供应链不稳定、资金需求量大的项目。其次，要准确地理解用户和市场的需求，综合考虑功能、质量、成本、研发周期等。

以经济成功的标准要求创新时，技术的关键是满足用户和市场的需求。为此，往往要在条件不理想的前提下合理地定义需求，还要满足用户对安全性、稳定性、可靠性和成本的要求。在我国，学术界的许多错误观念往往会误导创新者。比如，过度强调理论的作用，会让创新者关注的焦点产生偏差；过度强调新颖性，会带来不必要的风险；过度关注原理本身，对安全性、稳定性、可靠性和用户体验重视不够，偏离了用户关注的关键要求；过度关注技术本身，忽视了市场的大小和用户需求的特殊性。这些错误倾向，都会导致很多意外的麻烦。

模仿与创新的差异

大约20年前，笔者调研了两家钢企：一家是国外的世界一流钢企，另一家是国内的二流钢企。世界一流钢企认为：新产品研发的难度很大，开发一个品种大概要花十年时间。但国内二流钢企却自豪地说：在过去的一年里，企业投入500万元科研经费，研制成功多个钢种，创造效益3亿元。

如何理解这种违反常识的现象呢？其实，两家企业对"新"钢种的定义不一样。世界一流企业所谓的"新"钢种，针对的是整个世界。这种产品的研发，是"从0到1"的创新过程。国内二流企业所谓的"新"钢种，针对的只是自己的过去。从世界范围内看，是"从 N 到 $N+1$"的扩散过程，本质上是技术模仿和跟随。两类工作都冠以"创新"，内涵却完全不同。

对不少中国企业来说，从事真正创新的机会并不多。对技术落后的企业来说，引进、模仿往往比创新见效快、风险小、收益大。对发展中国家来说，有条件进行模仿、引进其实是典型的"后发优势"。有经济学家建议，对于先进技术，企业能引进就引进、能模仿尽量模仿，而不是自己去创新。既然如此，为什么还要进行创新？

> 几年前，我国尚不能生产的产品目录中包括"圆珠笔头用钢"。不久以后，国内就有钢企对外宣布，能够生产这个牌号的钢种了。这件事在国内引起了轰动，还带动了公司股价的暴涨。

对于这个案例，业内人士却认为，国内过去不生产这个牌号钢材的主要原因不是因为技术难度高，而是市场小、经济价值低，钢铁企业的兴趣不大。

> X80管线钢是一种用于制造天然气管线的高等级钢材。这个牌号的钢材国产化后，每吨钢的市场价格降低了500多美元。在西气东输工程中，用了大约200万吨这个牌号钢材。这样算下来，仅仅在这一个项目中，X80的国产化就为国家节省了大约10亿美元。从经济角度看，企业关注的往往是市场需求量大的品种，而圆珠笔头用钢的需求量，每年只有1000吨左右，销售额也只有约1亿元人民币。

技术创新与科学研究

科学和技术活动有着密切的联系。科技发展到今天，科学家和研发工程师已经成为两种不同的职业。

> 在学校的运动会上，长跑冠军也可能是短跑冠军。但是，在奥运会上，长跑冠军一般不会是短跑冠军，因为竞技水平达到一定程度后，要进行专业化训练。

现代工业离不开科学知识，这是人们的共识。现代化企业的工程师，必须掌握相关专业的科学知识。从事技术创新的工程师，还需要有较高的科学素养。但是，工程师与科学家是不同专业的人才：工程师的任务是解决技术问题，科学家的任务是发现新知识。科学理论的作用重大，但更多体现在长远意义和间接价值上。对特定行业的工程师来说，导致创新的直接原因不一定是新的科学发现或理论。

> 许多科学理论提出时，尚不具备应用的技术条件。比如，"人造地球卫星"原理提出几百年后，人们才把人造卫星送上轨道。但在另一些场景下，技术领域的实践却远远走在理论的前面。例如，冶金技术出现几千年后，才有了冶金学；飞机发明后，才有了空气动力学；蒸汽机发明后，才有了热力学；橡胶发明50年后，才有了高分子科学。数字化转型的工程技术理论，也往往是对先行者实践经验的总结。

科学理论的产生和相关的技术创新，在时间轴上往往并不靠近。这会导致一种现象：先进的科学原理不一定实用，而新技术不一定采用新的科学原理。用数字化技术进行创新时，需要把科学原理与软件技术结合起来。但这些科学原理往往是上百年前提出来的，从学术的角度看，往往并不新颖。

> 推进工业数字化转型时，需要用到大量的"机理模型"。这些模型往往是几十年，甚至几百年前就已经存在的，但是与计算机结合并创造价值的机会却是新的。

科学理论的具体作用往往与工程技术的领域有关。比如，在生物制药等领域，大量新技术是近期的科学发现催生的；在冶金石化等传统工业领域，这样的案例就相对较少。但是，无论在任何领域，创新者都必须掌握足够的科学知识，并具备较高的科学素养。

最后需要强调的是：科学研究与技术创新的方法也并不一样。在科学研究领域，要鼓励科学家去探索那些众所周知的难题。这些难题一旦解决，会对整个人类的科技进步带来极大的促进。对科学家来说，特别需要知难而上的勇气。但是，在技术创新领域，我们不仅要知难而上，还要根据具体条件和需求，在必要时知难而变、知难而退。

第二章

Mind and Hand
知行

抓住技术创新的机遇

创新项目是人择难题。但人们经常发现，成功的项目往往并不太难。这种现象背后的原因是：创新成功往往不是解决了人择难题，而是避开了人择难题。避开人择难题是有条件的，需要借助于外部环境的变化。所谓时势造英雄，就是英雄人物把握天时、地利等外部条件变化的机会，成就自己伟大的事业。技术创新的成功，同样需要把握外部条件的改变并顺势而为。

背离理论的算法

20世纪80年代中期，宝钢从国外引进一款用于控制钢坯温度的软件。按照现在的说法，就是所谓的工业App。这个软件的核心技术之一，是用数学模型计算钢坯的表面温度。专业人士都知道，传热过程是用"热传导方程"描述的，但奇怪的是，国外技术人员却用了一种自创的代数模型来计算。这种计算方法不符合物理学原理，精度自然也不会高。

照常理推断，国外专家不可能不知道热传导方程，为什么偏偏不用呢？

笔者在现场调研时了解到，这个软件首次上线时，占用了40%以上的机时，把其他功能的响应速度都拖慢了。于是我意识到，国外之所以采取这种特殊的做法，也是不得已而为之：采用热传导方程的算法计算精度高、符合物理学原理，但计算量却相对较大，无法满足实时运算的要求。在当时的条件下，国外专家只好寻找一种计算量低的简化算法。这件事启发我们，要准确认识工程师的方法论。

工程师的方法论

科学家相信真理是唯一的，他们研究问题时，关注结论是否正确。但工程师考虑问题时，首先关注的是"现实可行性"，以及是否具备经济性。

> 英国统计学家 George Box 认为，所有模型都是错的，但有些是有用的。人们为特定目的建立模型，总要进行各种简化，模型与实际对象之间的差异是难免的。

工程师在建立和使用模型时，会受到各种现实条件的制约。模型的"正确性"和"现实可行性"之间可能存在矛盾。工程师的任务是解决实际问题，要把"现实可行性"放在首位。所以，在计算机性能有限的年代，国外技术人员宁可选择精度低的算法，也要满足实时计算的要求。

在技术创新过程中，理论"正确性"与"现实可行性"的矛盾是经常发生的。

> 工程师并不缺乏基本的科学理论知识。对他们来说，理论方法往往既是最优的，也是最容易想到的。反之，背离理论，往往既不容易想

到，也不是最优的。工程师之所以放弃理论上的做法，是因为受到现实条件的"约束"而变得不可行，但是工程师必须在现实中找到可行的办法。

工程师的思维特点是面临特定问题时，需要找到解决这个问题的方法，这就好比人们要去某个地方，需要找到一条可行的道路。"两点之间直线最短"，最近理论上的道路就是连接两点的直线。但现实中往往会遇到各种麻烦，比如，在直线道路上横亘着一条河流，走不过去，但有一座桥，如图 2.1 所示。这样，理论上最短的道路在现实中就是行不通的。要到达目的地，人们首先关心的不是理论最优，而是现实中走得过去。现实中最优的路径并不是直线，而是绕道下游的那座桥。

在图 2.1 中"目的地"是期望达到的目标，"路径"是工程师找的方法，"河流"是现实中的困难和约束，"桥"则是现实中可以借助的条件。这样，就可以把工程师的方法论总结为：**方法决定于目标、条件和约束。**

图 2.1　工程师的方法论示意图

这个比喻告诉我们，现实方法与理论方法的差异，往往是现实约束导致的。优秀的工程师，需要直面现实的约束，借助现实的条件，才能找到现实中最好的方法。工程师工作的前提，就是准确把握现实中的目标、条件和约束。只有这样，才能做到"理论联系实际"。

在创新的活动中，工程师往往会遇到各种约束，使得理论上最优的方法走不通。这种现象经常发生的。导致这种现象的原因也可以用"人择难题"来解释：**理论上的最优方法往往是最容易想到的，如果这样的方法走得通，前人很早就走了，就没有今天创新的机会了。**

工程师的任务是要找到现实中可行的方法，也就是在现实约束（条件）下可行的方法。这些方法的效果往往比理论效果要差，却是不容易想到的。想到这些现实可行却"不是理论上最优"的方法，恰恰体现了工程师的水平。在计算钢坯温度的例子中，国外专家能够想到那种奇怪的算法并不容易，需要对算法有相当深入和透彻的理解。

基础条件与创新

> 善于创新的人不仅要善于把握时机，还要善于结合某些特有的优势。它们是创新的"天时"和"地利"，是创新者的外部条件。外部条件不具备的时候，个人很难靠智慧和努力取得成功。

前面谈到，由于计算机性能差，国外的控制软件计算传热时无法采用热传导方程。与国外同行相比，我是幸运的。我到宝钢工作时，计算机系统刚刚升级，性能比之前的十多年提升了很多。于是，我直接采用了理论上正确并且精度更高的热传导方程计算传热，控制效果好了很多。显然，我的成功并不是因为理论水平高，而是技术条件不同。于是，我产生了如下感悟：

基础技术条件的改变，是创新的机会。

创新是"人择难题"，当代人想到的办法，前人往往也能想到。但是，如果我们具备了前人所不具备的条件，就可以使用那些前人想得到却做不到的方法。这样，我们不必拥有超越前辈的天赋，就能做到创新成功。从技术发展史看，这个逻辑也是符合实际的。

15世纪，有人开始设想用机械代替牲畜拉车。但是，由于没有合适的动力装置，就不具备实现这个设想的条件。瓦特发明蒸汽机以后，动力条件发生了改变。史蒂芬孙抓住这个机会，发明了火车，但火车必须在固定的钢轨上运行。对个人来说，由于路线受到约束，火车并不是理想的交通工具。然而，在史蒂芬孙的时代，蒸汽机是仅有的动力装置。当时的蒸汽机重达8吨，装有蒸汽机的车子很难在当时的道路上行驶，只能为其铺设钢轨。一百多年后，内燃机技术逐渐成熟，其重量只有200公斤。卡尔·本茨抓住这个机会，发明了能在普通道路上行驶的汽车。

在技术发展史上，经常会有一种现象：多个人几乎同时发明了同一项技术。究其原因，就是某个核心技术突然出现，让当时的许多人同时具备了创新的条件。例如，1885年10月，卡尔·本茨发明了三轮汽车；同一年的年底，戴姆勒发明了四轮汽车。两个人同年发明汽车的原因是内燃机技术成熟了，卡尔·本茨和戴姆勒同时利用了这个条件。

纵观人类技术发展史，就会发现，引发特定领域技术进步的条件，往往来自这个领域之外。比如，农业技术的发展，得益于钢铁冶炼技术的进步；摩天大楼的出现，得益于电梯的发明。所以，创新者往往是复合型人才，有着跨专业的学识和见地，容易把握技术条件改变的机会。

数字化技术成为热点后，相关部门和机构组织了工业App开发、数据分析、数据建模等大赛。从技术角度看，大多数成功的案例并未都采用新的算法，技术上也并不都采用最新技术。这些技术之所以能够成为热点，有两方面的原因。计算机的性能更好、数据条件更好是其中的一个原因。另外一个原因是技术的经济性不一样了。

影响技术经济性的主要因素有两个：成本和需求。摩尔定律的持续，降低了相关技术的成本；经济社会的发展，提升了技术的需求。

需求拉动的作用

技术演进的特点之一是新技术会催生更多的新技术。

汽车发明了之后，交通灯才开始广泛应用；交通灯多了以后，人们才想到建设高速公路；高速公路多了以后，立交桥的数量才大量增加。

技术创新是做前人没有做过的工作。前人没做的原因大体上可以分成两种：一是受技术条件限制做不出来；二是没有需求或需求不强烈、技术的性价比不合适，也就没有人想去做。于是，我们可以从另外的角度寻找创新的机会并破解"人择难题"：

需求的改变，是创新的机会。

1943年，马斯洛提出了一种需求层次理论，他将人的需求从低到高分成五种，分别为生理需求、安全需求、社交需求、尊重需求和自我实现需求。总体上看，人的经济和社会地位越高，需求的层次也就越高。随着经济社会的发展，整个社会的需求也会向高端发展，从而带动市场的变化，为创新提供新的需求。

随着企业对产品质量、生产效率、安全、环保等要求的提高，对技术的要求也越来越高。先进技术往往出现在质量要求高、成本敏感度低、价值创造能力强的行业，例如，军事、航空航天、汽车高铁、冶金石化等。

经济和社会发展带来需求的变化，需求的变化会改变技术的经济性。我们注意到，先进技术往往首先出现在发达国家。一个重要的原因是：发达国家的需求领先。发达国家的企业对质量、效率、研发和服务能力的要求越高，就越容易带动新技术的出现和发展。相比之下，发展中国家的企业相对落后，创新机会较少，创新的难度也较大。

需要特别指出的是，随着互联网技术的发展，另外一种创新模式开始出现——用互联网促进知识的扩散、资源的共享等。这些创新，本质上促进了技术成本的降低。

创新的机遇期

> 欲破曹公，宜用火攻；万事俱备，只欠东风。

创新成功需要很多必要的条件。在创新发生之前，往往需要静心等待某个关键条件的出现。这个最后成立的关键条件，就是催生创新的"东风"。早于"东风"的时间点，创新工作往往不会成功；晚于这个时间点，别人可能会成功，自己也就失去了机会。

> 领先半步是先驱，领先一步是先烈。创新不仅要认准方向，还要把握时机。

创新的最佳机会往往发生在关键技术条件刚刚具备，市场需求刚刚出现的时候。在这种条件下，竞争者的数量少，个体成功的机会也就大。所以，需求和条件刚刚改变的时刻，是创新的机遇期。

不过，在这个机遇期，条件往往不太成熟，需求也不会太强烈。技术上会遇到困难和约束，经济上也不容易取得成功。所以，面对困难和约束是创新活动中的常态。创新的成功，往往要放弃理想的目标，这就是创新往往只能领先半步的原因，也是技术以演进方式发展的原因。

很多人对"领先半步"不屑一顾。其实，伟大的技术往往是半步、半步地前进，持续改进的结果。

> 史蒂芬孙制造的火车比马车还慢，而磁悬浮列车时速超过了 400 公里。新中国成立初期，炼 1 吨钢需要消耗接近 20 吨煤，而现在只需要几百公斤的煤。最早的照相机有 1 米多高，而现在有些相机只有针孔大小。

在竞争激烈的领域，能够"领先半步"就相当不容易了，能决定创新的成败。

> 穿鲨鱼皮泳衣游泳可以减少 4% 的阻力，看起来作用不大，但是，在奥运会这种高水平的赛事上，选手之间的差距原本就非常小。鲨鱼皮泳衣带来的这种差别，相当于第一名和第四名之间的差距。

创新条件的差异

20 多年前，有位前辈对我说，宝钢值得做的东西特别多。因为很小的改进，就会带来巨大的效益。比如，钢材收得率提高 0.1%，每年就能节约上万吨钢。与之相比，在一些小型加工工厂里，材料的利用率只有 60% 左右，即便把利用率提高到 100%，产生的效益也是有限的。

"需求与条件的改变"让人们有机会超越前辈，成就创新。但是，不同国家、不同行业、不同企业的具体条件是有差异的，机会也不相同。同样的技术在一个企业用得好，换一个企业可能就做不好。现实中的创新往往出现在基础条件好、需求强烈的地方。所以，识别创新的机会不仅要看"天时"，还要看"地利"。所谓的地利，就是企业和场景中特殊的条件。这些条件可能会提高经济价值，也可能会降低技术难度。事实上，技术创新往往来自特殊企业的个性化需求。

工业互联网能够促进企业"从制造到服务"的转型。对飞机发动机制造商来说，这种转型是值得做的，但对玩具飞机制造商却是不值得做的。"流水线上的个性化定制"是工业 4.0 的典型场景，这样的场景或许适合生产西装的厂家，却不一定适合生产袜子的厂家。

大约 20 年前，笔者从事质量分析工作。宝钢老专家王洪水先生对我讲，热轧的数据条件比连铸好，建议先从热轧开展这项工作。"数据条件好"就是做数据分析的"地利"。

高端制造企业常常是新技术的策源地，本质上就是创新的"地利"好。新技术往往产生于发达国家，也是因为这些国家的"地利"优势。从事数字化转型时，质量和效率要求高、自动化和信息化程度高、管理水平好的企业往往拥有更好的"地利"。

有人把国外机器人的零件拆开后进行研究，安装的时候却装不回去了。专家告诉他们，要先把零件冷冻一段时间，体积缩小后才能装进去。零件的加工精度之高，可见一斑。但这样的精度是必需的，因为用户对机器人的性能要求高。

质量的提升，往往会带动新技术的产生。缺陷率从 0.1% 降到 0.01%

时需要解决的问题，与从 1% 降到 0.1% 时往往是不一样的。在质量提升的过程中，会不断地遇到新问题，而每解决一批新问题，都带动技术的进步。事实上，企业推动六西格玛、精益管理的目的之一，就是为了促进管理和技术的进步。

对个人来说，"地利"就是做事的平台。企业和高校是不同类型的平台，地利条件也不一样。高校对价值追求的压力小，有条件从事原创性的工作；而企业的平台则更加适合从事持续改进的工作。

创造条件的智慧

铁人王进喜有句名言："有条件要上；没有条件，创造条件也要上！"

创新往往发生在条件不太成熟的时候。创新的机会也往往发生在关键条件刚刚具备的时候，但关键条件的具备并不意味着所有条件的具备，有些相对次要的条件需要创新者自己来创造。

史蒂芬孙无法降低蒸汽机的重量，只能为火车铺设铁轨，这其实就是为火车的行驶创造条件。

在工业领域，"创造条件"的做法非常普遍。比如，外部环境对设备运行有影响时，可以用盒子包起来、安装排风扇，甚至放在特殊的厂房里，这些都是为正常运行创造条件。一般来说，越是高科技产品，对运行条件的要求也就越高，也越需要创造运行条件。

经常有人说，爱迪生发明了电灯泡。但事实上，他不是第一个发明电灯泡的人，只是他发明的电灯泡更加耐用。他除了发明电灯泡，还创造了让电灯泡亮起来的条件——发电、输电、配电的系统性解决方案。

在现代化工厂里，管理非常重要。从某种意义上说，管理的作用就是为了保证正常的生产条件。如果管理跟不上，再好的设备和技术都难以发挥好的作用。所以，管理方式和方法的进步，对技术和创新的意义重大。

人类的生产力水平往往体现在工具上，工具能够提高劳动效率和质量，本质上就是提高劳动的经济性。从这个角度看，工具的开发和使用，就是为相关工作创造条件。在推进数字化转型时，工业互联网平台、工业软件等都可以看作是促进数字化技术的工具。利用这些工具，可以显著提高产品研发、数据建模、根因分析、工业 App 开发等的经济性。

第三章

Mind and Hand
知行

重新定义用户的需求

"天时"和"地利"是创新者成功的外因，创新者自身的科技素质和思维方式则是创新成功的"内因"。创新活动离不开优秀的人才和独特的思维方式。创新思维方式不是"脑筋急转弯"，不是偷换概念，不是标新立异。奇妙的创新思维往往是深刻思考的结果，往往体现在对需求的平衡与取舍。创新的困难本质上是条件不理想导致的。条件不理想时，用户的原始目标就难以满足，也就需要重新定义用户需求。"重新定义用户需求""用户需求不明确""创新的条件不理想"本质上是一回事。重新定义用户需求时，可以回归问题的本源：弱化用户需求，转移工作重点，创造和完善条件。换句话说，要先想清楚什么是"正确的事"，再去"正确地做事"，不能盲目地强调"知难而进"。因此技术创新往往是通过不断演进发展的。

创新与个性化需求

现代的技术创新，尤其是生产技术的创新，往往起源于个性化的需求。这些需求来源于具体、特殊的实践场景。**个性化问题解决后，经过提炼和总结，变成可推广、可复制的通用技术或产品，就成了典型的创新。**走向通用化的过程中，技术的应用场景越来越多、越来越复杂，对技术性能的要求也越来越苛刻，这些都促使技术不断进步。

> 设备出现故障后，工人到现场检查，发现某根铆钉断了。于是，他更换了新的铆钉，但这类铆钉后来经常断裂。为此，工人更换了更粗的铆钉。铆钉变粗以后，断裂仍然时有发生，只是频率降低了。于是，工人对设备进行了改动，减少了振动。此后，铆钉再也没有断过。工人把这个做法告诉了设备生产厂，设备生产厂开始按他的做法生产设备。

在这个故事中，更换铆钉是普通的技术工作；更换更粗的铆钉则有了创新的味道；改变设备的设计，则是标准的"持续改进"型创新。

许多伟大的创新，往往起源于航空航天、军事、工业、汽车、火车、石化、冶金等高端制造业。这些行业对质量的要求高，对成本的敏感度低，微小的改进也会带来巨大的经济效益。

创新往往起源于个性化问题，而个性化问题往往是在实践中遇到的。企业的一线工作人员，有更多的机会发现这些个性化的需求，创新的机会也就更多，实践信息来源于亲身的体验，而不是道听途说。实践经验虽传播困难，但会导致竞争对手变少。竞争者少导致"人择难题"的难度低，故而创新的机会也就比较大。

> 需要特别指出的是，企业对数字化的需求和条件往往是个性化的。个性化的条件和需求，其实就是具体的条件和需求。现实中，由于个性化的条件和需求，数字化转型才会有经济性。数字化技术中常见的工业软件也来自高端客户的个性化需求。

有意义的创新都是困难的。韩非子说:"有度难而无度易也。"创新的"度"来自具体的场景,具体场景中常常有矛盾的指标,技术的困难体现在解决这些矛盾上。需要特别指出的是,离开具体场景的需求,困难和技术水平是没有意义的。

> 有人在俱乐部里打了网球,也下了象棋。结果,他既打败了网球冠军,也打败了象棋冠军。他取胜的原因是:和网球冠军下象棋,和象棋冠军打网球。

有些学院派专家经常强调自己研究"通用技术",却忽视具体场景。然而,成为通用技术的前提是需要从大量的具体场景中提炼。没有具体场景,根本就谈不上"通用技术"。学院派专家所谓的困难,往往是想象中的困难、虚假的困难,而不是实际的困难。

面对个性化需求,真正理解需求是需要智慧的。

需求的综合性和矛盾性

人们购买汽车时,希望车子的安全性越高越好,油耗和价格越低越好。但这些要求之间往往存在矛盾:要提高汽车的安全性,钢板最好厚一点;要汽车更省油,钢板最好薄一点。矛盾并不可怕,TOC 理论的提出者高德拉特先生指出,没有矛盾就不是真正的问题,创新的难点就在于解决或平衡矛盾。

> TRIZ 是技术创新理论的简称。TRIZ 的核心就是解决各种矛盾。关于这方面的内容,可以参考 TRIZ 相关书籍。

需求是用户的主观期望,而技术实现则受客观条件和规律的制约。创新成功就是在特定的客观条件下,找到能够更好地接近用户主观期望的方法。创新往往发生在条件不理想的时候,条件不一定支持原始的需求。为此,需要综合平衡和重新定义用户的需求,以适应现实的条件。一般来说,只有深刻地理解用户,才能做好这项工作。

> 我们注意到,一线工人创新的成功率往往较高。其中一个重要的原因,就是一线工人的创新针对的是自己遇到的问题,对需求的理解没有偏差,可以很好地做出平衡。

与一线工人相比,专业技术创新团队往往远离需求产生的现场,遇到矛盾的时候,就较难做出合理的平衡。创新团队往往是通过与用户的交流来理解需求的,但在创新活动中,语言的表达能力是有限的,容易导致认识上的误区。对专业创新团队来说,需求模糊是一种常态。明确需求不仅是创新的起点,也是最关键的步骤。许多创新的失败,源于对需求认识的模糊。对创新团队来说,明确需求是"再强调也不为过"的事情。

从事原始创新工作时,如果指标体系的要求不清晰,综合性地描述就更难了。原始创新的困难,首先在于对需求的综合把握。但从事跟随和模仿工作时,综合需求往往是明确的,具体需求也是指标化的,基本不存在需求中的矛盾和需求分析的难度。

潜在需求

人们经常发现,需求越普遍、越明显、越强烈,创新就越难。比如,人们一直希望治愈癌症,希望长生不老。这样的需求实现就比较困难。这种现象自然可用"人择难题"来解释:需求越普遍、越明显、越强烈,关注这种技术的人就越多,机会也就越少。于是,人们发现,不容易说清楚的需求,往往才有更多创新的机会。

某4S店的销售人员发现了一种现象:只要关门的声音不好听,客户就不会买这辆车子。销售人员把这个发现告诉了主机厂,主机厂优化了相关设计,让关门的声音好听了,这款车的销量就上去了。客户对关门的声音有要求,却从来没人直接提出过,这样的需求被称为"潜在需求"。

在SUV、智能手机出现之前，没有用户提出这样的需求，但产品面市之后，却受到了广泛的欢迎。这两项创新，也都满足了客户的潜在需求。满足潜在需求后，用户往往能够得到超出预期的体验，故而有利于产品的销售。

"满足潜在需求"的创新并不是偶然发生的，许多企业都会遇到类似的机会。有家企业在空气净化器上安装了一个PM2.5的测量仪表，满足了客户对知情权的潜在需求，结果销量大增。

不难理解，如果需求很早就明确地提出来却没有得到满足，往往意味着需求难以满足；反之，如果需求从未被明确提出，实现的困难可能就较小。所以，面向"潜在需求"的创新，投入产出比往往更好。这就是企业必须关注"潜在需求"的原因。《第四代研发》的作者认为，发现和管理"潜在需求"是创新管理的关键。从某种意义上说，潜在需求也是对需求的重新定义。

挖掘潜在需求

要发现潜在需求，就要研究需求提出的背景。

在宝钢建设过程中，需要按照一定的深度要求打桩。有一天，施工队长给陈专家打电话，告知桩打不动了，达不到要求的深度。陈专家听完后指示，打不动就不用打了。他解释说，打桩是为了获得足够的支撑力，打不下去说明支撑力已经足够了，为什么还要继续浪费资源呢？

新疆煤炭储量丰富，但新疆某钢厂用的煤，几乎都是从山西运过去的，运费比本地的煤价还要高。这样做的依据是日本人给出的一个公式。胡专家认为，这个公式是根据另外一种类型的煤炭制定的，并不适合新疆的煤种。于是，他用本地煤种重新做实验，重新制定指标体系和公式。根据新的研究成果，该厂可用一半的本地煤，每年降低成本10亿元。

这两个例子有个共同的特点：两位专家并没有直接解决用户提出的问题，而是回到问题产生的原点，分析这些问题是如何提出来的。这样，就重新定义了问题和需求。这两个例子还说明：最初的需求提得不合适，真正的需求也就被隐藏起来了。

工业企业往往强调执行力，要求下属不折不扣地执行领导指示，不允许质疑。在许多场景下，强调执行力是必要的。但是，在创新活动中，创新的机会源于对权威的质疑。强调执行力的企业，必须注意到研发、创新的特殊性。

在丰田，遇到问题时，公司要求员工多问几个"为什么"。这样的企业文化对创新是非常有利的。

> 有一天，车间的机器突然停机了，总裁就下去查看问题。
> 总裁：机器为什么停了？
> 工人：因为负荷过大，保险丝断了。
> 总裁：负荷为什么会过大？
> 工人：因为机器的润滑不够。
> 总裁：机器的润滑为什么不够？
> 工人：因为油泵吸不上油。
> 总裁：油泵为什么吸不上油？
> 工人：因为粉屑进去了。
> 总裁：粉屑为什么会进去？
> 工人：因为没有安装过滤器。
> 总裁：那就安装一个过滤器吧。

创新需要打破常规思维，但打破常规思维绝不是故意"标新立异"，不是为了不同而不同。追求创新思维的本质，往往是追求思维的深度，而多数人习惯于"浅层次"的思维。打破常规思维的本质，其实就是增加思维的深度，从更深的层次寻找需求、原因和解决办法。优秀的创新者就像优秀的棋手，能够想出"怪招"，只是因为他考虑问题比常人更深刻。

需求的三种类型

人们往往认为，用户需求就是用户说出来的要求。其实不然。需求包括三个部分：第一部分是必须具备的要求，如产品的基本功能、安全性、可靠性等，这类需求很重要，但用户往往认为技术提供方应该知道，没必要说出来；第二部分是用户期望的指标性的需求，如机器的效率、能耗等，这样的需求，用户比较容易明确地提出来；最后一部分是超出用户预期的需求、预料之外的功能，对这类需求，用户自己也不知道。第一和第三种类型的需求，往往是潜在需求。

不容易说出来的需求，并不意味着不重要。在语言的交流中，用户可能会忽视对安全性、稳定性、可靠性的要求。但这些需求是最基本的，也常常是技术的难点所在。安全性、稳定性、可靠性体现了产品的质量，以及技术的水平和成熟度。

笔者开发过一个工业控制软件，原理部分只有几十行代码，而整个软件却有几千行。这种差别体现了"技术原理"和"实用技术"之间的差别。在实用类软件中，往往是"一行代码处理正常情况，十行代码处理特殊情况；一行代码描述功能，十行代码预防错误"。

安全、稳定、可靠是现代工业的底线，是提高技术性能的瓶颈。安全性、稳定性、可靠性的提高，也能带动其他技术指标的提升。越是高端的技术，对安全性、稳定性、可靠性的要求也就越高。

在飞船安装过程中，有人不慎将一根头发掉入其中。问题发生后，安装过程暂停数日，直到专家确认不会引发严重问题，才恢复安装工作。我国航天人就是用这种一丝不苟的精神，保证了技术的成功。"中华之星"是我国自主开发的一款动车组列车，其车速曾是国内铁路最快的速度。但是，由于它在验收测试阶段出现了轴承报警，最终未通过验收。

这两个事件不仅体现了安全、稳定、可靠的重要性，也体现了从技术"原理"到"成功"之间的道路是何等漫长。安全性、稳定性、可靠性问题往往是细节引发的，所谓"千里之堤毁于蚁穴"。但在"千里之堤"上发现并堵住每一个蚁穴是非常不容易的。同样，在创新活动中，把每一种风险都考虑到，做好防范也是相当不容易的。技术工作者的技术难度，往往也体现在这个方面。

有些人表达能力很强，能把技术原理说得非常清楚，但这并不意味着他们有能力做出成熟的技术。有些学院派的技术专家体会不到"技术原理"和"实用技术"之间的差异。他们觉得，只要懂得了原理，就懂得了技术本身。这样的人特别容易轻视技术的实际困难。在科技界，有人急于把技术原型拿出来报奖，获得的奖励多了，学术地位也就高了，但未必对国家有真正的贡献。

需求描述的误区

专业研发团队要通过调研来了解用户需求，但用户往往不容易把自己的需求说清楚。

> 轿夫抬了一天的轿子非常疲惫。他回家以后，对儿子说："你将来要是能当上宰相，就把这条山路修好一点，那么，我抬轿子就可以轻松一点了。"

新技术，尤其是数字化技术可能会改变人们的工作场景。但用户往往缺乏想象力，他们提出需求时，往往是按照当前的场景提出来的。一旦采用新技术后，原来的场景就不存在了，需求自然也就不存在了。

> 有位程序员出门买东西。出门前，夫人对他说："你买五个包子回来。如果看到卖西瓜的，就买一个。"不久，程序员买了一个包子回家了。夫人问他为什么只买了一个，他回答说："因为遇到卖西瓜的了。"

技术人员和用户交流时，经常出现理解上的错误。推进数字化转型时，业务技术人员和IT技术人员的交流更容易出错，两类人的思维方式往往不一样。解决这类问题的办法之一，是让懂业务又懂 IT 的人与用户交流。

> 老太太有两个女儿。一个卖雨伞，另一个卖太阳镜。卖雨伞的女儿希望多下雨，而卖太阳镜的女儿则希望多出太阳。

在工厂里听取用户需求时，经常会遇到不同岗位、不同专业的人。这些人的需求往往是不一样的，甚至是互相矛盾的，创新者必须全面听取、综合平衡各种需求。

定义需求的智慧

创新者经常发现，无知者的需求往往难以满足。无知者提出的需求往往只是主观上的要求，不会考虑实现的方法。古人求取长生不老药，就是典型。其实，许多人对智能化的奢望，往往也是不现实的。用技术满足需求，必须有方法的支持。多数人提出需求时，往往包含着对方法的认知。

> 有位古人急速地奔跑。他心中暗想：如果能生出一双翅膀该有多好啊！我们知道，即便今天，他的要求也无法实现。其实，他要翅膀的目的只是想跑得快一点。如果面对这样的需求，今天就很容易满足了：叫辆出租车就可以了。进一步：他为什么想跑得快？其实只是为了更快地传递一个消息。如果这件事发生在今天，只要打个电话就解决了。这个例子告诉我们：人们提出需求时，往往伴随着解决方案；而这个解决方案，受制于他对方法的了解。

人们用方法描述需求时，描述的合理性取决于他的思维能力和见识。所以，当用户的思维能力和见识有限时，需求就可能被狭隘，乃至错误地定义。在创新过程中，需求其实是个开放的问题。创新思维的一种常见方式，就是对需求的重新定义。事实上，提出合理的需求是创新活动中最具智慧、最能体现创新思维的活动。其中，那些充满智慧的创新思维，本质上是从更长的时间周期、更广大的空间范围定义需求。

经常有人拿出大小两枚硬币，让小约翰尼挑一个拿走。大的币值1澳元，小的币值2澳元。约翰尼总是挑选大的那个。有一天，有个大人忍不住问："孩子，你应该拿那个小的，那个更值钱啊！"约翰尼却回答道："我知道，但如果我拿走了那个小的，以后就没有人和我玩这个游戏了！"

在前面这个例子中，约翰尼其实是把需求定义为"长期利益最大化"，而不是"单次利益最大化"或者"当前利益最大化"。

现实约束与退半步

创新者经常会遇到一种困境：用户需求无法满足。

沃尔玛要求员工记住两句话。第一句：客户永远是对的。第二句：如果客户确实错了，请参照第一句。

在服务业，客户就是"上帝"。这种要求主要用来调整服务人员的心态，但对技术工作者来说，却是不合适的。对科技工作者来说，自然规律和客观条件才是"上帝"，满足用户需求的前提是遵循客观规律。正如马斯克所言：**很多人会违法，但没有人能够违反物理规律**。

笔者在面试研究生时，经常问一个问题：假如你是个园丁，我要求你养的花不能生出烂叶子，你应该怎么办？对于这个问题，学生们给出了各种各样的答案。有人说，认真去养，让它少生烂叶子；还有人说，去养仙人球、塑料花，因为它们就不会有烂叶子。我喜欢的答案是：每天提前十分钟到办公室看看，如果发现有烂叶子，就把它剪掉，别人就看不到烂叶子了。

人们经常被灌输一种观点——遇到困难时要"知难而进"。但是，在创新过程中，用户的要求可能会超越客观条件和客观规律允许的可行性。科技工作者不能违背客观规律，客观条件不允许时，"知难而进"是不明智的。

面对不能完成的工作,"知难而退"不失为一种理性的选择,但"知难而退"也就丧失了创新的机会。其实,人们往往还有另外一种做法,就是"知难而变",也就是重新定义需求,在符合客观规律的前提下尽可能地满足用户需求,把不可行的原始需求改造成可行的目标。

在宣传材料上,人们往往强调"知难而进"导致了某人的成功,这其实也是一种"幸存者偏差"的表现。因为宣传材料上的东西,往往都是成功的案例,并对这些案例进行了包装。

现实中的"知难而变",是从用户原始的需求上"退半步",让技术目标具备现实可行性,用"退半步"的方法换来"进半步"的效果。在上面的例子中,"退半步"就是提前把"烂叶子"剪掉,让别人看不到烂叶子。"退半步"不是狡辩,不是耍小聪明,也不是偷换概念。"退半步"就是"舍弃"那些客观条件不能支持的需求,以获得现实中的成功。这是一种"舍得"的智慧。

> 有人开发了一款软件,能指导工人炼钢。这款软件的亮点之一是能够做到"无解时求解"。所谓"无解时求解",就是"理想解"不存在的时候,给出人们可以接受的"次优解"。

现实中"退半步"的办法很多,有些技术指标无法实现,可以降低要求;有些目标无法一步到位,可以通过不断调整逐步逼近;有些方法不具备通用性,可以将其应用在特定的场景下;有些干扰无法避免时,可以创造条件,把干扰隔离在外。

老子说:"下士闻道,大笑之。不笑不足以为道。"当提出"退半步"的想法时,经常会遭到人们的取笑或反对。创新者要有足够的思想准备、智慧和耐心,去迎接别人的冷嘲热讽和反对声音。从人类历史发展的尺度看,"退半步"其实是一种常态化的做法。

> 我们的祖先希望生出一双翅膀在天空中翱翔。这个理想虽然没有实现,但人们发明了飞机、飞船,同样可以翱翔在天空中。人们希望找到

"长生不老、返老还童"的良药。这个理想虽没有办法实现,但人们找到了各种"延年益寿"的办法。有些化妆品打出"今年20,明年18"的广告。这说明:即便能看起来年轻,人们也会很高兴。

退半步与持续演进

先有鸡还是先有蛋?如果说先有鸡,那鸡是怎么孵出来的?如果说先有蛋,那蛋又是谁下的?这就是著名的"鸡蛋悖论"。对于这种悖论,任何一种答案都不正确。

"鸡蛋悖论"的产生,是因为人们不习惯于演进的逻辑。用演进的逻辑看,鸡和蛋的产生是不断进化的结果,而不是一下子就产生了。鸡产生的时候,其实就是人们把一种鸟称为"鸡",而它下的蛋也就称为鸡蛋。

"鸡蛋悖论"的特点,包含了一种"互为因果"的矛盾。对于这种类型的矛盾,往往都要用演进的逻辑去解释,要理解问题是逐步解决的,而不是一蹴而就的。

在技术条件成熟之前,创新无法成功;在技术条件成熟之后,创新的机会往往就会丧失。这就是一种"互为因果"导致的"鸡蛋悖论"。所以,创新往往发生在条件即将成熟的时候,并逐步改进、提高。

用发展的眼光看这个问题时,技术往往是一点一点往前走的。随着条件的不断改善,技术也不断进步。创新的步子太大,反而容易导致失败。换个角度看,从理想状态退半步,往往等同于现实技术进半步。前一节曾经提到,领先半步是先驱,领先一步是先烈,就是这个道理。

在产品设计领域,有一种称为最小可行产品(Minimum Viable Product)的方法。该方法是指用最快、最简明的方式建立一个可用的产品原型,然后通过迭代来完善细节。这种方法的本质就是先确定一个产品是技术可行的、用户接受的,然后再逐渐去完善它。推进智能化的时候,先把人做事的流程搞清楚,然后逐渐用机器代替人的工作。笔者经常强调的"先做成、后做好",本质上也是演进的逻辑。

需求驱动的内涵

对善于创新的企业来说,满足用户需求不仅是一种意愿、一种宣传手段,更是一种能力。

需求驱动的内涵其实非常丰富。

需求驱动意味着需求的真实性。在数字化时代,强调创新需求的真实性往往就是强调需求的个性化。而强调个性化,就是强调深入地理解用户需求。深入地理解用户需求,就是价值驱动,就是反对盲目地追求技术先进性。

需求驱动意味着同时代竞争的关键。在特定的历史时代,创新的机会在于需求和条件的改变。关键技术条件改变的机会往往是普惠性的。同时代企业之间的创新竞争,关键是挖掘个性化的需求,尤其是特殊用户的个性化需求。

需求驱动意味着需求的隐藏和对需求的再定义。在创新过程中,客观条件往往不能支持用户的原始需求,而用户往往又说不清楚可行的需求。

需求驱动意味着要关注需求的强度。当需求足够强烈、市场足够大时,创新的价值才能体现出来。需求强度弱的时候,技术成功的机会大而经济成功的机会小。创新最好从个别"先进用户"开始,先抓住需求足够强烈的用户,技术和经济可行性才能同时满足。先进用户成功后,再考虑通用化的路子,拓展相对低端的市场。创新者还需要关注市场的发展趋势,并在成长性好的市场中开拓创新。

需求驱动意味着关注长远和演进。创新常常意味着小众客户的个性化需求。客户群体小的时候,就不容易取得经济的成功。与此同时,客户群体大的时候,创新的机会也就少了。解决这个矛盾的办法之一,是关注市场未来的发展趋势。去做那些未来发展前途大而当前竞争相对较弱的工作,以取得创新的先机。

需求驱动的背后是完整的逻辑链条。要在应用的场景中,把需求和外部条件牢固地联系起来。如果逻辑链条模糊,可能就是伪需求。比如,国家特别需要某个专业的优秀科技人才,但是如果没有接纳这些优秀科技人才的企业,人才的需求就是伪需求。即便培养出这样的人才,他们也会改行做其他的工作。同样,能吸纳优秀人才的企业,要面对能够养活企业的市场。如果没有这样的市场,企业也活不下去。业绩好的企业是适应市场的企业,而未必是技术好的企业。这个矛盾,在我国尤其突出,值得政府和企业有关人士深思。

第四章

Mind and Hand
知行

超越自己的视野

创新必然与风险相伴。善于创新的人，不仅要敢于面对风险，更要善于防范和处置风险。"知人者智，自知者明。"创新需要新知识，但风险并不是因为缺乏知识，而是"不知道自己缺乏知识"。从事创新工作时，要知道自己"不知道什么"，从而知道"需要知道什么"，避免"无知者无畏"的风险。为此，**创新者需要习惯于"以终为始"的思维方式，从需求和市场出发，一步步推演出对具体知识的需求。**

认知的视野与关键问题

有人丢了钥匙，在路灯下面反复寻找。其实，钥匙不一定丢在路灯下面，是因为只有路灯下面有光，他只能在这里找。在这个寓言里，人的认知范围就像路灯照亮的地方，钥匙就像解决问题的关键。如果人的认知范围不够大，那么关键的问题就会遗漏在视野之外。

创新者常见的问题，就是过于专注自己认知范围以内的问题，而真正的风险和关键问题却往往在自己的视野之外。用通俗的话讲，这就是"不知道自己不知道什么"。

> 有人花了三年时间，研制出一种新型电池材料。根据当时的标准，电池材料最重要的指标是单位质量的储能。从这个指标看，材料的性能相当理想。他找到一家工厂，希望能够实现成果的转化。但工厂却否决了他的想法，因为这种材料的密度太低，要达到特定的储能要求，电池的体积就会很大，就找不到适用的场景。

创新者最担心的一种事情是，项目临近结束时才发现方向选错了，让多年的心血"功亏一篑"。从经济角度看，这种创新是彻底失败的。当代的创新成功往往要"十年磨一剑"。对个人来说，这种失败会浪费最宝贵的年华和机遇；对企业来说，这种失败会使企业的经营风险增大。

科技界经常抱怨科研成果转化难，希望政府帮助他们解决"最后一公里"的成果转化问题。但事实上，许多项目在选题和立项阶段就埋下了失败的伏笔。失败只是表现在"最后一公里"，根源却是在立项的"第一公里"。只有解决了"第一公里"的问题，才能避免"最后一公里"的失败。

"凡事预则立，不预则废。"要避免这种现象，必须在"第一公里"看到并消除不必要的风险。"最后一公里"的失败，往往是前期需求分析不到位，看不到风险导致的。前期的需求分析，必须从技术最终的应用场景出发，全面考察相关的条件和约束。

项目越大，投资规模就越大，前期论证过程也就越要慎重。对于那些需要分步骤进行、有阶段性目标的项目，特别需要注意阶段性目标应该是根据终极目标的要求推演出来的，而不能孤立地看待中间目标。

> 冷战期间，苏联官员问 NASA 的专家："你们什么时候能把宇航员送到月球上？"专家回答说："这取决于我们什么时候能够把他们安全地从月球接回来。"

把宇航员"从月球接回来"是最终目标，把宇航员"送到月球上去"是阶段性目标。要根据"把人接回来"这个最终目标的要求，设计"把人送上去"的阶段性目标。"行百里者半九十"，许多技术困难往往发生在中间目标和最终目标之间，创新工作要一步步走，但创新者的视野必须足够长远。

> 在推进数字化转型时，中间目标与最终目标脱离的现象时有发生。例如，许多企业要上大数据平台、工业互联网、工业大脑、CPS、中台、数字孪生等，但这些技术其实都是中间目标，而不是最终目标。如果没有想清楚最终目标，那么中间目标很可能与最终目标脱节，不能带来预期的价值。

从需求到技术原理

创新项目的目标涉及三个层次的内容：用户的原始需求、用于满足需求的技术功能、用于实现功能的技术原理。原始需求体现用户的主观愿望，而功能和原理则受客观条件的制约。创新者在设计功能时，就是要调和、平衡、化解它们的矛盾。创新者首先需要把问题清晰化，把矛盾凸显出来，才能设法解决矛盾。这是创新项目与普通工程技术项目的重要区别。

> 创新的需求往往产生于特定的场景。需求就是在这个场景下需要解决的问题；可用的手段和资源和遭遇的约束也是特定场景决定的。所谓技术功能，就是从用户层面看到的解决问题的方法；所谓技术原理，就是从技术人员角度看到的实现功能的方法。如前所述，方法取决于特定场景下的需求、条件和约束。

提出技术原理的方法论，要基于以下逻辑：先阐述场景以及场景中遇到的问题和矛盾，然后基于场景中的条件和约束，给出解决矛盾的方法。如果场景中的问题和矛盾没有说清楚，则称为技术目标模糊。在创新活动中，技术目标模糊很常见。目标模糊的表现之一，是把技术手段当成了目标或用户的需求，而真正的需求却缺失了。

> 创新经常是在需求和技术目标不明确的前提下开始的，而模仿是在需求和目标基本清晰的前提下展开的。所以，长期从事模仿、跟随工作的人，通常不能理解目标和需求明确的难度和重要性。如果明确需求和目标不在"第一公里"解决，成果难以转化的问题就一定会出现在"最后一公里"。

在目标清晰化的过程中，需要与用户反复交流。但是，从事创新工作时，人们经常发现语言的交流能力是有限的。技术人员常常不能准确、完整地理解用户的需求。如果把错误的理解带到研发工作中，就容易导致项目最终失败。

> 创新过程中经常使用一种"原型"方法。这种方法的本质，就是在功能实现之前，通过功能的展示把用户需求描述清楚。经用户确定后，再正式对这些功能进行研发。这样做，可以显著降低技术目标与用户需求不符的风险。对创新者来说，数字化方法的一个重要作用，是在虚拟的世界里给出原型。这样的原型便于实现，也便于在此基础上交流、改进，还便于相关知识的复用。

功能描述清楚以后，才能提出实现功能的具体技术原理。技术原理提出后，才便于判断技术的可行性。好的技术原理要规避逻辑上可能的断点，以减少创新中的技术风险。所谓"逻辑上可能的断点"，就是技术的成功高度依赖于某个较难达到的技术指标，而且一旦指标无法达到特定要求，整个项目就会失败。

> 在智能控制系统中，一种典型的断点是要求模型精度非常高。如果模型精度不好，控制效果就会很差，从而对系统的安全性、稳定性、可靠性造成冲击。

创新中难免会遇到难点。如果出现这样的问题，有两种解决方法：一种是从技术体系入手，设法弱化对技术指标的依赖性；另一种是单独针对难点进行预研究，找到消除断点的办法以后，再进入正式的项目研发。

从原理到技术成功

原理上走得通的技术，未必能取得技术上的成功。技术原理和成熟技术之间的差距，往往来自安全、稳定、可靠、性能等方面。设计和生产中的细节问题，都可能在使用过程中导致系统崩溃。高科技产品的技术风险，主要来自这类问题。

> 阿波罗计划是人类历史上最伟大的技术创新之一。在这项工程中，设计师尽量避免采用新技术，而采用成熟技术。这样做的原因就是成熟技术的风险小。阿波罗计划的实践也表明，系统性的创新不一定有局部性的创新点。

工程技术项目追求的是整体的效果，并不追求"点上的创新"，"点上的创新"多，反而会影响整体效果。

> 庖丁擅长杀牛，这不是因为他的刀子快，也不是因为他的力气大，而是因为他了解牛的骨骼结构，能让刀锋在牛的骨头缝里行走，避开坚硬的骨头，轻松地实现"解牛"。

创新者难免面对困难问题。面对困难问题时，工程师首先想到的应该是规避和缓解困难，在此基础上，再设法解决困难，正如孙子所言："百战百胜，非善之善者也；不战而屈人之兵，善之善者也。"

> 在某次大赛中，要解决一个工业现场的图像识别问题。图像识别过程中，可能会遇到多种外部干扰。多数团队的做法是用算法滤除干扰，而获得一等奖团队的做法是用物理手段隔离光线的干扰，把算法用在没有外部光线干扰的环境下。

殷瑞钰院士曾指出："复杂问题简单化，创新之道也。"把困难的问题变得简单，往往是创新活动中最重要的环节。

> 小和尚进山修道，经历了三个阶段。第一个阶段看山是山、看水是水；第二个阶段，看山不是山，看水不是水。第三个阶段，看山是山、看水是水，但却不是原来的山，也不是原来的水。

人们对于创新的认识，也会有类似的经历。刚从事创新工作时，会感到非常困难，这就是"看山是山、看水是水"的阶段。但是，当我们了解到别人的具体做法时，却往往会轻视人家，觉得他们的办法非常简单、一点技术含量都没有。这就是"看山不是山、看水不是水"的阶段。真正理解创新规律的人，需要进入第三个阶段。在这个阶段，充分理解创新的艰难，也知道困难问题能够分解成简单的问题；同时还知道把困难的问题变成简单的问题、用成熟的技术来做创新，这就是"看山还是山、看水还是水，但不是原来的山，也不是原来的水"。

> 老李开发了一台设备，受到大家的赞扬。但在老王看来，老李的技术水平一般，因为这台设备的核心技术是将买来的四个模块搭配到一起，没有技术含量。老王的观点是片面的。比如，懂模块的人可能会说：模块开发其实不难，核心技术只是十个元件；只要把元件买来，就能把模块造出来了。按照这样的办法不停地分解下去，会不会就没有难点了？事实上，人们觉得一个创新问题很难，只是因为不了解它而已。

从技术到商业成功

有些项目对用户需求的理解是正确的，原理和技术线路也是合理的，但最终却没有得到用户的认可。常见的主要原因之一是技术或产品的质量没有达到用户期望的水平，在安全性、稳定性、可靠性、性能和用户界面等方面没有做好。更深层次的原因是人力、物力、时间和资源的投入不够。

在创新活动中，项目收入小于项目支出是一种常见的现象。解决这类问题的方法之一，是要对知识产品进行复用。如果知识能够被多次复用，就可以在后续的项目中收回投资；否则，经济上很可能就是失败的。对许多创新者来说，要取得经济上的成功，必须有可复用的技术。

知识复用通常要付出额外的成本，如标准模块的开发、对模块的说明等。对完成特定项目来说，这些工作不是必要的，开发人员本身对复用不感兴趣。所以，企业内部应该有专门的部门和人员，解决知识复用中的问题。本质上说，这是研发管理问题，而不是技术问题。

第五章

Mind and Hand
知行

企业的创新与研发管理

大型企业的技术创新，往往不是某个特定项目的创新，而是"项目的组合创新"；往往不依赖于个别"领军人物"，而是要靠"集体的力量"。企业研发管理不只是建立考核机制，更重要的是发挥组织的力量，服务于企业的战略需求。松下幸之助先生认为，未来企业的竞争，关键在研发管理；而通用汽车前CEO斯隆先生则认为，研发管理是企业最困难的管理活动。

风险防范的逻辑

企业界有个流传很广的观点："守成等死，创新找死。"

优秀的企业家和科技人员习惯于"想清楚了再做"，但创新中总有想不清楚的事情。技术人员说不清楚，管理者和决策者听不明白，市场和竞争对手的情况搞不清楚都是常态。如果凡事"想清楚了再做"，就会丧失创新的机会，沦落为"守成等死"。但是，如果"糊里糊涂"地做出决策，就会导致"创新找死"。

> 关于"守成等死，创新找死"，任正非先生认为，企业推进创新未必从技术项目开始，从管理开始或许是更好的做法。

创新是企业的一种风险投资行为，企业需要以此为出发点开展创新管理工作。其实，"守成等死"和"创新找死"都是研发风险管理不当导致的。企业要从事创新活动，不仅要有承担风险的勇气，还要有评估和掌控风险的能力，而这种能力往往体现在研发管理上。创新和研发管理都很难，但却是有规律可循的。

前面曾经提到，平均数千个想法中只有一个能取得创新的成功。企业要鼓励职工的创造性思维，产生尽量多的创意。创意多了之后，才能进行层层筛选，淘汰掉那些不好的创意，剩下极少数好的创意，如图 5.1 所示。在此后的过程中，创意和项目的数目逐渐减少，但项目的投资力度却逐渐加大。如果筛选的力度足够大，方法足够科

图 5.1　创新筛选的漏斗

学，那么即便多数项目失败了，大部分资金也会投入成功的项目。从企业层面看，当创新的投入产出合理时，创新就不再"找死"了。

从投资角度看，创新的结果有三种情况：成功、失败、不成功也不失败，如图 5.2 所示。其中，钱花了很多也赚回来更多，这就是成功；花了很多钱却没有收到足够的回报，就是失败；如果钱花不多，做了探索性研究后放弃、也没导致太多的经济损失，这就是不成功也不失败。

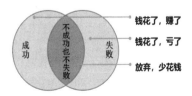

图 5.2　创新的成功与失败

孙子说:"昔之善战者,先为不可胜,以待敌之可胜。不可胜在己,可胜在敌。"意思是说,善于打仗的人,要先做到不被敌人打败,在这个基础上,等待打败敌人的机会。有没有打败敌人的机会,是敌人(的失误)决定的;不给敌人以打败的机会,是通过自己的努力做到的。

创新的道理也一样。创新都是有客观风险的,任何人都无法保证创新的成功;但善于创新的人,可以避免创新的失败。企业层面上的所谓创新的失败,即投资意义上的失败。避免了投资意义上的失败,也就做到了"创新而不找死"。

创意的产生

日本著名学者大前研一先生发现:善于创新的企业,往往是先有了很多想法再去行动;不善于创新的企业,则往往是在想法不多的时候就采取了行动。由此可见,鼓励员工产生更多的创意和想法,是企业创新管理的起点。

美国氢弹之父泰勒教授每天都会产生很多新奇的想法,而且都会主动找人讨论。事实上,他的这些想法几乎都是错的。但是,杨振宁教授却非常欣赏他:"如果他每天有半个想法是对的,对科学的贡献会有多大啊!"

阻碍创新的原因之一是"好面子"。由于"好面子",就怕说错话,怕别人说自己不靠谱,也就不愿与人讨论。这种心态是不利于创新的,是许多知识分子的缺点。

张三有一个苹果,李四也有一个苹果,交换一下,每人还是一个苹果;张三有一个想法,李四也有一个想法,交换一下,每人就会有两个想法。人们在交换想法的时候,往往还会产生更多的想法。彼得·德鲁克有个形象的说法——交流和争论能够打开思想的"水龙头"。

根据笔者的经验,不同专业、不同部门、不同层级的人进行想法(务虚)交流时,很容易产生新的想法。企业应该创造条件,鼓励这种交流。

当然，对科技工作者来说，交流的时间成本也是不可忽视的，而且大部分交流的效率较低。要促进沟通和交流，就必须设法提高交流的效率和质量。

> 根据笔者的经验，交流效率低的常见原因有：个别人表达欲望过强，抑制其他人的发言；参与交流的人太多，交流缺乏深度；交流过程情绪化，演变成人身攻击；参与交流的人思维层次不同，交流无效。因此，提高交流效率的前提是参与交流的人数不宜过多（深度交流时，总人数最好不要超过 5 人），还要有人控制讨论的内容、氛围和节奏。

对企业领导和管理者来说，鼓励创意并不意味着花多少钱，而是先要给予"尊重"，即要认真地倾听。有些人提出的想法可能没有表达清楚，甚至并不靠谱，倾听者要给予必要的交流和指导，而不是草率粗暴地给予否定；否则，大家就不再愿意提出想法了。

鼓励创意并不意味着对每个创意都投入资源。鼓励创意的目的是让企业有更多的选择。正如大前研一先生所认识到的：想法多了，才有可能选出好的项目。

常识性筛选

国外许多创新管理类著作都涉及项目的筛选，但笔者发现，按照这些书中的筛选原则选择项目时，却有大量不好的创意被保留下来，经过仔细分析发现：导致这种现象发生的原因是忽视了重要的、基础的常识性环节，笔者称这个环节为"常识性筛选"。

苏东坡在《日喻》中讲过一个故事：北方人向南方人学习潜水，他们按南方人教的做法潜下去，却很少能活着回来。原来，南方人从小就和水打交道，是在会游泳的基础上学潜水。对会潜水的人来说，会游泳应该是一种常识，是一种教学时容易忽视的常识。北方人则是"旱鸭子"，不会游泳就去学潜水，恰恰就是缺少了这种常识。

常识有个特点：对拥有常识的人来说，往往意识不到它的重要性，甚至意识不到它的存在；而对缺乏常识的人来说，却经常会因缺乏常识吃尽苦头。先进国家的企业往往拥有创新的常识，所以，国外的创新管理类著作中很少提及常识性环节。我国有些企业缺乏常识，在参照国外创新管理类著作的筛选原则时就会遇到问题。

根据笔者的经验，90%以上的创意会在常识性筛选中被淘汰掉。正常情况下，常识性筛选应该是以非正式的方式进行的，比如，通过个人的深度思考或小范围的研讨进行淘汰。有些科技人员缺乏现代工业的常识以及在企业从事创新工作的经验，往往会提交明显不合常识的项目。

S（硫）、P（磷）、N（氮）是钢水中有害的杂质元素，需要在炼钢时去除。脱S和P的技术相对成熟，有人开始研究脱N的工艺。但是，他研究的工艺只能脱N，却无法脱S和P。有工程师问："哪个钢种只需要脱N？"那人理直气壮地回答："我不关心S和P，我只研究脱N。"

有人用数字化技术建立了一个虚拟工厂，模拟得惟妙惟肖，却说不清这个虚拟工厂的功能实现场景，最后，只能成了供别人参观的摆设。

这些项目有一个共同的特点：缺乏实际的应用场景。没有应用场景就没有办法创造价值，这就是个常识性问题。

还有些技术的应用场景是明确的，原理却不清晰。技术原理就像旅行者规划的行程或路径。行程清晰后，才知道在哪里遇到山、哪里遇到河。技术原理明确，才能判断这条路能否走得通、是否具备可行性；技术原理不明确，评审专家就无法判断技术的可行性。创新要明确原理，也是一个常识。

有人在项目申请中提出，用历史数据研制数学模型，以降低企业内部的运输量。评审专家问道："假如模型已经存在了，你如何用这个模型降低运输量？"这个问题，其实就是询问技术原理。项目申请人发现无法回答，就主动放弃了申请。

技术原理的逻辑清晰后，评审专家才能根据原理，判断技术实现过程中可能出现的风险和问题。下面就是典型的例子。

> 有人提出用RFID（射频识别技术）管理钢材仓库，但评审专家提出："在车间的环境下，RFID发出的信号可能接收不到，你们是如何考虑这个问题的？"项目提出者不能回答这个问题，最终项目暂缓。

在笔者看来，上述问题与创新项目策划者缺乏经验有关。正常情况下，原理不清等问题应该是由项目提出者自己发现、或在小范围讨论时发现，而不是拿到正式的专家评审会议上讨论。如果评审专家有足够的经验，也可以否决这样的项目。但现实中，许多评审专家也缺乏常识，致使缺乏常识的项目也能通过评审。如果企业存在大量这样的项目，就容易导致"创新找死"。我们强调的"常识性筛选"，就是要避免这类问题。

三个常识性问题

进行常识性筛选时，笔者建议回答三个问题：**用户和利益相关者是谁？用户是如何使用的？为什么别人不去做？**

前两个问题帮助人们确认需求的真实性，以认清技术实现时面临的条件和约束，避免片面、模糊的认识；第三个问题针对创新是人择难题，要深入到技术原理层面，检查技术上的逻辑断点，避免盲目性。这三个问题的本质是慎重考虑技术的合理性和可行性，避免常识性错误。

用户和利益相关者是谁

新技术的研发和应用都是要付出成本的，企业需要把用户和利益相关者细化到部门、人或岗位；否则，就可能与管理制度脱节，容易出现盲目性。

在企业中，技术的利益相关者很多，使用者、维护者、出资者、受益者往往不是一个岗位的人，他们可能在利益上存在矛盾。利益的受损者可能会用各种借口阻碍技术的应用。所以，"用户"不仅包括直接使用技术的人，还要包括相关的部门及利益相关者。如果没有特定的岗位为这个技术负责，就相当于没有"用户"，技术落地的难度就会很大。数字化转型时，涉及组织流程变革，要把责任落实到人。

> 需要特别指出的是：多个技术相关方的需求可能是相互矛盾的。通用汽车原CEO斯隆先生规定：听不到反对意见就停止决策。在创新过程中，"听不到反对意见"往往意味着调查不深入。而"反对意见"往往能帮助创新者更加全面地认识需求并激发灵感，防止最后在项目的最后一公里"功亏一篑"。

用户是如何使用的

新需求是在用户使用过程中产生出来的。在使用过程中，用户可能会遇到各种不同的场景。用户的新需求，都与使用过程中的某个具体场景直接或间接相关。

> 汽车上需要有灯，是因为要晚上开车；有空调，是因为要在夏天开车。技术的应用场景清晰了，就可以把各种直接需求搞清楚。直接需求搞清楚了，就会衍生出间接需求。而增加任何一项功能，往往也会引发负面问题，需要设法解决，比如增加了空调就需要解决空调的维护和保养问题。

了解用户的需求，就要了解用户的使用过程及其可能遇到的各种问题和场景。一般来说，正常的工作状态可能只有一种，而异常和特殊的场景则会有无数种。全面深入地了解技术使用的场景，才能完整地了解需求，才能得到安全、稳定、可靠的成熟技术。

研究"用户是怎么使用的"，可以明确技术的功能、借助的条件，以及影响功能发挥的约束。所谓"技术的功能",就是技术在特定场景下满足需求、解决矛盾的方法。在推进数字化转型过程中,常见的约束包括组织和管理权限上的约束。

为什么别人不去做

创新项目都是"人择难题"。思考"为什么别人不去做",就是让创新者慎重一点。

回答这个问题时,可以从"天时、地利、人和"考虑。所谓"天时",就是要看时代的特殊性,要有前人没有的技术条件和需求;所谓"地利",就是要解决企业的个性化问题,避免同代人的过度竞争;所谓"人和",就是团队和个人在发现潜在需求、解决问题方面的特殊优势。如果不满足"天时、地利、人和"条件就要慎重,多做调研和分析工作。

考虑"为什么别人不去做"的目的,其实是寻找技术逻辑上的"断点",也就是容易失败、技术风险比较大的问题。如果发现了这样的问题,就可以选择放弃项目或者改变项目目标,从而提高技术的可行性。逻辑上的断点消除之后,项目成功的概率就大大增加了。与安全性、稳定性、可靠性相关的问题很可能是创新的断点;效率、质量、成本和市场,也可能是创新的断点。

需要特别指出的是,对技术领先、市场独占、新兴科技领域的企业来说,考虑这个问题的必要性相对较小,因为它们拥有"地利"优势,有特殊的个性化需求;但对相对落后的企业来说,这个问题是非常有必要的。

> 黑石公司苏世民先生有个相反的观点:创新时不必考虑"别人为什么不去做"。他的理由是,你可能想到了(看到了)别人想不到(看不到)的。在笔者看来,苏世民先生的判断是有前提的,这个前提就是创新者的见识、经验能让他真正想到(看到)别人想不到(看不到)的。

实践中,创新者没有思考这些问题,项目最终毫无悬念地走向了失败。导致这种现象的原因之一是他们缺乏实践经验,对现代工业的理解不深,对创新的风险和困难估计不足。

战略性筛选

符合常识的项目,并不一定是企业需要投资的项目。企业选择创新项目时,还要结合业务重点、战略发展方向、投入产出比等进行进一步的筛选。

人们对创新项目的期望是价值大、见效快、风险小,但遗憾的是,这些要求常常是矛盾的。潜在价值大的项目,风险往往也大。筛选过程是一个平衡的过程。在《第三代研发》这本书中,作者把项目筛选的方法,归结为解决三类平衡问题。

首先是技术与业务的平衡,这就要求研发项目服务于企业的主营业务,这样的成果容易转化,也容易创造更多的价值。其次是长期项目与短期项目兼顾,对大型企业来说,面向长期和短期的项目都要有,两者的兼顾是通过项目的配置来实现的:有的项目面向短期的具体问题,有的项目面向企业未来的发展。所谓兼顾,就是两类项目的比例要适当。最后是风险和收益的平衡,一般来说,预期收益高的项目往往风险大,风险小的项目往往预期收益低。选择项目时要找到一个合适的平衡点。

> 按照《第三代研发》的观点,"兼顾"和"平衡"是企业层面的。在企业层面做平衡时,把不同的项目分配给不同的团队,每一个团队都专注于自己的事情。这就像国家的体育队,既有人专职练长跑,也有人专职练短跑。
>
> 在我国的很多企业中,往往把"兼顾"和"平衡"的责任落在某个科研团队甚至科技人员身上。由此,个人或团队就要同时兼顾多个不同类型的项目。这样的做法,不利于技术人员专心攻关,也不利于形成特

长。这就好比,让一个人既做长跑运动员又要做短跑运动员,就难以在奥运会上成为单项冠军。

这一轮的战略性筛选,应该是以正式评审会的形式开展。经过筛选,就能把有限的研发资源,用于最有可能成功的项目,以提高创新的投入产出比。在笔者看来,这轮筛选至少要淘汰 90% 的创意项目。如果剩下的项目过少,那么意味着创意的源头没有打开,需要鼓励大家继续提出创意。

在筛选中经常出现一种不好的现象——评选过程过于草率。具体的表现就是,评委和项目提出人之间没有进行足够充分的沟通,便在很短的时间内淘汰大量的项目。其实,很多项目策划花了很多时间,如果仅仅为了节省评审时间,就草率地淘汰一些本不该否决的项目,是对策划时间的浪费,也是对项目提出人的不尊重。我们强调研发管理,意味着需要在研发管理上花费更多的时间和精力。

在创新过程中有一种常见的现象——好的项目往往不被多数人看好。所以,以投票表决、少数服从多数的方式决定入选项目,往往会淘汰最有创意的项目。为此,企业应该建立一种机制,由优秀专家或企业家判断哪些无法形成共识的项目可以入选。

项目过程管理

一般来说,进入研发阶段的项目仍然是有风险的。如果入选的项目都是风险很小的,则表明企业没有真正进入创新驱动阶段。过程管理的重要目的是在必要时终止项目,及时止损,减少不必要的资金投入。这种工作,可以看作项目进行过程中的筛选。

为了开发某个新的工艺,需要建设一条生产线。由于产线建设的费用很高,一旦失败损失非常大。控制风险的做法是先建一条小型的试验线,试验线成功后,再建设正式的生产线。如果试验线失败了,后面也就不需要建设正式的生产线了。这样,即便项目没有取得成功,资金损失也是比较小的。

为了控制风险,常要把风险大、不确定性高的创新项目分成几个阶段来完成。要把不确定性大而投资少的探索性工作放在前面,不确定性小而投资大的工作放在后面。国外企业往往会把"研发"过程分成"研究"和"开发"两个阶段。研究阶段主要解决不确定性大,但投资相对较小的问题;开发阶段则正好相反,解决不确定性比较小,而投资比较大的问题。经过研究阶段以后,不确定性逐步减少。两个阶段的风险不一样,考核方式也不一样。

前面曾经谈到,从投资角度看问题时,任何人都无法保证创新的成功,但善于创新的人可以避免创新的失败。要做到这一点,前提是在研究阶段舍得"花小钱",以避免在开发阶段付出大的代价。而人们常犯的错误正好相反,研究阶段舍不得"花小钱",导致开发阶段损失巨大。

"做大事舍不得花小钱"是人性的弱点之一。在《孙子兵法》中,孙子严厉批评那些舍不得"花小钱"获得情报的人:"爱爵禄百金,不知敌之情者,不仁之至也,非人之将也,非主之佐也,非胜之主也。"

创新活动往往包括"研究"和"开发"两个阶段。其中,"研究"的本质作用是"花小钱"获取知识和信息。这就像军事活动用钱买情报,能降低创新中的不确定性,避免在"开发"及后续阶段导致大的损失。然而,许多地方在项目立项之初,就规定各种最终的指标要求。对于真正的创新项目,立项之初是说不清楚的。这样的要求,本质上是不允许有"研究阶段",是舍不得为"研究"花小钱。

创新必须投入,该花的钱要舍得花。

某企业准备开发一种生产工艺,要购置实验产线的设备。国外厂商提供了两种方案:一种是断续式生产方案,报价60万欧元;一种是连续式生产方案,报价100万欧元。领导从节省投资的角度选择了第一种方案。

不难理解，断续式生产的效率低，很难取得经济效益。要取得经济效益，一定要采取连续式生产方式。所以，第一种方案只能用来研究技术原理，即特定工艺参数对产品特性的影响。第二种方案才适用于研究生产过程中遇到的问题，如速度对质量的影响、工艺参数对持续生产的影响、设备维护的方法等。第一种方案虽然成本低，但对企业来说却是投资的浪费。有些企业的创新能力差，本质是舍不得建设一个试验工厂。舍不得建设试验工厂，就只能在大生产线上做实验，而大生产对生产稳定性的要求很高，对研发的制约很大。这样，企业的创新能力就受到了约束。

我国制造的优势在于"物美价廉"。之前，我国企业模仿国外产品时，一般是通过降成本的方式获得竞争优势。而现在还会有人把这种习惯带入创新阶段。在"从0到1"的研制阶段，即便是进行创新研究，也习惯于采用廉价的部件或材料。这些做法，往往会带来额外的风险，并可能大大延长项目的周期，从而导致创新失败。真正的创新活动，首先要聚焦技术的功能和质量，技术成功后再考虑降低成本，不宜过早地考虑降成本问题。另外，在创新过程中，一个优秀的人才抵过几十，乃至几百个平庸的人员，舍不得在优秀人才身上投入，也会导致创新的经济性变差。

控制创新风险的手段和思路有开放式创新，通过合作或收购实现创新，最小可行产品方法等。项目层面也有很多方法，如仿真方法、原型方法等。总之，就是要把研发的风险降下来。这些方法在许多关于创新的著作中都有介绍，这里就不再赘述了。

研发管理的挑战

对大型企业来说，研发管理是个传统的话题。

几十年前，IBM、贝尔实验室聘请了大量优秀的科技人员，企业提供给他们充分自由和宽松的工作条件，很少干涉他们的具体研究过程，这就是所谓的第一代研发管理。

但是，这种研发管理方式无法做到技术与业务的结合，从而难以为企业创造价值。研发人员根据自己的兴趣从事研究，而这些研究工作不一定是企业所需要的。即便研究出来，也不一定能在企业内部转化。企业作为经济实体，逐渐放弃了这样的研发模式。

于是，企业研发机构采取了另外一种管理方法——根据研发人员对企业的贡献进行评价。在这种机制下，研发团队开始注重经济效益，注重研发成果与企业主流业务的结合，这就是所谓的第二代研发管理。

但是，人们后来却发现，在这样的机制下，研发团队往往不愿意承担风险，不愿意做对企业有长期价值的工作。简单、短期的工作人们争着做，困难、长期的工作没有人做。久而久之，企业就无法做到长期和短期的兼顾、风险与收益的平衡。日本作家天外伺郎先生写过一篇著名的文章——《绩效主义毁了索尼》，文章的一个重要观点是，过度强调绩效会妨碍职工的创新精神，进而导致企业创新能力的下降。

第三代研发管理就用来解决这个矛盾。

在前两代研发管理模式下，一般是项目的提出人负责完成项目，对项目的成败全面负责。这样的做法有两个问题：第一是对项目负责人的要求高，既要深入理解需求，又要有高的专业水平；第二是项目负责人要对失败负全责，这个问题传递到技术人员身上，结果就是如果企业强化考核，那么大家就不喜欢做风险大的项目。

解决上述矛盾的方法是把选择项目和做项目的工作分离开来。研发管理团队负责选择项目，项目研发团队专注于技术本身。同时，项目研发团队不必对项目成败负全责，就会愿意承担具有较大风险的工作。从某种意义上说，这是对研发工作的一种分工，而分工能促进（研发）生产力的发展，这就是所谓的第三代研发管理。

这时，企业研发管理的主要任务不是考核技术人员，而是主导研发活动。研发管理者要躬身入局，对项目成败负主要责任，而研发团队主要是执行者的角色。科技管理部门要负责企业的技术战略，研发管理部门要识别、提炼、整理和归纳共性技术。对于这种变化，企业家必须有清醒的认识。

随着企业研发能力的增强，还会出现许多新的情况。例如，传统研发团队的人数往往很少，一般只有几个人，这种团队就像"游击队"，组织方式灵活，对个人能力要求较高，对团队管理和协同的要求不高。但现在的研发团队可能有几百到几千人。这种团队就像"正规军"，需要极强的组织管理能力。

第二篇

Mind and Hand
知行

工业基因与经济社会环境

本书强调技术演进，演进就是长期不断地进步。每次进步的幅度可能很小，但积累的力量巨大。

生物进化的基础是基因，而进化则是对基因的改变。每一次具体的进化过程，都是对绝大多数基因的保留，对极少数基因的改变。所以，进化强调的是继承基础上的进步。进化的规则是适者生存，进化的方向要适应环境的变化。

这样的原理同样适用于工业技术。工业技术的发展，必须在继承的基础上发展，必须符合经济性原则，必须顺应社会发展的需要。用数字化技术促进工业企业的转型升级，首先要认识现代工业的基因，也是现代工业最基本的特征。

现代工业是工业人在不断追求高效率、高质量、低成本的过程中发展起来的。在这个过程中，不仅形成了现代化的工业技术，也形成了现代化的管理制度和组织流程，它们共同构成了现代工业的基因。理解现代化企业的管理和技术，还必须重视"标准"的作用。事实上，标准化工作也是促进持续改进和数字化的重要基础。

在市场经济的背景下，数字化转型的主体是企业。企业是在竞争中生存的，追求的是技术先进性下的经济价值。在社会化大分工的背景下,经济的发展往往导致人与人关系的变化。数字化技术的经济性,起始于人机关系的改变,并引发了人与人之间关系的改变。技术的经济潜力,要通过组织流程和商业模式的改变,重构人与人、部门与部门、企业与企业之间的关系,才能释放出来,这就导致了工业基因的演进。

同其他创新活动一样,数字化技术的需求和市场往往是潜在的,是随着经济社会的发展逐步拓展的。市场潜力大与需求明确之间通常存在矛盾。企业要取得创新的先机,往往需要发现那些有发展前景的、潜在的市场和机会。现实中,潜在的市场和机会,往往是经济和社会发展带来的。

在发展中国家,推动数字化技术演进的动力不仅是数字化技术,更是经济社会的发展。随着我国经济社会的发展,劳动力成本步入快速上升的通道,市场对产品质量、节能环保的要求越来越高。这些变化会极大地影响企业的外部环境,给企业的创新和数字化转型带来机会和需求。企业的数字化演进必须顺应社会发展的需求,只有抓住这些变化,才能取得竞争的先机。

第六章

Mind and Hand
知行

现代化工业的基因

　　技术演进要强调结合具体场景，还要强调继承性。推进工业企业的数字化转型，要对现代工业的本质特点有深入的认识。我们把现代工业经典的思想和做法看作工业的基因。这种基因是在竞争的环境下，在不断追求极限的过程中形成的。在追求极限的过程中，技术的重点和内涵不断变化，技术原理和实用技术之间的差别往往会变得越来越大，对安全性、稳定性、可靠性的追求成为关键。企业重视标准、重视持续改进、崇尚分工协作，都与这种背景有关。在现实的生产活动中，人类本身就是不稳定因素。于是，管理，特别是对人的管理，就成为现代化工业的重要组成部分。而数字化技术往往通过代替人、帮助人、服务人、管理人来发挥作用。理解了这个逻辑，才容易将数字化技术融合到现代工业中。

理解效率

人类社会的发展得益于生产力的提高，人的劳动效率是体现生产力水平最基本的指标，劳动效率高是现代工业最基本的特征。改革开放之初，最令人震惊的就是现代化企业的劳动效率。当时，国外很多企业的人均产量是我国企业的几十倍、甚至上百倍。对现代化工业的认识，强化了人们走改革开放道路的决心。

> 如今人们花几秒钟赚的工资，就能支付电灯亮一个小时的电费。但在 200 年前，为了获得等量的照明，人们要花费 6 个小时赚的工资。导致这种变化的根本原因就是生产效率的提高，人们可以在相同的时间里创造更多的财富和价值。

在工业的发展史上，从机器革命到流水线，再到自动化生产，劳动效率得到了显著地提升。而现代工业的许多特征，就是从流水线开始的。

流水线最重要的作用就是提高劳动效率。过去装配一台机器时，要把大量的时间用在寻找零件、更换工具上。采用流水线生产后，工人不需要频繁地更换工具，零件就放在工位的旁边。这样，无效劳动时间就被大大压缩了。福特汽车公司采用流水线生产时，劳动效率提升了 10 多倍。

流水线的产生还带动了一系列深刻的变化，其中一个重要的变化就是促进了标准化工作。不论是产品还是制造过程，标准化的思想渗透到现代工业的方方面面。标准化带来的另外一个好处是便于采用机器操作。采用流水线生产时，会把复杂的生产过程拆成若干个简单的操作，操作简单了，就易于用机器来实现。这样，流水线的生产方式又带动电气技术的广泛应用，进一步提高了人的劳动效率。

流水线的意义如此重大，德国人称之为"工业 2.0"。在笔者看来，现代工业的许多本质特点都源于"工业 2.0"，此后的发展可以看作技术的演进。

流水线技术也带来了新的问题和需求，最典型的是对协同的要求高了。每个工序必须高度协同，才能把流水线高效率的优势发挥出来。在电气化的基础上，自动化就成了自然的选择。于是，人们采取自动化系统协调各个生产工序。自动化的广泛深入应用，是现代化工业企业的重要标志，被德国人称为"工业3.0"。这样，工业技术就在继承原有技术优点的基础上不断演进。

自动化发展到一定阶段，人们开始设想"无人工厂"。1984年，世界上第一个试验性质的"无人工厂"在日本诞生。原本200人的工作，只要4个人就可以了。工人周末回家度假，周一上班的时候就看到了生产出来的产品。

自动化技术可以显著地提高效率。然而，企业直接追求的是价值而不是劳动效率。自动化设备的成本是非常可观的，如果产品的批量过小，采用自动化的生产方式就未必合适。从经济角度看，自动化首先用于相对重要的生产流程。企业自动化的程度往往与所在地区的劳动力成本密切相关：工人工资越高，企业采用自动化技术的动力往往也越大；反之，工人工资越低，企业的自动化程度往往也越低。与国外先进企业相比，我国企业的自动化程度通常偏低，这不仅是技术问题，更是经济问题。所以，这个问题会随着我国经济社会和技术的发展而逐步改变。

一般来说，自动化针对的是正常生产过程。正常生产需要稳定的内、外部环境和条件。比如自动化的设备需要有人来维护、保养，需要有人为生产准备物料等。另外，现代化工业企业需要不断创新和改进，这些工作也需要人来做。所以，即便在所谓的无人工厂，也需要有人工作。随着自动化程度的提高，一线操作工的数量会逐渐减少，但设备维护人员、研发人员、管理人员的岗位却会增加。随着智能化技术的进步，设备维护、质量检验等岗位的人数会减少，但对数据和软件系统进行维护的人员数量则会增加。

在钢铁、化工、发电、运输、矿业等行业，可通过不断扩大设备或产线的规模、尺寸、功率、速度等来提高劳动效率。例如炼铁高炉的容积从几十立方米扩大到几千立方米,产量增加时,工人的人数却没有等比例增加。这样,人均的产量和效率就增加了。工业企业对效率的极致追求,是带动技术进步的重要动力,是促进工业技术不断发展演进的主要引擎之一。

人们都知道,车子开得越快,对路况、车况和驾驶员的要求就越高。工业企业也一样,工厂的生产效率越高,能够干扰正常生产的因素往往就会越多。比如,微小的干扰可能会对高效率产线安全性、稳定性等造成严重威胁。

解决安全性、稳定性问题是维持高效率的关键。于是,工业技术的重心会随着效率的提升而发生偏移。新技术出现时,人们主要关注技术的功能;而随着效率的不断提升,人们开始关注安全性、稳定性、可靠性,这通常会推高对设备、材料、控制系统的技术需求。

进入数字化时代,效率有了新的内涵:快速响应市场的需求。在互联网和全球化的背景下,产品竞争日趋激烈,企业需要不断地推出新产品以吸引客户,并关注客户的个性化需求。

> 在手机、汽车等领域,同档产品早推出一年可以赚钱,晚推出一年就可能亏钱。在快消品领域,某个产品的热销往往是热点事件导致的,厂家需要在几天的时间内把产品送到客户手里。

德国工业 4.0 的理想场景,是在流水线上生产个性化定制的产品,把个性化的需求和流水线的高效率结合在一起。如果企业具备了这种能力,就可以很容易地推出新的产品种类。在此基础上,找出销量好的品种,并把主要的产能集中在销量好的产品上。这样,就可以显著地提升企业的盈利能力。

理解质量

高质量是现代工业的另一个主要特征。对高质量的追求,是推进现代工业不断发展的另一个重要的引擎。对质量要求高的产品，任何一个环节的偏差都可能导致质量异常。质量不仅受技术水平的影响，企业管理水平、文化氛围也是影响因素。

进入工业社会后，人类的劳动效率急剧上升，开始出现生产过剩的危机。这时，提高质量是企业竞争的重点。我国改革开放 40 多年，向高质量发展成为工业界必须面对的问题。

质量的概念

对个人用户来说，质量好往往意味着产品性能好、不易发生故障。但对工业企业来说，质量的内涵要广泛得多，一种常见的观点为质量是满足用户需求的程度。从这个角度看，衣服的款式、价格也属于质量的范畴。

用户需求往往是多方面的。例如，用户对冰箱的需求不仅是长期稳定制冷，还要耗电低、噪声小、样式美观，甚至还要有防漏电的功能，个别用户可能对冰箱开门的方向也有要求。汽车等产品还需要在产品的生命周期内进行多次维护。所以，易维护性、配件长期供给等也属于质量的范畴。人们对钢铁材料的需求也有很多，加工材料的时候希望软一点；使用材料的时候希望硬一点；有的希望耐腐蚀性强，有的希望耐高温，有的追求性能的长期不变。

在满足功能和性能方面的需求时，需要付出成本，而成本会转化成产品的价格。考虑到成本因素，功能和性能方面的指标未必越高越好，而是以满足需要为标准。比如，对时尚品而言，过度的耐用往往就是质量过剩。

理解适用性时，要关注用户的差异。质量本质上取决于用户需求，用户不同、使用的场景不同，需求也就不一样。例如，对于汽车外表面的钢板，轻微划痕就是质量缺陷；对于铺路的钢板，划痕就不是质量缺陷。

适用性还引出一个重要的问题：满足用户需求和满足产品标准是不同

的概念。

许多企业按照国家或行业标准供货。钢铁产品的牌号就是这样的标准，但高端用户往往有更多的个性化要求，同一个标准下的产品也会有质量指标上的差别。所以，符合行业标准的产品不一定符合用户需求。

优秀的企业追求的是满足用户需求，而不仅仅是满足标准要求。创新往往是从满足先进用户的个性化需求开始的，善于满足用户个性化需求的企业往往也具有更好的创新能力。认识到这个问题，有利于企业找到创新的方向。

广义的质量

高科技产品往往意味着对质量缺陷的容忍度非常低，比如一个零件的质量问题就有可能导致飞机的坠毁。

> 某钢管厂生产的无缝钢管比市场价格贵很多，从指标上看，其产品质量并无优势，但该厂提供了数万小时的时效性实验数据。使用钢管的设计师可将这些数据作为质量保证的依据。如果最终产品出现质量问题，设计师可以凭这些数据免责并向钢管厂追责。

上面的例子涉及了"广义的质量"。广义质量指的是：**在企业质量管理体系涉及的范畴内，对人员、产品、制造过程、系统管理等体系提出的要求。**所以，质量好不仅意味着产品能够通过检验标准，生产过程也要符合特定的标准，企业质量管理也要符合产品质量贯标的要求。

"广义的质量"概念的提出与质量检验的局限性有关。质量检验的结果一般只能反映产品质量的部分特征。检验指标合格不等于满足用户的要求，有些检验需要进行破坏性测试，被检验的样品合格并不等于其他产品合格。所以，高端用户往往对供货商产品质量指标的一致性、稳定性有非常高的要求。为此，要用广义质量来要求和规范供货商。

在产品质量要求特别高的场景，供货方需要得到采购方的质量认证。认证的前提是供货方要通过特定质量管理体系贯标的资质认证。资质认证的典型要求包括生产过程全面标准化、生产过程可追溯、工艺参数波动足够小等。认证的一个重要目的是证明企业的产品质量具有足够好的稳定性，批次之间的差异足够小。

只有通过了质量贯标认证，企业才具有供货的资格。供货时，采购方还要检验实际产品，以确保满足需求。开始批量供货后，采购方会要求供货方把生产线、原料、工艺等重要因素都固定下来，并按照已经认证过的方式继续生产。

> 对工业企业来说，各类指标的稳定性是产品质量的最重要的内涵之一。要提高稳定性，就要识别和管控影响质量的各种不稳定因素。为此，需要全面提升管理水平、自动化程度、标准化水平、设备维护水平、持续改进能力等。在这些方面，数字化技术大有可为。质量管理贯标认证的作用，就是保证质量的稳定性。

质量与高科技

质量要求越高，对质量构成影响的因素就越多，需要管控的因素就越多，生产技术也就越复杂。质量要求的提升，还会带动新技术的产生。例如，现代化钢铁厂要把钢板的厚度公差控制在 0.02mm 以内时，而轧辊的热膨胀、磨损都可能导致公差超过这个尺寸。所以，就要有相应的技术手段处理热膨胀、磨损等问题。在质量不断提高的过程中，会不断遇到新的问题。例如，晶体管小到一定的程度，芯片的散热、量子效应都成了问题。

最近几年，我国许多材料、元件、设备、软件产品被国外"卡脖子"，而这种现象的本质是国产产品的质量达不到特定的要求。

> 高端材料被"卡脖子"，往往是国产高端材料的纯净度不高，组织不够均匀；高端机床生产不了，往往是国产机床的加工精度不高，稳定性

不好；高端发动机做不了，往往是国产发动机推力不够大，稳定性不够好，寿命不够长；芯片被"卡脖子"，往往是晶体管的尺寸不够小等。

科技评价有时过度重视专利，但专利往往描述技术原理，而原理通常针对的是理想条件。企业真正的核心技术是不公开的，这些核心技术往往针对质量问题、安全问题、稳定性问题。现实中，导致相关问题的因素非常多：材料时效性、零件磨损、环境温度湿度的变化、灰尘进入、机械撞击、电磁场干扰、操作失误等都可能对质量带来严重的影响。

20多年前，笔者测试一台进口仪表时，仪表内突然冒出一股白烟。原来，仪表的额定输入电压是110V，而不是国内通用的220V。幸运的是，仪表并未烧坏。专业人士解释说，白烟是厂家设计的一种保护措施。

产品设计时，往往要进行失效模式和效果分析，找出各种可能导致质量问题的潜在原因，并给出应对策略。这些工作往往比研究技术原理复杂得多，所花费的成本和时间代价也高得多，这些代价就是为质量做出的付出。越是高科技产品，为质量付出的成本和代价就越高。所以，高科技产品研发所花费的人力和物力是非常大的。

追求极致的质量指标是促进高科技发展的有效手段。六西格玛理论是一种著名的企业管理方法。这个方法的目标之一，是把产品的缺陷率降低到 3.4×10^{-6} 以下。要实现这个目标，必须用数据说话，反对凭经验、拍脑袋的做法。所以，六西格玛理论的应用有利于推进数字化技术的应用。

工业界有一句话：质量是一种企业文化。人们也经常发现：能够生产高质量产品的企业，文化风气不会太差。

一般来说，质量要求越高，影响质量的因素就越多，每一个环节、每一个工序的干扰和波动都可能引发质量问题。生产高质量产品时，需要全体职工认真、敬业，才能保证高的产品质量。企业的产品质量好，往往体现了职工与企业同心同德，体现了职工对企业文化的认同。

质量与客户

质量和成本之间往往存在矛盾。客户对质量有较高的需求时,成本的付出才是值得的。高质量的需求往往来自高端客户。高端客户可以为企业带来收益,但更重要的是,通过服务高端客户,可以带动企业自身技术水平和管理能力的提升。

> 宝钢建成初期,产品质量远远高于国内的兄弟企业,产品在国内供不应求。时任宝钢总厂厂长的黎明先生发现很多职工的质量意识有所下降。于是,他决定每年把10%的产品卖给国外对质量要求最苛刻的客户,希望这些高端客户带动宝钢产品质量的提升。

理解成本

我国现代工业起步较晚,产品质量与国外有一定的差距。中国制造之所以有竞争力,价格便宜是主要原因。而价格便宜的背后,是成本低。

我国制造企业成本低的原因很多,人工成本低是主要原因。除此之外,供应链的优势也很突出。我国的供应链相对完整,容易采购到廉价的产品和服务。随着交通基础设施的不断完善,也扩大了我国供应链的优势。对知识密集型企业来说,市场容量大使得研发成本降低。

国内市场对产品质量的要求相对较低,也是价格优势能够保持的原因之一。但质量要求低却引发了许多负面问题,比如,部分企业偷工减料、以次充好,反而更容易生存,这就导致了市场对产品质量的逆淘汰。这样的现象必须扭转,不重视质量问题,技术进步的一个重要发动机就会熄火,我国就难以从制造大国走向制造强国。

质量、成本与效率都是企业追求的目标,但这些目标之间往往存在矛盾。这些矛盾可以通过管理和技术手段加以缓解,但不可能完全消失。为了提高质量水平,企业可能会采用精度更高的设备、质量更好的原料,进行更多的质量检验（会导致检验成本上升、生产效率降低），采用更严格的质量标准（会导致不合格的比例升高），还要进行更多的实验研究，聘请更优秀的人才等，还可能会为质量牺牲生产效率，这些都会推高成本。

许多质量缺陷是设计者意想不到的。为了防止意外，在产品推向市场的初期，设计上的质量裕度一般会留得大一些。从某种意义上说，在知识和实践积累不够时，质量裕度就是为降低风险而付出的必要成本。但是，随着生产过程的持续和经验的积累，就可以逐渐减少质量裕度，以降低生产成本。工业企业往往有一种习惯，为了保持生产的稳定性，尽量把过去成功的做法保持下来，对降成本采取相对谨慎的态度。一般来说，用户对质量的要求越高，降成本的工作就越慎重，速度也就越慢。

企业走向高端以后，研发业务的比重通常会变大，研发成本的控制就变得很重要。但研发成本控制不同于生产成本控制，研发成本主要是人工成本和风险成本。降低研发成本主要是靠管理和技术手段，而不是靠降低人的工资待遇和物料成本。

高科技产品一般是知识密集型产品，知识是靠人"生产"出来的，人工成本的比重非常大。产品的科技含量越高，人工成本的比例就越高。研发工作是"脑力密集型"工作。一个高水平的研发人员的工作效率超过多个低水平的研发人员。所以，重金聘用高水平的研发人员，往往是降低人工成本的好办法。于是，识别人才变得特别重要，是科技企业成败的关键因素之一。

> 有资深专家感叹，公司创业的时候，几个人就可以开发出一款产品，现在却需要成百上千人的研发团队。事实上，导致这种差别的主要原因是产品的质量要求提高了。产品质量要求高时，要考虑的应用场景和细节就会增多，这就会导致开发工作量急剧增加，从而推高了研发成本。

研发是风险很大的活动。降低研发成本的一个重要方面是提高研发管理能力，减少不必要的失败和资金投入。在某些行业，试验成本占研发成本的比例很高。这时，减少试验的次数和投入，就成了降成本的重要方法。这也是数字化仿真和大数据分析变得重要的原因。

许多企业习惯于降低原料成本，在研发过程中，这个习惯可能是有害的。由于创新活动中可能遇到的意外情形较多，设计裕度要留得尽量充足。如果因为原料、元件问题导致创新失败或延期，这样的经济性才是最差的。企业转型时，必须注意这个问题。

理解标准

人类很早就意识到了标准的重要性。秦始皇统一中国后，统一了文字、货币、度量衡，要求在全国境内书同文、车同轨。这些工作的本质就是推动"标准化"。

进入工业社会后，标准越来越重要，标准化程度逐渐成为衡量一个企业管理现代化的重要指标。企业的数字化转型，也以全面深入的标准化为前提。比如，飞机、汽车等工业产品中需要用到数以十万计的零件，这些零件往往不是主机厂生产的，而是从上游企业采购的。零件生产企业一般也不是仅仅给一家企业供货，而是服务于多家下游企业。对供货商来说，标准化产品的批量大、效率高、成本低、质量稳定性好；对下游企业来说，标准化产品的采购成本低、质量稳定性好，还便于降低库存。最近，马斯克 SpaceX 的运载火箭也采用更多的标准模块，显著地降低了成本。

在流水线上生产个性化的定制产品是工业 4.0 的典型应用场景，这种做法把流水线高效率的优势和用户的个性化需求结合起来。在具体实现过程中，个性化需求是通过标准化的模块、零件和工艺组合来实现的。个性化是从用户角度讲的，标准化是从实现手段角度讲的。从这个意义上讲，工业 4.0 促进了标准化的发展。

在现代化企业中，标准化工作是体系化的工作。例如，针对产品质量，就有产品标准、技术标准、控制标准、操作标准等一系列的标准。其中，产品标准用于衡量产品是否满足用户需要；技术标准、控制标准用于描述生产过程的工艺线路和要求；操作标准则用来规范人的操作。

在现代化企业中，标准涉及业务活动的方方面面。例如，采购要有标准，设备维护要有标准，产品检验要有标准，甚至服务也要有标准。如果没有标准，企业的运行和输出就缺乏一致性，质量、效率和成本控制就难以落实。

即便是在现代化的无人工厂，仍然有许多工作需要人来完成。人的水平和能力有高低之分，标准化的一个重要作用，就是把做法固定下来，尽可能地缩小因人导致的差异。这样做不仅有利于知识的传承、生产的稳定，还有利于持续改进，进而有利于把人的工作交给机器去做，并促进数字化技术的应用。

> 热轧钢板轧制后有道平整工序，需要对钢板的厚度进行微调。投产之初，对微调的大小没有标准要求，后来发现这个工艺参数会影响产品的力学性能。于是，人们就把这个工艺参数列入质量管理标准的范畴。

管理水平越高的企业，标准化的工作往往也做得越好。但是，标准化要适度，否则也会影响工作效率，甚至带来形式主义。随着数字化技术的不断演进，工厂里越来越多的工作开始交给计算机来做，标准的负面作用就降低了。所以，数字化技术能显著促进企业的标准化。同时，也只有标准化的工作，才能交给计算机去做。智能化能促进企业之间的协同和共享，而协同和共享都是以标准化为基础的。

随着数字化技术的发展，工业软件的作用越来越大。为了提高经济性和生产效率，人们也希望推进软件模块的标准化。但是，推进这项工作是有前提条件的。

> 国内某企业对某车间的控制系统进行升级改造时，组建了几百人的团队。但是，建设这条产线时，国外只派了6个人过来。劳动效率的差

异是知识复用的差异、专业化的差异。国外公司是专业建设生产线的，提供软硬件的整套服务。特别地，他们开发的软件针对自己设计的设备和工艺，便于软件的复用，每建一条新产线，只要稍微调整、配置一下就可以了。

理解管理

现代化工业的精髓不仅包含现代化的设备和技术，还有现代化的管理。

在炼钢工序中，一次吹炼后的碳含量和温度同时落入目标范围内被称为"双命中"。在我国，双命中的比例是衡量炼钢技术水平的重要指标。我国引进了国外最先进的设备、工艺，并优化了控制方法，双命中率接近90%。然而，国外先进钢企很少关心这个指标，因为他们几乎总能命中，也就没有必要统计双命中率了。

国内外技术水平的差异，本质上是解决问题的思路和出发点不同。所谓的"不命中"，就是相关参数距离目标值的偏差大；而偏差大往往是人、机、料、法、环等相关因素的变化和干扰导致的。国外强调严格管理，是用管理手段减少和抑制这些干扰，从源头上解决问题。我们重视的是技术手段，是用技术方法应对这些干扰。

扁鹊有两个兄弟，三人都精于医术。有一天，魏王问扁鹊："你们兄弟三人中，谁的医术最高呢？"扁鹊说："大哥最高，二哥次之，我最差。"魏王不解地说："为什么你的名气最大呢？"扁鹊说："大哥水平最高，是因为他能让人不生病；二哥能在病人发病初期发现并及时采取措施，避免变成大病；我是在病人病情严重时帮他把病治好。我给病人治疗时，病人非常痛苦，也就容易记住我了。"

从管理入手解决问题，就是避免出现干扰，这类似于大哥、二哥的做法。从技术入手解决问题，就是解决干扰带来的问题，就像扁鹊的做法。

改革开放以来，我国从国外引进了大量先进的设备和工艺，但具体到质量、效率、能耗等技术指标上，却往往技不如人。很多人习惯性地将这些现象归结为技术问题。其实，问题的根源往往在于企业的管理。

> 若干年前，丰田公司开始在东南亚设厂。几年后，他们发现了一种奇怪的现象：东南亚技术人员的水平居然比日本的本土技术人员水平还要高。后来意识到，这种现象的发生与工厂的管理水平有关。东南亚工厂的管理水平较差，经常出现各种问题，需要技术人员来解决。久而久之，技术人员的经验和知识就丰富了，技术水平也就高了。而日本本土工厂的管理水平高，平时出现的问题少。于是，日本的本土技术人员受锻炼的机会就少，技术水平反而低了。

管理到位后，干扰就会被约束在标准允许的较小范围内。即便出现问题，解决的办法也简单，对技术的要求也低。管理水平差时，产生干扰的因素就多，幅度也大，就需要用技术手段应对这些干扰。工厂出现问题时，管理者往往会把管理不善的问题归结为技术问题。从这种意义上讲，**管理定义技术的边界**。需要工厂技术人员解决的问题，往往是管理水平决定的，数字化技术的一个重要作用，就是提高企业的管理水平。

> 汽车的行驶速度往往不只是汽车本身的性能决定的，还与路况、安全等因素密切相关。同样，技术的潜力能不能发挥出来，很大程度上是外部因素决定的，是管理水平决定的。

目前，许多国内企业的设备水平已经与世界先进企业相当，但总体的技术水平却存在不小的差距。其中一个重要的原因是管理水平仍然相对落后，管理水平低是我国许多企业普遍存在的短板。戴明认为，85%以上的质量问题与管理不善有关。根据经验，管理不善导致的损失占到企业成本的20%～30%。管理问题往往与人的因素有关，用数字化方法解决人的相关问题，管理问题自然也就解决了，这也是数字化技术的一个重要作用。

工厂里很多问题与人有关、与对人的管理有关。自动化和智能化都能在一定程度上让机器替代人工作。机器替代人以后，原有的管理问题可能就没有了。比如，在无人化的工作场景里，安全管理问题就弱化了。这是自动化、智能化的重要意义之一。

按照彼得·德鲁克的观点，管理的范畴非常广泛。随着企业的发展，管理的内涵和重点也在不断改变。在现代化企业中，管理者的人数可能远远多于一线工人。在传统企业中，对操作人员的管理特别重要。但随着自动化智能化水平和质量要求的提升，对设备的管理变得越来越重要。而在头部企业中，对研发和服务人员的管理变得特别重要。

在许多大型工业企业中，管理往往强调各种各样的"服从"。比如，上工序服从下工序、工艺服从产品、辅助流程服从主流程等，这是业务流程的"服从原则"。企业运营时还会出现各种突发事件，必须实时处理，为了保证处理的及时性，就必须有人负责才行，这种管理上的"服从原则"保证了任何事情都能找到负责任的人，但也带来了相关负面作用，如官僚主义、部门利益等。在数字化时代，管理上的"服从原则"会逐渐弱化，更加强调协同，而非服从。

从原理到工业技术

柯俊院士曾经有个说法：如果要求懂炼钢教授会造转炉和懂轧钢教授会造轧机，中国大概就剩不下几个炼钢和轧钢教授了。其实，教授讲授的是原理，而制造设备则需要现实的工业技术。随着工业技术的发展，技术原理和现实技术之间的差别越来越大。单从原理上看，航模飞机和空客A380是一样的；但从工业技术的实现上看，却有天壤之别。

工厂里每天都会遇到问题。这些问题往往既能用管理办法解决，也能用技术办法解决。在许多企业里，管理者强势而技术人员弱势，往往会把管理不善的问题当成技术问题，管理问题就会被隐藏起来。另外，我国许多企业过度强调降成本，也会给管理带来很大的麻烦。

对极限的追求

为了应对竞争，现代工业追求极限的质量、效率、成本。然而，"物极必反"是永恒的规律。在突破极限的过程中，技术的难点和重点往往不断地转化。久而久之，技术原理和现实技术之间的差距就会越来越大。一种常见的模式是，核心技术转化为如何在极限要求下保证安全、稳定。

化工、发电等流程行业，经常追求极限的生产效率、极限的能源利用效率和极限的人工生产效率。为此，设备的体积越来越大，承受的温度也越来越高。高铁、飞机追求技术进步时，也追求速度越来越快。在这些场景下，设备常常需要工作在极限的环境条件下，很容易出现安全性、稳定性问题。这样，技术的核心内容就会从原理的实现，转移到如何才能保证安全、稳定、可靠地运转，关键技术的内涵就不一样了。

高质量要求，通常以极限条件下的工作场景为背景，以安全性、稳定性、可靠性为前提。"千里之堤毁于蚁穴"，稳定性、安全性问题常由某些细小的薄弱环节引发，例如飞机发动机叶片的断裂，可能起源于材料中微小的夹杂物。在极限的生产效率下，要保证生产的稳定性，被加工材料性能的差异就要尽可能地小，不同批次材料性能的一致性要好。于是，在高科技场景下，人们对质量的理解更加倾向于均匀性、一致性，以及在特殊条件下质量、性能的保持能力。

对均匀性、一致性等性能的要求越高，导致质量问题的因素就越多，技术复杂性就显著增加。所以，工程师更愿意用成熟、可靠的技术，并尽可能地将相关因素标准化。

演进带来奇迹

人体结构是如此精妙，令无数科学家叹为观止。神学家以此为据，认为只有上帝才能设计出这样的杰作，而达尔文给出的答案却是：人体是生物不断进化的结果。

今天的高科技和工业技术，其实也是不断演进的结果。

最早的电子计算机有几间房子大，每秒却只能计算5000次，且能耗极高，开机时会影响整个城市电网的稳定性。机器的性能也很不稳定，平均十几分钟就坏一个元件。然而，经过几十年的持续改进，计算机的性能不断提升、元器件的体积不断减小、能耗不断降低。早期的集成电路也只有几十个元件，如今先进的CPU则拥有几百亿个晶体管，每秒可以计算万亿次。

工业的发展非一日之功，是长期积累的结果，并需要不断地在应用过程中发现问题，找到问题根源，以改进技术。

深圳某公司为山东一家服装厂定制了一种控制装置。数年后，这个装置开始出现各种莫名其妙的故障。经检查发现，原来是布料中的纤维进入了装置并干扰了电子线路。纤维是如何进入的呢？原来，电源开关上有个微小的孔洞，纤维是通过孔洞进入的。原因找到后，解决方法非常简单——更换成没有孔洞的开关。两种开关的价格仅仅相差了两毛钱，而公司却因此损失了几十万元。

工业中很多技术诀窍是在应用和实践中不断改进、不断积累的结果。诀窍积累多了，产品质量就会提升，诀窍成为了企业的独有技术。国内许多优秀企业，起步的时候往往只是简单模仿国外的做法。但是，经过几十年的完善，产品质量不断上升，逐步占领高端市场。

极致的质量和效率以生产过程的安全、稳定为前提。这个前提本质上是靠人来保证的。为此，企业需要用管理制度来规范人的行为。现代化管理是现代工业的重要组成部分，也是我国企业普遍存在的短板。数字化技术的重要作用之一就是提高企业的管理能力，把人的干扰抑制到最小。

人们在追求技术进步的过程中，可能会遇到一些特殊的问题和需求。

在解决这些问题和需求时，就可能发明新技术。新技术出现时，开始只能用于特殊的场景，但随着技术的发展和推广，就会产生广泛而深入的影响，并促进技术演进。

> 众所周知，瓦特发明蒸汽机后引发了工业革命，但瓦特发明蒸汽机之前，有纽科门蒸汽机，瓦特其实只是改造了纽科门蒸汽机。瓦特发明的蒸汽机最初只用于抽水，后来却引发了工业革命。

技术进步中通常会有总是解决不了的问题，但随着其他技术的不断进步，问题本身却逐渐消失了。换句话说，技术演进可能带来意外的收获。

第七章

Mind and Hand
知行

技术演进的经济视角

企业的技术演进也遵循"适者生存"的法则。能够"生存"下来的技术，是能够更好地为企业创造经济价值的技术。技术经济性与使用技术的外部环境相关，不同企业、不同场景，技术经济性是不一样的。

技术的经济可行性

有一年发生了严重的饥荒，百姓没有粮食吃。晋惠帝得知后，奇怪地问：他们为什么不吃肉糜呢？显然，从营养的角度看，肉比粮食更有营养；但从经济角度看，没有粮食吃的人自然没有肉吃。所以，晋惠帝"技术"上可行，而"经济"上不可行。同样的道理，企业采用新技术时，必须要具备经济性。具备经济性的技术，才会是现实可行的。

企业采用任何技术，都要以经济性为前提。如果先进技术背离经济性原则，企业是不会采纳的。企业推进技术进步时，应该学会从经济角度看问题。这时，思考问题的出发点往往是：技术上的办法总是有的，关键是经济上是否可接受。

> 钢管厂希望在每根钢管上打上标签，以便于跟踪和追溯钢管的生产过程。解决这个问题的方法很简单，只要把每根钢管单独存放在一个地方，冷却后再打标签就可以了。但这样做会提高成本，降低效率，不具备经济性。

> 有位企业家抱怨研发部门效率低。事实上，制约研发效率的主要瓶颈在试生产环节。由于缺少试验工厂，试生产成本高，安排的次数就少，研发的效率就低。从这个角度看，研发效率低本质上是经济问题。

当企业遇到技术问题时，所谓"找不到办法"，本质上是找不到具备经济性的办法。如果真的找不到办法，那么这些问题就不应该成为企业关心的问题。企业所谓的技术问题，本质上都是经济问题。

> 某项生产技术的稳定性差，最终被企业放弃。所谓稳定性差，本质是企业不能容忍稳定性差带来的经济损失。稳定性差的问题解决不了，可能是因为企业不愿意投入太多来解决这个问题。所以，"稳定性差"本质上也是经济问题。

企业决定是否采用自动化生产线，往往也是经济问题，企业要核算是用人划算还是用机器划算，且这笔账还要算得更精细，自动化程度高，设备投资就高；机器可以提高效率和质量，但设备维护却要花更多的钱。

> 某企业对一条新上的自动化生产线很不满意，背后的原因其实是维护不到位。而维护不到位是因为维护预算低、舍不得花钱聘请优秀工程师、贪便宜买了劣质品。反之，如果感到满意，很可能是这条生产线可以降低劳动成本、提高劳动效率、提高产品质量。总之，满意或者不满意，本质都是经济原因。

企业降低成本、提高效率，是直接的经济问题。企业追求高质量，本质也是经济问题：收得率低，是经济不划算；用户索赔多，也是经济不划算；质量差影响销量和品牌，同样是经济不划算。企业追求成本、质量和效率时，必须要综合考量，进行权衡，以求得总体的经济性最优。

> 一般认为，提高生产效率有利于经济性。但是，如果某道工序不是产量的瓶颈，提高效率并不一定能提高整个企业的产出。同样，质量不是越高越好，生产成本也不是越低越好。

> 评价经济性，需要分析间接和潜在的价值，而不仅仅是直接效益。我国许多城市修了地铁，但多数地铁公司并不赚钱。然而，地铁公司的收益仅仅是直接收益。地铁提高了居民的生活质量和工作效率，促进了城市的经济发展、增加了政府的税收，潜在和间接价值非常巨大。

人们对技术指标的要求，本质上都是经济问题。现代企业对产品的安全性、稳定性、可靠性要求很高。这是因为产品一旦在使用中发生问题，可能会产生巨大的损失，也就丧失了经济性。高科技产品往往需要为安全性、稳定性、可靠性要求付出更多成本。比如，开发工业软件时，为取得安全、稳定、可靠所完成的代码量，远远大于实现功能所需的代码量。这些问题是技术问题，也是人的工作量问题，本质上却都是经济问题。

高科技企业和高科技产品能否生存下去，本质也要看经济性。高科技产品的研发成本往往很高，只有当市场足够大、知识可以复制的时候，企业才能越过盈亏的平衡点。

企业的技术经济性往往是个性化的。每个企业的具体情况不一样，技术经济性也不一样。企业在技术创新过程中面对的往往是些非常具体的困难，这些具体的困难会延缓技术进步的步伐。

> 一家企业为了提高控制精度，打算安装一台检测仪表。这个提议被现场专家否决了，因为生产线上没有放置这台仪表的空间。企业不可能为了增加一台仪表，重新建设或改造一条产线。所以，安装这台仪表就是不经济的。但是，其他企业的生产线情况可能不一样，结论也就不一

样。一个企业的技术之所以需要逐步演进，就是因为受到这些具体条件的约束。

企业所需的一切资源都是有成本的，都要考虑经济性，不仅要考虑技术经济性，也要考虑管理的经济性。这不仅包含物质资源的经济性，也包含人力资源的经济性。随着社会的不断发展，质量要求不断提升，人工成本占比会越来越大，提高员工的工作效率，企业获得的经济价值才会越来越显著。自动化和智能化技术能够显著提高管理效率和员工的工作效率。

认识经济性的时候，还需要认识到长期价值、间接价值和潜在价值，而不仅仅是当前的直接价值。企业推进工业互联网平台、数字孪生技术等，也要着眼于长期价值、间接价值和潜在价值，着眼于对技术演进的支持。

先进性与经济性的矛盾

推进技术的进步，是用先进技术代替落后技术。但是，在经济社会欠发达地区，相对落后的技术却往往具有更好的经济性。要充分理解这种矛盾，才能合理地推进技术进步。

许多年前的农村，经常有人拿着铁锹、锄头在农田里干活。当时，拖拉机、挖掘机等都有成熟的产品。他们为什么不用呢？

经济落后的时代往往是劳动力过剩的时代，也是资本短缺的时代也就是说资本很贵。而购买农机装备要花费很多资本，所以，两相对比，更多使用劳动、少用资本的技术更具经济性。劳动力过剩，劳动者的时间就不值钱，购买农机设备的资本成本却很高。所以，用挖掘机代替人工挖土反而没有经济性。事实上，当时的劳动者可以通过体力劳动养家糊口，对个人收入有利，他们也愿意这么做。

> 比亚迪原本是家生产电池的企业，在决定改产汽车时，王传福参观了日本企业的全自动化生产流水线。他回国以后，却建了一条半自动流水线。这条流水线的自动化程度虽然比较低，但设备的投资大大降低了。原本由机器完成的一些工作，需要改为人工完成。由于当时国内的工人工资很低，比亚迪的成本比日本同行低了40%。

比亚迪的这类做法不仅为自身创造了价值，还具有显著的社会效益。比如，为职工创造了就业的岗位。另外，从全社会的视野看，比亚迪"省下"的资源，可以用在更有价值的地方。这就是市场配置资源的优势所在。

研究经济学的前提之一是资源的有限性。正因为如此，人们需要合理利用资源，提高资源的利用效率。在市场经济背景下，资源价格低意味着资源相对过剩，应该增加使用并减少供给；资源价格高意味着资源不足，应该尽量减少使用并增加供给。所以，经济性体现的是全社会资源配置的有效性，市场可以提高资源配置效率，对企业有利，对社会更加有利。

企业是一个经济实体，要根据市场的需求和供给来配置资源。在产品供不应求的时候，增加产量可能是一件好事；但销售不出去的时候，意味着企业把资源用到了社会不需要的地方，就是浪费资源。同样，质量的提高往往需要付出更多的成本，如果用户不愿意为高质量付出更高的价格，那么为质量多付出的成本其实也是一种浪费。

经济越落后，技术先进性和经济性就越容易背离；而随着经济社会的不断发展，技术先进性与经济性背离的场景会有所减少。发达国家的技术进步要依靠技术创新，而发展中国家的技术进步却往往更多地依赖于经济发展。从国家层面看，经济发展是促进技术提升最重要的动力。同样的道理，我们不能抛开经济发展的国情讨论数字化技术。

分工协作与第三产业

1776 年,亚当·斯密在《国富论》中提出了一个重要的见解:**分工促进生产力的发展**。通过分工,个人、企业,甚至国家都可以将有限的时间和资源集中到擅长的事情上,就能有更高的效率,取得更好的经济效果。千百年来,这个规律一直发挥着重要的作用。

技术发展和演进的过程,往往也遵循分工细化的规律。

某类产品发明之初,发明者不仅要设计产品,还要研究制造技术。随着技术的发展,有人专注于设计产品,有人专注于产品制造,于是,就分化成了产品设计技术和生产制造技术。随着生产制造技术的发展,又按生产工序划分为多个专业。在钢铁领域,炼铁、炼钢、轧钢都属于不同的专业。产品设计复杂性增加后,要由多人分工完成,从而使产品有总设计师和若干模块设计师。如果模块本身很复杂,还要进一步分工下去——飞机设计就是这样。

芯片是典型的高科技行业,也是分工最细的行业之一。行业的分工越细,整体的技术水平往往也越高。换个角度看,行业的技术水平越高,分工往往也越细。由于高科技产业对质量、效率等要求高,需要深度整合的知识就多,而这些知识很难整合在某一个人的脑子中,分工协作才能把工作做得更好。

生产力的提高,往往是从工具创新开始的。随着研发业务的不断发展,研发人员也会有自己的工具。研发人员的工具不仅是实验设备,更是工具软件。芯片设计师需要工具软件,机械设计师、冶金工程师也需要工具软件。

第三产业(服务业)其实是社会分工的结果。发达国家、发达地区第三产业所占的比例很高,这是一个客观事实。在很多人眼里,第三产业产值高了,不利于经济发展。还有人看到我国制造业增加值在 GDP 总量中的占比下降，就认为我国的制造业在走下坡路。持有这些观点的人，对第三产业存在误解。

> 改革开放初期，某纺织厂有 7000 名职工。后来，这家工厂进行了改制，除了保留 2000 名一线生产和管理人员，把其他从事财务、餐饮等工作的 5000 人都剥离了出去。

在这个例子里，原来全厂的 7000 人都从事第二产业。但改制以后，只剩下 2000 人从事第二产业，分离出去的 5000 人从事第三产业。这样，从事第二产业的人数减少了，从事第三产业的人数增加了。于是，第三产业的比例提升了。因此，第三产业往往是从第二产业里分化出来，服务于第二产业的。第三产业比例提高，是社会分工细化的表现。

这种做法不是玩数字游戏，而是会提高劳动效率。我们以财务人员为例，谈谈其中的经济性原因。财务人员被纺织厂剥离出来后，成立了财务公司继续服务母公司，但纺织厂支付的报酬却少了，人工成本降低了。但财务人员成立独立的财务公司以后，可以开拓母公司之外新的市场，获得更多的用户，收入反而会增加。

> "双赢"的背后是生产力或劳动效率的提升。其实，财务人员在原单位工作时，往往不会满负荷工作，甚至会有大量的空闲时间。财务人员成立财务公司后，会把空余时间服务于其他企业。而且，工作任务饱满以后，提高劳动效率的动力就增加了。

财务公司成立后，专职承接各类企业的财务工作。这些企业不必雇佣专职的财务人员，从而降低企业的运作成本。总之，第三产业的发展会为社会提供更多可供选择的资源，从而有利于整个社会的经济发展。

如果把"财务公司"换成"科技公司"，意义将会更大。我们知道：对知识产品来说，研制新产品往往需要大量的投入；但增加一个用户，增加的成本却往往很少。如果把"科技公司"独立出来，人们就努力会把已经研制成功的技术或产品用在更多的地方，从而创造更多的价值。

当某项技术的市场足够大时,科技公司就会聚焦到这项技术并成为专业公司,不断推动这项技术的进步。

第三产业的发展与经济发展的程度密切相关。经济发展的程度越高,企业人均收入就越高;但对企业来说,就是劳动力成本越高。劳动力成本越高,企业把非核心业务剥离出去的动力往往也就越大。所以,第三产业的比例往往标志着一个国家或地区的经济发展情况。另外,信息通信技术的发展和交通设施的完善,也有利于降低分工协作的成本,从而进一步促进第三产业的发展。

在我国,第三产业的发展走过一段弯路。几十年前,企业对经营业绩的关注度不高,许多企业乐于"办社会",建立服务于企业自身的学校、医院等机构。从这个意义上讲,改革促进了第三产业的发展。

但分工也不是越细越好。

盖一栋楼需要有结构设计、施工、装修设计、装修施工等不同种类的工作,不同专业的技术人员分工协作会做得更好,效率也更高。安装一部电话也包括四个步骤。然而,如果为了安装一部电话派四个专业的技术人员去,效率反而会低,经济性也差。

分工和协作是一个问题的两个方面,而协作需要付出额外的成本,如运输成本、信息沟通成本、税务成本、时间耽搁成本等。如果协作付出的成本大于分工带来的好处,经济性反而会降低,所以分工要适当。诺贝尔经济学奖得主科斯提出交易成本理论,解释了这种现象。从这个理论看,降低分工成本能促进分工细化、经济增长和技术进步。

数字化技术的一个重要作用是降低交易成本,例如互联网促进了多方协作、资源共享、知识复用,进而降低了交易成本。所以,数字化技术会促进社会分工的进一步细化。

知识的价值与知识经济

我们的祖先是从一种叫作"智人"的原始人类进化来的。"智人"与另一种原始人类"尼人"进行了长期的竞争,并最终获得了胜利。"智人"获胜的一个重要原因是拥有语言。语言有利于知识和信息的传播,降低了种群获得知识和信息的成本。人类文明的产生,与文字的产生密切相关。文字的价值,同样是促进了知识和信息的传播。我国"四大发明"中的造纸和印刷术,都与提升文字的传播能力有关。

人类为了获得知识,常常要付出巨大的代价。人们获得"老虎会吃人""青蒿汁液可以治疗疟疾""大豆可以吃"等知识时,很可能付出过生命的代价。但是,一旦获得了知识,就可以使用无数次,不断给人类带来价值。

知识产品有"零边际成本"的特点:增加使用知识产品的人数时,往往不增加新的成本,例如开发一款软件可能需要很大的成本,但复制这个软件的成本却接近于零。根据这个特点,当知识产品的用户足够多的时候,企业就可以把成本摊薄,从而让"知识生产"具备经济性。

知识产品"零边际成本"的特点,使得知识产品的收益往往与用户数量呈线性关系,巨大的市场会推动巨大的技术进步,也会促进商业模式的改变。对这个现象的一个解释是:分工工序是在企业内部还是在企业外部,取决于哪个协同成本(经济学叫交易费用)更高,如果内部的协同成本更高,则进行外部交易;否则,反之。这个也可以解释大企业病,说明企业并不是越大越好,或者不是所有的分工工序都应该纳入企业内。关于这个观点的经典论述来自科斯的《企业的性质》。

20世纪80年代初期,IBM将PC的硬件和软件技术规范全部公开。对IBM来说,PC是一款技术含量较低的产品,但与技术含量较高的大型机和小型机相比,PC拥有巨大的市场。依靠巨大的市场,PC带动了整个计算机行业的发展。

我国的消费互联网技术发达并产生了所谓的"互联网思维",背后一个重要的原因是我国拥有十亿用户的市场。"互联网思维"其实不适合工业,一个重要的原因就是用户数的数量级差距很大。

高科技与市场化

从市场的角度看,产品和技术的质量并非越高越好。

在落后闭塞的乡村,很难经营高档的咖啡馆;在偏远的小县城,很难有一流的交响乐团。原因就是这些地方没有足够的客户群体支撑企业的生存。同样,不论企业提供的产品质量多好,如果客户群体不够大,企业也无法生存。

"阳春白雪,和者盖寡。"市场小到一定程度,就很难养活一家企业。有些高科技在我国的起步并不晚,但与国外的差距却越来越大,缺乏市场支持是主要原因。

几十年前,CAD 软件刚兴起,我国主流汽车厂基本上是靠引进车型,自己很少从事设计工作,对设计软件的需求不强烈。那时,如果有国内公司专业开发商业 CAD 软件,则难以在国内找到市场,也就难以生存下来。

日本和德国的制造业非常发达,但很多核心技术掌握在一些专业化程度很高的小型企业手中。大企业从事创新工作时,这些小企业能够提供专业的服务。这些小企业为大企业提供了共享的科技资源。专业化程度高的小企业多,是德、日制造业发达的重要原因。但换个角度看,日本和德国的大企业也为这些小企业的生存提供了市场。如果大企业什么事情都自己做,不仅劳动效率低,也不会催生这些专业化程度高的小企业。这一点,值得我们的国企和政府相关部门借鉴。

高科技的长期发展,也需要市场的支撑。人们讨论高科技时,往往强调技术上的困难，但在笔者看来，要解决我国在高科技领域技术相对落后的问题，需要更多地从经济和市场角度考虑问题。

以工业软件为例。工业软件中的主要算法都能从教科书或学术论文中找到，但把这些经典算法变成商业软件却是有难度的，需要花费大量研发成本。商业化的过程是通用化的过程，要针对用户遇到的各种场景和问题。用户对商业软件的要求是，面对各种场景，算法都要做到稳定、可靠、高效，还要把 bug 压缩到尽量少，把算法的效率尽量提高。这些工作都需要有懂算法、有软件开发经验的团队，并具备较强的软件管理能力，能长时间地持续改进才行。

> 技术积累和持续改进是需要时间的，需要不断地发现问题、解决问题，才能把技术越做越好。企业的高级人才薪资高，如果企业挣不到钱，就难以把优秀人才留住，也就难以实现技术积累和持续改进。如果市场不够大，企业就难以生存，软件开发也就难以市场化运作，技术的进步必然就慢下来。

技术创新未必都采用市场化的方式。如果企业有技术需求却无法从市场上获得，可以采用非市场化的模式，通过自己的研发部门自主研发。但是，如果技术仅仅供企业内部使用而不与产品结合，那么持续改进的机会和动力就会小得多。

> 企业开发的某项技术成功之后，如果用于生产，一般不会频繁改动或优化，因为频繁改动可能会影响生产的稳定性，投入产出也不一定合适。而市场化的技术产品，则可以在不断开拓市场、增加新用户的过程中持续优化，而持续优化也是竞争的需要。

当外部条件成熟时，企业可以把内部研发成功的技术推向外部市场。这样，同样一项技术就可能会被成百上千的用户使用。一旦知识产品形成市场，就会对技术进步产生巨大的影响。

发展中国家有后发优势，也有后发劣势，但后发优势往往体现在劳动密集型产业，后发劣势则更多体现在知识密集型产业。劳动力成本低是后发优势的重要支撑，但知识密集型产品受"零边际成本"特点的影响大，劳动力成本低的后发优势很难发挥出来。一旦高科技企业取得竞争优势，其他企业就很难取代。纯粹的市场化运作很难改变这种情况。

> 在发展中国家，高科技容易遭遇"市场失灵"，需要政府和社会的支持。在这种情况下，要强调"用户评价"才能避免误入歧途。

> 华为和高铁的成功，值得仔细研究。这两个案例有个共同的特点：知识复用次数多，也没有走纯市场化的路子。

数字化技术的经济动因

从经济角度讲，数字化技术的热潮源于"摩尔定律"的持续发展，这导致相关技术的使用成本大大降低。其中，使用成本不仅包括购买软硬件产品的成本，还包括自主开发软件的成本和人才的成本。成本的降低，又进一步促进了应用场景的拓展；场景的拓展推动了知识的复用，从而进一步降低了成本。

计算机应用场景的拓展往往与时间效率的提升有关。我们知道，人们应用计算机时，一般需要在特定的时间里完成任务，否则就无法创造价值。互联网的发展带来了更多实时信息，而计算机性能的提升加快了运算速度，这些都为计算机解决实时问题带来了机会。

工业企业采用数字化技术时，通常首先用于优化原有的业务活动，让计算机帮助或代替管理人员和技术人员工作。从经济角度看，企业面临的问题是如何让数字化技术的应用更具经济性，也就是如何让工作的效率更高、成本更低、质量更好。

计算机、互联网技术发展到一定的程度，就会引发质的飞跃。例如，在过去的条件下，许多管理理论可能并没有经济性；而在数字化条件下，开始具备了经济性，从而提升企业的技术和管理水平。这样，工业基因就与数字化结合起来了。

竞争、同质化与长尾

> 美国次债危机时，国内钢铁产品平均打5折。有人认为这是产能过剩的结果，但汽车行业的产能过剩比钢铁行业更为严重，结果平均只打9.7折。有人将这种差异归结到产业集中度上，认为汽车行业集中度比钢铁行业高，但铁矿石行业的集中度比汽车还要高，却打了3折。

在笔者看来，打折的差异可以用产品差异性来解释：铁矿石的差异性最小，而汽车的差异性最大。对铁矿石用户来说，同样价位的铁矿石是一样的；对汽车用户来说，除了关注价格，还会关注品牌、车型、服务、颜色等多方面的因素。所以，对铁矿石企业来说，降价是唯一的竞争手段；但对汽车厂家来说，品牌、车型、质量是竞争的主要手段，降价只是次要手段。

> 民间有两句俗语："从南京到北京，买的没有卖的精""货比三家买不亏"。这两句俗语其实包含了一个深刻的信息经济学原理：市场交易时，掌握信息多的一方容易获得更多的利益。

在互联网时代，客户可以通过互联网看到成百上千家的卖家，客户购买同质化的产品时不再是"货比三家"，而是比较成百上千家。在这种环境下，对卖家非常不利，价格会被压得很低。所以，如果企业的产品没有特色，就难以获得维持生存的利润。要破解这种困境，企业就要让自己的产品尽量与竞争对手差异化。

企业有两种推进差异化竞争的做法：一种是提高研发、服务能力，也就是常说的"进入微笑曲线的两端"；另一种办法是让产品质量与众不同或者把成本做到极低，也就是把微笑曲线的中部抬高。数字化转型的目的之一,就是让这两种方法更有效。

在互联网时代,个性化产品会更加容易生存。个性化产品的问题是用户少,但是,通过互联网,优秀企业却能服务于全国、全世界,能在更大的地域空间中开拓足以让企业生存的市场。里斯·安德森在《长尾理论》中预言:未来会出现大量拥有独门绝技并提供个性化产品或服务的小公司。

在互联网时代,信息传播速度非常快。如果信息是正面的,会迅速提高企业的知名度;如果是负面的,企业声誉容易遭受覆灭性的打击。所以,在互联网时代,企业应该更加注重自己的形象和品牌。

第八章

Mind and Hand
知行

社会发展与技术经济性

"天下大势,浩浩汤汤,顺之者昌,逆之者亡。"企业的技术演进,要顺应人类社会发展的需求,才能在竞争中取得先机,保持长盛不衰。改革开放 40 多年,我国经济社会有了巨大的进步。过去,我国企业的国际竞争力严重依赖于劳动力等廉价资源和产品价格的优势。随着社会的不断发展,劳动力成本越来越高,劳动者对工作环境和条件的要求也越来越高。企业经营越来越强烈地依靠智力资源,追求更高的质量和效率。数字化技术能够帮助企业提升自动化和智能化水平,提高企业产品质量和效率,从而使企业更具竞争力和发展前景。

机器代人与社会发展

到了共产主义社会,劳动是人的第一需要。

在许多人的头脑中，劳动是件辛苦的事情。他们不明白，人为什么会喜欢劳动呢？其实，劳动可以分成两种：一种是人们喜欢的劳动，另一种是人们不喜欢的劳动。那些能够充分发挥个人才智，能为人带来成就感、幸福感的工作，是人们喜欢的劳动。但对另外一些人来说，劳动仅仅是一种谋生的手段。为了谋生，有人不得在恶劣的工作环境中从事单调、劳累、危险的工作，就不会把劳动看成快乐的事情。

那么，如何把人从单调、劳累、危险的工作中解脱出来呢？实现这个目标的方法之一，就是把这些工作交给机器去做。机器的功率大、效率高，能够代替人从事重体力劳动。但人们很快发现，机器作业离不开人的操作和管理。操作机器的体力消耗虽较小，但却单调、烦琐，甚至危险。于是，人们开始研发自动化、智能化技术，希望机器能够更加自主地工作。到了工业4.0时代，人们明确地提出"让机器适应人，而不是人适应机器"。

企业真正关心的是如何创造更多的价值，比如，只有当自动化、信息化、智能化能为企业创造更多的价值、降低运行成本，才能被企业所采纳。

> 谷歌的工作环境非常优越，员工工作自由，工作劳累时，员工可以打打球、喝喝咖啡。

谷歌这种"以人为本"的做法其实具有很好的经济性：谷歌是高科技企业，需要一流的高科技人才，这种人性化的工作环境和制度有利于用相对低的成本吸引人才。高科技人才工作主要靠兴趣驱动，工作效率高度依赖于身体状态和情绪，自由宽松的工作方式有利于工作效率的提升。

从社会发展角度看，提高生产力水平是改善劳动者工作条件的根本出路。生产力水平提高了，劳动力的供求关系就会发生改变，劳动力的价格就会上升，企业就要采用机械化、自动化、智能化的手段，降低劳动力成本。

机器代人与民众就业

不论是机械化、自动化还是智能化，机器都会代替一部分人的工作，这使得这部分人失去工作。但是，从历史发展的结果来看，技术进步往往创造了更多的就业岗位。改革开放40多年，我国农村数亿计的劳动力转移到了城市，就是典型的例证。

机器代人会减少一部分人的就业，也会增加一部分人的就业。比如，机械化、自动化程度提高以后，设备维护的工作量会增大，增加了设备维护人员的就业。同样，数字化、智能化技术发展以后，开发软件、维护数据的人员需求也会增加。高科技产品要把细节做到极致，而极致的产品需要更多的时间投入、更细的社会分工，这也带动了更多人的就业。

就业增加的另一个原因是市场的扩大。生产力的上升带动了成本和价格的下降，进而带动需求的扩大。例如，采用流水线技术生产汽车后，就带动了汽车价格的下降；而汽车价格的降低，又拉动了社会对汽车需求的上升；社会上行驶的汽车多了，又带动了汽车维修等需求。类似地，计算机技术的发展，使得计算机的成本显著降低，带动了计算机市场的急剧扩张，进而带动了网络、芯片、软件等技术的发展，从而形成了巨大的市场需求，也产生了更多的就业。

随着生产力的提升，人均收入也逐渐增加，这进一步提升了社会购买力，推动了消费业的发展，市场需求进一步扩大。

当然，发展中国家的企业采用自动化、智能化等新技术时，要与社会发展的节奏相适应；否则，会导致失业率的上升。我国经济社会处在迅速发展的阶段，劳动力成本急剧上升。从经济角度看，自动化和智能化的推进都应该是渐进的，也就是根据劳动力市场的实际情况和经济性原则逐步提高。

社会发展与质量要求

企业是经济实体，企业对质量的追求，本质上决定于质量对经济性的影响。在某些场景下，质量和成本往往是存在矛盾的，质量要求越高，投入成本越大。企业追求的是经济价值，质量并非越高越好。

30 年前，一对年轻的大学生结婚时，最值钱的家当是一台彩色电视机。这台电视的价格 4000 元，当时一个大学生的月工资不到 100 元。这台电视几乎花光了他们所有的积蓄。

改革开放之初，人们的收入太低、购买力差。在消费能力差的前提下，用户最基本的需求是"买得起"，对价格的敏感度要高于质量。虽然国外品牌的质量高，但价格同样也高。所以，国内许多消费者还是喜欢购买国货。国内产品优势在于"物美价廉"；但换个角度看，国内市场使得企业"重价格轻质量"。

六西格玛理论要把次品率降低到百万分之三点四以下，向零缺陷逼近。在很多人看来，这种追求是违背经济性要求的。事实上，这个理论在经济学上的依据之一是：一个劣质产品流入到用户手中，会导致企业成千倍的损失。

国内某钢厂把镀锡板卖到了欧洲，欧洲企业将其做成易拉罐并装上了饮料。后来，消费者在饮料中发现了锡的碎片。于是，消费者向商场索赔，商场向饮料厂索赔，饮料厂向易拉罐厂索赔，易拉罐厂向钢厂索赔。钢厂最终赔付的资金，远远高于钢板本身的价格。

橘生淮南则为橘，生于淮北则为枳。企业所处的环境不同，对产品质量的追求也不一样。

国内买的衣服纽扣经常掉、衣兜经常破，但从国外买来的国产衣服却极少发生这种情况。许多人到日本旅游时抢购马桶盖、电饭煲，但这些产品却往往是在中国生产的。奔驰车在国外的质量很好，但有人在国内购买奔驰车时，未出 4S 店就发生了漏油。

电动机机芯使用硅钢片是行业内的常识。但是，某厂为了降低成本，把硅钢片和普通冷轧板混起来使用。这样虽然降低了生产成本，却增加了用户的使用成本。

导致这种现象的原因是：劣质产品对企业本身造成的损失小。要改变这种现象，需要让企业承担劣质产品的损失。然而，国内消费者购买到劣质产品后，索赔往往费时费力，常常自认倒霉、不了了之。这就会纵容劣质产品的泛滥。

某商场售卖假冒品牌的网球拍，对外宣称假一罚三。王海购买十个后向商场索赔，却遭到了商场的拒绝。王海向当地法院提起诉讼，结果却是王海败诉。法院的理由是：王海知假买假，不属于消费者权益保护法保护的范畴。三鹿奶粉事件曾经震惊全国，当地政府却采取知情不报的做法。

生产、销售假冒伪劣产品的企业受不到足够的惩罚时，市场就可能出现逆淘汰。然而，这种现象背后也有特殊的原因。

20 世纪 90 年代初，我国提出 GDP 增长速度必须保持在 8% 以上。当时的背景是：每年有数亿农民工进城务工，还有 2000 多万年轻人进入就业年龄。只有保持 8% 的增长速度，才能吸纳足够的人员就业，才能保证社会稳定发展。创造就业机会、保障就业是一项关乎社会稳定的政治任务。

为了保证就业，就要保证 GDP 的增长。为了保证 GDP 的增长，就要保护企业。为了保住企业，有些地方放松了对伪劣产品的管理。

"发展是硬道理"。追根溯源，过去中国产品质量差的根本原因，是经济社会不够发达。要解决这些问题的根本途径，还是要靠经济社会的发展。伴随着经济的发展，中国目前形成了数亿的"中产阶层"。他们具有了较强的消费能力，对品质的要求也高。许多中国消费者到国外购买国内的产品,既反映了他们对高质量的需求,也反映了我国在消费者权益保护方面的不足。最近,为了适应这种变化,国家提出"质量立国"的要求,是适应经济社会发展要求的英明举措。过去导致假冒伪劣产品泛滥的土壤和环境,将一去不复返了。

社会发展与时间成本

时间价值是衡量社会发展水平、劳动生产效率、个人贡献能力的重要指标。无论是国家或地区的人均 GDP、企业的人工成本,还是个人的工资,本质上都是单位时间产生或付出的金钱数量。社会发展水平越高,时间的价值就越高。能力越强、地位越高、贡献越大的人,往往意味着其时间越值钱。不创造价值的人的时间才是不值钱的。数字化方法的一个重要作用是提高管理人员和技术人员的时间效率,降低时间成本。

> 改革开放之初,深圳蛇口有一个著名的口号:时间就是金钱、效率就是生命。这个口号其实只是道出了一个普通的事实。这个口号的针对性在于:很多人习惯于吃大锅饭,时间观念也就差了。

随着经济和社会的发展,人们对时间价值认识越来越深刻。在传统的农业社会,大量时间被浪费掉了,人们不易体会到时间的价值。进入工业社会后,企业按工作时间发工资,企业和职工才逐渐有了时间成本的概念。现代工业追求高效率,提高效率就是要在尽量短的时间内有更多的产出。随着现代工业的发展,人们的时间意识也越来越强,时间成本的升高会对我国未来的社会生态带来深刻的影响。

时间成本和人工成本往往是一个问题的两个方面。劳动力成本的变化,对经济社会有着深刻的影响。

> 20世纪90年代初,一位中国留学生来到美国,靠奖学金和打工维生。他为了节约费用,整个周末都在吃鸡腿。对此,国内的朋友很难理解。他解释道:美国的鸡腿便宜而蔬菜贵。这又与劳动力成本高有关。

美国养鸡的自动化程度高，需要的人工少，价格就便宜；种菜的自动化程度低，需要的人工多，价格就贵。

很多国外的人都会维修房子，家里有成套的维修工具，这是因为人工成本太贵，请不起维修工人。许多中国留学生都会理发，也是因为国外人工成本太高，理发的价格太贵。德国的某些家庭没有安装空调，主要原因不是空调本身贵，而是安装空调的人工价格贵。

时间成本或者劳动力价格的上升，会促进产品质量的提升。

宝钢建设之初，派人去日本学习。中国工程师发现了一种奇怪的现象：某些设备损坏后，日本人不是拿去维修，而是直接换个新的。日本人解释道，维修花费的人工成本比换个新的要高。

改革开放之初，有些企业提出"重服务"的战略。所谓服务好，就是产品出现质量问题后，会马上派人来修。但服务好的另一方面，则是产品质量相对较差，经常需要维修。当劳动力成本低的时候，这种模式是可行的。但当劳动力成本高了以后，这种模式就不合适了。这时，提高产品质量，让产品不出现质量问题才更具经济性。

在农村富余劳动力向非农产业转移的过程中，存在一个劳动力从过剩到短缺的转折点，这就是"刘易斯拐点"。这个拐点是社会发展的重要拐点，会影响到经济社会发展的方方面面。经过这个拐点以后，劳动力成本越来越贵，时间也就越来越值钱了。

企业的人工成本主要是职工的工资。职工浪费工作时间，其实就是空耗企业的成本。为减少不必要的时间浪费，就要提高劳动效率和经济性。

有家加拿大公司，准备买一台服务器。采购员不知道应该配置64GB还是128GB内存，希望开会讨论一下。主管得知后，直接拍板买128GB的内存。他对采购员说："开会的时间成本远远超过128GB与64GB之间的差价！"

锐意改革的企业家，往往对时间成本很敏感。

现在，许多企业的高级技术人员、管理人员年薪超过 100 万元，把这 100 万元分配到一年 220 个工作日中，每天就 4000 多元。几个人开半天会议，就是几万元的成本。我们注意到，数字化技术的作用之一，就是提高交流和协同的效率。

生产力发展的本质，就是让人们在单位时间里创造更多的价值。笔者曾建议某地政府增加一个高架下匝道。理由是，有了这个匝道，每天上班有上万人节约半小时的时间。如果折算成工作时间的成本，每年的社会效益就有上亿元。后来，当地政府修建了匝道。

随着社会的发展和改革的推进，人们的时间会越来越值钱。节约人才的时间就是节约成本，就是创造价值。能充分认识时间价值的企业，往往能发现更多的商业机会，更好地适应社会的发展。数字化技术的一个重要作用，就是提高时间效率。浙江等地用数字化手段推行电子政务，实现"一件事一次办成"就符合这个方向。

企业要提高产品质量、工作效率和管理水平，往往需要付出更多的人工成本。企业付出的是"人在岗"的成本，但收益却往往取决于员工"心在岗"的时间。企业要有好的管理和文化，才能将两者统一起来。

对于这个问题，数字化技术为我们提供了新的手段：让计算机代替人做那些需要"用心"的事情，提高了时间效率。这是数字化技术创造价值的重要手段。

社会发展与劳动力供求

改革开放之初，"十亿人民，九亿农民。"但农业产值却只占工农业总产值的 40%。这意味着，一个传统农民向非农产业转移，可能创造出 10

倍以上的价值。劳动力转移，也是我国改革开放期间的前30多年每年接近10%的经济增长的重要原因之一。

国务院参事姚景源先生曾经指出，农村已经没有青壮年男劳力按传统方式务农了。这其实标志着"刘易斯拐点"到来了，也标志着依靠劳动力投入的经济增长方式走到了尽头。从此以后，我国经济发展的方式开始发生巨大的改变。

2008年，我国出现了第一次用工荒，从此之后，劳动力成本急剧上升。这一切，本质上都是劳动力市场供求关系改变导致的，这种改变会对经济发展带来很大的影响。2012年，我国劳动力总人口第一次下降；2013年，我国经济开始进入"新常态"。此后，GDP增长速度显著下降。

2021年我国新生人口1062万，人口只增长48万人。我国总人口下降的时代，就在眼前了。我国最大的一次人口出生高峰出现在1962～1974年。这段时间里，我国每年出生人口2500万左右。此后，为了应对人口的高速增长，我国实行了多年的"独生子女政策"。到了20世纪90年代末，新出生人口开始显著减少。2022年以后，1962～1974年出生的人开始步入退休年龄。但是，每年加入劳动力队伍的年轻人只有1600万～1800万。由此可以算出，在此后的十多年里，我国劳动力人口每年减少接近1000万。另外，现在高校每年招生大约1000万左右，多数独生子女和高校毕业生不愿意从事蓝领工作。这意味着，今后的十几年，我国每年减少的蓝领工人接近2000万。这些变化，对我国未来的发展影响非常巨大。

企业通过资源配置创造价值，人是企业最重要的资源之一。劳动力成本与社会发展程度密切相关。劳动力成本越高，企业推动自动化、智能化的经济性就越高。所以，社会发展的程度决定了企业推动自动化、智能化的发展程度。经济发展同样也决定了社会的购买力，以及对产品的质量、数量和价格的需求。优秀的企业应该洞察到这种变化，并顺应社会发展的需求。

改革开放之初，我国经济落后，供给不足。劳动力成本低且就业压力高，对质量和环境的要求相对较低。经过40多年的高速发展，我国已经迎来了产能过剩时期，几乎所有的中低端产业都遭遇到产能过剩。到2014年，按联合国统计口径统计的440种工业产品中，我国已经有281种占据了世界产量第一的位置。其中，钢铁、水泥、玻璃、造船等都占到了世界产量的一半左右。在这种背景下，增加产量往往会导致盈利水平的降低。

现在，我国绝大多数产品的产量已经过剩，环境约束也越来越大。我国能源消耗已经成为世界第一，肩负的国际责任越来越大。我国单位GDP的能耗约为世界平均水平的1.9倍。我国经济的进一步发展，必须依靠附加值的提高，生产必须绿色化。

中国制造向高端发展时，与发达国家形成了直面的竞争。我国有十四亿人口，大体相当于美国、欧洲、日本等发达国家的人口总和。于是，我国的发展进一步影响了全球化的进程。同时，我国从国外获得技术的难度也越来越大。以上这些变化，都是我国必须面对的挑战。

后发优势与后发劣势

经济技术落后的国家在发展的过程中，可以借鉴发达国家、先进企业的经验和教训，直接采用成熟的技术，缩短技术研发过程，避免走弯路。这样，技术进步的速度要比先行者更快，这就是所谓的"后发优势"。改革开放40多年来，我国的技术经济发展特别快，就得益于这种优势。

企业发挥后发优势时，往往离不开廉价的劳动力。随着经济社会的发展，劳动力成本逐渐上升，后发优势也逐渐丧失并导致经济发展速度的下降。另外，发展中国家的后发劣势（这对应发达国家的先发优势）却越来越明显。未来的若干年，我国的企业要从跟随走向超越，必须全面理解这两种不同的优势和劣势。

在经济发展过程中，后发优势和后发劣势往往同时存在。其中，后发优势表现在低端的劳动密集型产业，后发劣势更多体现在高端知识密集型产业。知识产品复制的边际成本低，发展中国家劳动力成本低的优势发挥不出来，领先者就容易保持先发优势。

> 在新兴的高科技领域，我国有可能占据先发优势，华为的成功就是典型的案例。从外部环境看，我国有大量的低成本白领，也有巨大的市场。这些都让我们有了取得先发优势的条件。

发展中国家的后发优势，往往只会发生在技术跟随阶段。但在跟随阶段，技术进步速度快并不意味着创新能力强。我国企业的转型升级，通常是从相对优势领域进入相对劣势领域，过去的许多成功经验也随之失效。我们在高科技产业被人"卡脖子"，往往就是这个原因。

> 1984年，小平同志考察宝钢总厂时题词：掌握新技术，要善于学习，更要善于创新。

创新非常重要。谈到提高创新能力，人们往往谈到增加研发投入。其实，国内企业研发投入低，本质上往往是研发的投入产出效率低。有人甚至估计，国内创新工作的投资回报率不及国外的十分之一。提高创新水平的本质问题不是提高研发投入，而是提高创新的投资回报率。

> 创新有其独特的规律，加大资金投入未必能提高研发效率。有位美国专家打了一个比方：一对夫妻九个月可以生一个孩子，这是客观规律。资本为了加快速度，找来了三对夫妻，希望他们在三个月中生一个孩子。这是不可能的。

突破某项技术，只需要某个优秀的人、某个优秀的团队取得成功就可以了。更多的人或团队参与，未必能加快成功的速度。要推进特定技术创新时，资金的大水漫灌、全民性的群众运动，往往并不是有效的办法。

长期依赖跟随、模仿等后发优势的企业，往往难以培养自己的创新能力。这些企业习惯于用跟随、模仿的方式和指标来管理和评价真正的创新。在后发优势阶段形成的经验，往往成为"后发劣势"，阻碍我国科技从跟随走向创新。

在发达国家，企业是创新的主体。在我国，科技投资和政策，往往会向科研院所倾斜。要成为制造强国，企业必须成为创新的主体。

第三篇

Mind and Hand
知行

人机关系的演变逻辑

数字化技术的直接作用是改变人机关系。从人机关系的角度可理解从机械化到自动化、信息化、智能化的演进过程,以及面临的问题和技术的潜力。

从控制论的角度看,自动化、信息化和智能化技术都是促进信息感知、决策和执行过程的统一,但技术特点却有所不同。导致这种差异的原因,首先是应用场景的差异;而应用场景的差异,又导致技术问题的不同。自动化、信息化和智能化的发展过程是应用场景的拓展,而技术是随着场景变化的。所以,要理解场景的变化,才能理解技术本身的变化。

从应用场景看,自动化技术往往应用在相对封闭和稳定的小系统中,而信息化技术则更多地应用于相对开放和灵活的大系统中。自动化的决策主体是机器,主要用于实时控制;而信息化的决策主体是人,主要用于实时性相对较弱的管理工作。当技术发展到智能化时代,应用场景极大地拓展,管理和控制系统逐步走向融合,管理工作的实时性就会增强。在智能化的应用场景中,理想的决策方式是机器决策,但许多现实做法却是人机协同决策。

从技术角度看,从自动化、信息化到智能化的发展,是信息通信技术发展带来的机会,是计算机潜力释放的结果。在机器决策方面,计算机具有巨大的应用潜力,但受性能和成本的约束,这些潜力远远没有发挥出来，局限了应用场景的拓展。随着信息通信技术的发展，相关技术约束逐步弱化，计算机的潜力逐步释放，导致了实践的深化和应用场景的拓展；而应用场景的拓展，又带来了新的理论、方法和概念。

从控制论的角度看，智能决策往往需要在可以接受的时间内完成。互联网提升了计算机获得实时信息的能力，而运算和存储能力的增强提升了运算效率。这样就增加了机器决策的应用场景和机会，促进了计算机能力的释放。换句话说，这些新场景是技术创新的蓝海。

从人机关系看，智能决策的逻辑是把人的决策逻辑变成机器代码。但这种做法存在一个问题：在某些场景下，人的感性认识和默会知识难以用普通的算法描述，也难以进行计算机编码。为了突破这种局限性，人工智能技术应运而生。人工智能可以模拟人的感性认识，通过机器学习等技术获得默会知识。几十年来，人们对人工智能寄予厚望，但技术的发展却比预期缓慢，并先后多次进入"冰河期"。幸运的是，在计算机技术的推动下，人工智能取得了突破性的进展。人工智能技术为重构人机关系，为自动化和智能化的发展带来了新的动力。

采用控制论的思想，能够帮助我们理解技术演进的方向。不论是大系统还是小系统，不论是自动化、信息化还是智能化，不论是人决策还是机器决策，不论是设备、车间、工厂还是产业链，不论是生产过程、服务过程还是研发过程，都要加强信息的感知，提高决策的质量，加快从感知到执行的效率。这就是控制论给我们带来的启示。

人的本质优势是机器无法比拟的，许多问题离不开人的智慧。技术的应用往往要重构人机关系，人类专家不可能完全离开系统。人机关系的重构和工作内容的分配，是一条伴随人类社会发展的技术演进之路。

第九章

Mind and Hand
知行

从机械化到自动化

让机器帮助或代替人工作,一直是人类的梦想和追求。在技术发展过程中,首先传统机器代替了人类的体力劳动,但传统机器的运行还需要人来操控。自动化的目的是进一步把人从操作机器的劳动中解放出来。自动化技术取得了很大的成功,但同样也是有局限性的。

传统机器的局限性

蒸汽机的发明,让人类有了可控制的机械动力装置,机器代替人工作的梦想开始走入现实。此后,随着内燃机、电动机等其他动力装置的发明和不断发展,能够代替人类从事体力劳动的机器也越来越多。

但是,随着机器的广泛应用,它的局限性也开始显现出来。机器虽然能干活,但往往离不开人的控制和操作;机器提高了生产效率,但操作机器的工作却未必轻松。在有些场合,工人操作机器耗费的体力相对较少,但精神的紧张程度却可能更大。另外,机器只能代替人的一部分工作。

要解决这些问题,需要一个漫长的技术发展过程。

维纳的深刻思想

20世纪40年代,诞生了许多具有划时代意义的理论和技术。例如,1946年,在美国宾夕法尼亚大学诞生了世界上第一台通用电子计算机ENIAC;1948年,维纳发表了著名的《控制论:关于在动物和机器中控制和通信的科学》,这标志着控制论的产生。这两项工作对今天的数字化技术有着深刻的影响。

为了让机器能像人一样自主地工作,维纳思考了一个问题:机器与动物(人)到底有什么区别?在维纳看来,常规的机器往往只能按预定的程序机械、重复地运行,而人和动物则能够做到"随机应变",即通过获得的外部信息感知外部的变化,来调节自身的行为。

> 草原上的一只羊正在安静地吃草。突然,它看到不远处有一匹狼正在向自己奔来。于是,羊马上停止吃草,迅速逃跑了。

在这个场景中,羊首先要通过眼睛捕捉到"狼"的信息。这个信息通过羊的神经系统传到了羊的大脑。羊的大脑经过分析,意识到有生命危险。于是,羊的大脑通过神经系统把逃跑的指令传递给了四肢,羊就开始了它的逃命之旅。

在这个过程中,神经系统把感知信息的眼睛、决策的大脑和执行任务的四肢联系在一起。在笔者看来,通过信号传递,**把感知、决策和执行三个阶段联系起来**,即信息的获取、处理与物理实体的动作连贯完成,中间不存在断点,**是智能最基本的逻辑**。在人或动物有神经系统,能把眼睛的感知、大脑的决策、躯体的执行统一起来(见图9.1),但传统机器往往不具备感知信息和决策的能力，做不到随机应变。这就是动物和传统机器的本质区别。

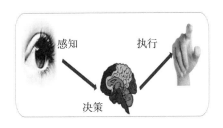

图 9.1　感知、决策与执行的统一

> 在电视剧《大染坊》中，主人公陈寿亭把鱿鱼放入染缸中。当他看到鱿鱼爪卷起来了，就知道水的温度合适了，便命人把布料放入染缸。这个场景是典型的手工作坊。

我们可以设想，陈寿亭买来一台可以放布的机器，只要按一下按钮，就可以把布放入染缸中。但是，机器看不到"鱿鱼爪卷起来"的信息，就无法在合适的时候做出放布的决策。所以，要使用这样的机器，还是需要人去按按钮。传统的机械化就是这样的情景。

在传统机械化阶段，人负责信息的感知和处理，然后再操作机器去执行。这样，机器还是离不开人的操作。只有机器具备了信息感知和决策的能力，才能真正实现自动化——这就是维纳给出的答案。

随着信息通信技术的不断发展，维纳的思想历久弥新。控制论的思想不仅是自动化的理论基础，也是信息化、智能化的理论基础。

催生控制论的技术条件

瓦特发明蒸汽机时，遇到一个棘手的问题：锅炉的蒸汽压力不稳定，流量时大时小，导致蒸汽机速度不稳，难以操控。为了解决这个问题，瓦特设计了如图 9.2 所示的速度控制装置。

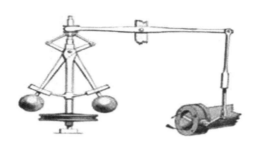

图 9.2 蒸汽机的速度控制装置

这个装置的基本原理是：蒸汽机转动时会带动飞球一起旋转，受到离心力的作用，飞球会在转动时上升；蒸汽机的转速越快，飞球上升得越高；飞球上升时，会通过连杆将进气阀的开口减小，以减少进入机器的蒸汽量，这样就能抑制蒸汽机转速的上升。反之，蒸汽机转动速度降低时，飞球会因离心力的减小而下降，并通过连杆带动进气阀门的开口增大，这样就能抑制转速的下降。通过这样的装置，就能让蒸汽机的速度保持相对稳定。

蒸汽机的例子是自动化教科书中的典型案例。这个例子再次告诉我们，工程实践往往走在理论的前面。但瓦特的时代为什么没有产生控制理论呢？

瓦特的做法非常巧妙，但技术巧妙的另外一面则是其特殊性难以成为一般性的方法和理论。我们注意到，信息的感知和决策是信息领域的活动，执行过程则是物理领域的动作，自动化的过程需要把信息域和物理域联系起来。在瓦特的例子中，感知、决策和执行都是靠机械装置联系起来的。在一般的场景下，如温度、湿度、光照度、浓度等物理量，就难以用机械装置采集。另外，信息的感知和处理都是需要能量的，而蒸汽机恰恰是一台能够给自己提供能量的设备。这些特殊性都决定了在瓦特的年代难以产生一般性的控制理论。

控制理论的产生得益于弱电技术的发展和应用。弱电不同于强电，是用来表示和处理信息的。人们通过传感器，可以把各种物理信号转化成弱电信号。有了电信号，就可以用电子元件搭建控制算法，即决策的逻辑。同时，弱电还可以用来控制强电，驱动物理装置的运行。这样，"电"就把信息域的活动和物理域的动作贯通起来了。由此，"感知、决策和执行的统一"就具备了一般性的办法——维纳的控制论就是在这种背景下产生的。

> 陈寿亭可以在染缸中安装一个温度传感器，传感器把温度信号转化成电信号传到计算机中。当温度达到设定要求时，计算机就可以启动机器放布。这样，陈寿亭的染坊就实现了自动化。

弱电产生以后，自动化技术得到了迅猛的发展。在现代化工业企业中，自动化的应用非常广泛。自动化技术不仅能降低人的劳动强度，还能提高生产效率和产品质量，降低生产成本。这段历史再次证明了技术条件的改变是创新的机会。

典型自动控制系统

工业界有各种各样的自动控制系统，学术界也给出了多种分类方法。典型的分类方法包括前馈系统和反馈系统、单变量系统和多变量系统、线性系统和非线性系统、状态控制和输入输出控制等。工程师更习惯于根据系统的输出将控制系统分为连续和离散两类。从离散/连续的角度看，既能看到应用场景的不同，又能看到控制方法的不同，甚至还能看到控制设备的差异。

离散控制系统的输出是开关量。当系统的输入符合某种要求时，控制器就会输出控制指令，改变机器的运行状态，比如根据水的温度自动放布，就是典型的离散控制系统。20世纪60年代末，西方发达国家开始研制能用编程方法设定控制逻辑的控制装置，这类装置后来被称为可编程逻辑控制器（Programmable Logic Controller，PLC）。在德国人看来，PLC

是第三次工业革命的重要技术标志。

在连续控制系统中，控制器的输出是连续变化的数值，如压力、流量、开度等。前面讲到蒸汽机的例子，就是典型的连续控制系统。

需要特别指出的是，连续控制系统设计不合理时，经常会遇到一些问题，例如转速与阀门开度的比例设置不当时，机器的转速不但不会趋于稳定，反而会更加剧烈地变化，这种现象引起了学术界的关注。于是，人们开始研究用数学模型解决这类问题。

为了研究控制器的设计理论，人们常用线性常微分方程或等价的传递函数模型来描述控制对象的动态特性。动态特性的特点是：某个时刻的输出并不仅仅决定于当前时刻的输入，而当前的输入会对当前和未来的输出产生一定的影响。有了数学模型，就可以帮助人们分析和解决实践中的问题了。

图 9.3 是典型的控制系统。在这个系统中，人们希望系统输出与控制目标一致。为此，需要开发一个控制器来计算控制对象的系统输入。为了得到更好的控制效果，需要把控制对象的系统输出和部分内部状态参数读取出来，反馈给控制器。

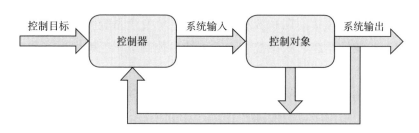

图 9.3 典型的控制系统

在工业实践中，模型控制理论取得了相当大的成功，前提是模型能够较好地逼近客观对象。人们可能会困惑：客观对象往往是非线性的，怎么能用线性模型描述呢？其奥妙在于，如果能将系统参数的变动限制在较小的范围内,非线性对象就可以用线性模型逼近。工厂正常生产时,原本就希望工艺参数越稳定越好,参数往往在某个特定的工作点附近波动。这时线性微分方程组就能很好地逼近控制对象。

控制论产生的背后,与特定时期的技术条件有关。当时,用于搭建控制器的技术手段主要是电容、电感、电阻等电子元件,这些元件搭成的控制系统,恰恰可以用传递函数、常微分方程组描述。

在应用过程中,这些数学理论的局限性也是显然的:系统的参数波动范围较大时,自动控制的效果并不理想。所以,人们经常采取的方法为:在参数波动大的情况下,由人工控制;当人工控制到某个工作点附近,系统接近稳定状态时,再切换到自动控制方式。现实中还有一个常见的问题:系统运行的时间久了,对象的动态特性会发生变化。这时,就需要工程师重新调整控制参数。这样的工作不是人们乐于做的,而是不得已而为之。在数字化时代,人们希望用智能的方法解决这些问题。

模型控制理论取得了巨大的成功,但也形成了一种路径依赖:人们喜欢用更复杂的数学模型来描述控制对象,并建立控制算法。这导致数学模型越来越复杂,理论分析的难度也越来越大。但遗憾的是,从理论上延展的研究,未必是需求牵引的。理论水平的提升,对应用效果提升和应用场景增加的帮助不大。于是,高深的理论往往会沦为屠龙之技。

> 控制论的思想非常伟大,但教科书中的内容却往往是狭隘的、过于偏重理论。事实上,学术研究往往存在着一种"幸存者偏差":理论性强的成果容易被学术界认可。实践者需要清楚地意识到:智能化时代的进步,往往是基础技术条件提升导致的,而不是理论进步推动的。

自动化产线与无人工厂

自动化技术演进的方向之一是系统规模尺度的扩大。从规模尺度的角度，可以把自动化系统分成若干级别，如阀门级、设备级、产线级、车间级等。前面介绍的两类控制系统，主要是阀门级或设备级。一般来说，大尺度自动化系统往往包含许多连续或离散的自动化子系统。所以，自动化系统的尺度越大，技术难度和复杂度往往也越大。按照德国人的观点，自动化生产线属于"工业3.0"的范畴。

"工业3.0"是在"工业2.0"的基础上发展起来的。"工业2.0"的基础是把制造过程分解成若干简单、标准的动作，在流水线上顺次完成。在操作简单化、标准化的基础上，在每一个工位上实现机械化和自动化。一个工位工作结束后，移到下一个工位继续后工序的生产。工序之间的协调工作，往往可以通过离散的逻辑控制自动实现。各个工序协同工作，就构成了自动化的产线或车间。

> 20世纪80年代，日本建立了一个试验性的全自动无人工厂。全自动的无人工厂在技术上是可行的。车站、机场中常见的自动榨汁机是一台设备，其实也可以看成一个微型的无人工厂。这样的"工厂"规模小且只生产一种产品，容易实现无人化。

无人工厂指的是能够自动生产的工厂，但更准确地说，无人工厂是正常运行时不需要人的工厂。所以，无人工厂其实并不是完全不需要人的工厂，自动化系统只能在内外部条件相对正常的前提下才能运行。然而，各方面正常的前提需要人进行保障，例如工厂、车间里的原料总会有用完的时候，设备用久了总会出现这样或者那样的问题，相关的工作都要人来做。同时，一流的企业不仅要维持正常生产，更要不断地进行优化和创新。所以，即便在无人工厂里，至少有两类工作需要人来做：**正常生产的维持、改进和创新**。除此之外，凡是有人工作的地方，就需要对人进行管理，而管理人的工作也需要人。

30多年过去了，无人工厂并没有得到广泛的应用。导致这种现象的原因，包括技术和经济两个层面。从技术层面看，有些复杂、灵活的操作并不适合机器来做；从经济层面看，提高自动化水平会推高建设和维护成本。

但是，随着 AI 等技术的发展，适合自动化的工作越来越多。同时，随着经济社会的发展、人工成本的提高、产品研发周期的加快，以及人们对质量要求的不断提高，自动化技术的经济性会不断提升。

> 有家企业建成了一条自动化程度很高的产线，专门生产某种产品。按照预先的设想，三年收回成本。但一年后的市场发生了变化，产品卖不动了，而产线又很难转产其他的产品，产线面临停产。

由于自动化产线是通过标准化作业来实现的，自动化程度越高，改产其他产品的灵活性往往就越低，这会严重影响企业响应市场变化的能力。所以，工厂的先进性不能仅用自动化程度来衡量。人们建设智能化工厂的目的之一，就是通过软件和数据来提高生产的灵活性。

第十章

Mind and Hand
知行

信息化与管控融合

维纳的思想历久弥新。无论是自动化、信息化还是智能化，无论决策的主体是人、机器还是人机协同，都需要追求和促进信息感知、决策和执行的统一。所以，用控制论的思想，可以把自动化、信息化和智能化统一起来。有了统一的视角，就容易看清这些领域演进与融合的过程。

信息化的控制论视角

从控制论的角度看，信息化和自动化的本质作用都是把信息感知、决策和执行更好地统一起来。但是，从人机关系或决策主体的角度能看到两者的差别：自动化的决策主体往往是机器，而信息化的决策主体往往是人。

信息化的决策主体是人，自动化的决策主体是机器，但这并不意味着信息化是"落后"的技术。事实上，信息化和自动化的应用场景是不一样的：自动化往往用于相对封闭、稳定的小系统，如阀门、设备等生产设施；而信息化往往用于相对开放、灵活的大系统，如整个公司的各种业务。

> 某企业在推动信息化工作时，走访车间的调度员。调度员说："我的需求就是把面前的这堵砖墙打掉，换成透明的玻璃。"把砖墙换成透明的玻璃，为的是便于调度员获得信息，以及时地做出决策。

> 与其他管理岗位的人员相比，调度员只是车间的调度管理者和决策者，管理的范围相对较小，决策的复杂性也相对较低。企业管理的空间范围可能很大，会超出目视的范围，例如采购、运输、销售管理人员可能要获得几百米，甚至数千公里之外的信息，"换成玻璃"也是没有用处的。这时，信息化技术的必要性就更大了。

过去，决策者为了获取这些信息，需要实地勘察、电话问询等。但是，即便有了这些手段，信息的完整性、及时性、准确性往往还是不理想。现代化企业的管理非常复杂，需要管理成千上万台的设备，采购成千上万种的物资，生产成千上万种的产品，服务成千上万个的客户。在这样的背景下，要高质量、高效率、低成本地安全生产，要解决许多矛盾，例如要保证生产的顺畅，又不能有太多的库存和能源浪费；要满足客户的个性化需求，生产组织又不能太复杂；要保证高质量、高效率的生产，设备维护的成本又不能太高。类似这些情况，又给决策本身带来了挑战。

信息化系统就在这样的背景下产生了。利用互联网，人们很容易得到远方的信息，计算机还可以帮助人们进行各种数据的汇总和计算，帮助人们有效地做出决策。由此可以看到自动化与信息化的另外一个区别：自动化系统的管控范围较小，而信息化系统的管控范围较大。

企业的信息化系统有很多种，最常见的是 MES 和 ERP。MES 是制造执行系统（Manufacturing Execution System）的简称，主要负责车间级的生产管理，如计划调度、物流跟踪、质量管理等。ERP 是企业资源计划（Enterprise Resource Planning）的简称，用于统一管理企业的物资资源、人力资源、财务资源等。除此之外，常见的信息化系统还包括办公自动化（OA）、产品生命周期管理（PLM）、供应链管理（SRM）、客户关系管理（CRM）等多种系统。

自动化系统和信息化系统都需要决策，决策都需要及时、准确和完整的信息。一般来说，信息化系统并不强调"机器决策"，而是为人类的决策提供更加准确、及时和完整的信息，帮助人们把决策工作做得更好。

随着社会的进步，企业中越来越多的人从事"管理者"的角色。在高度自动化的工厂中，管理和技术人员的数量可能远远多于一线的操作工人。在现代化企业中，任何一个人都会与其他人产生密切的协作。随着信息技术的发展，信息化系统会逐渐覆盖企业内的各个岗位，工业与信息技术越来越紧密地融合。

工业企业的计算机系统

在现代化工业企业中，计算机得到了广泛的应用，有些企业拥有成千上万台的计算机。这些计算机的功能是有所差别的，人们常把计算机系统分成两类：自动化系统（或控制系统）和信息化系统（或管理系统）。从控制论的角度看，两类计算机都用于决策，但自动化系统强调机器决策，信息化系统主要是给人收集信息，帮助人类决策。这些计算机一般被分成若干的层级，最常见的是三层结构：底层是基础自动化系统（BA）；中间层是用于车间管理的 MES；上层是企业级资源管理系统（ERP）。

在钢铁行业，计算机系统经常分为四层，功能划分得更清晰些。第一层（L1）是基础自动化系统，主要针对阀门和开关量的自动控制；第二层（L2）是过程控制级，主要针对大型设备的自动化；第三层（L3）负责生产调度，主要针对车间级的管理；第四层（L4）是管理计算机，针对全厂的管理活动。自动化系统一般指 L1 和 L2 层级；管理系统一般指 L3 和 L4 层级。高层级计算机的管控范围往往包括若干个低层级计算机。

一般来说，计算机的层级越高，管控的范围越大，但自动化程度越低，响应速度越慢。比如，ERP 或 L4 计算机管理的范围涉及全公司的各个部门，但一般不需要实时响应，即便管理人员短期休假，也不会影响公司的正常运行。低层级的系统正好相反，控制系统的管控范围仅仅是一个阀门或一台设备，但响应速度却是秒级、毫秒级的，自动化程度也相对较高。上述情况可以用图 10.1 表示的关系说明。这样的系统结构既满足了生产需要，也适合当下计算机的性能条件。

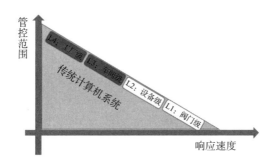

图 10.1　钢铁企业传统计算机系统管控范围与响应速度的关系

从图 10.1 中可以看到，各级计算机在响应速度（机器决策的程度）与管控范围之间存在矛盾。计算机的管控范围局限在三角形内部，这其实是传统计算机系统的局限性。这种局限性与计算机和互联网的性能有关，也与必要性和经济性有关。

　　某企业开发了一款手机 App，能把现场的工艺参数（温度、压力、流量等）传送出去。董事长的手机上安装了这款 App，但问题是董事长需要处理这些问题吗？他有精力关注这些数据吗？公司高管的时间往往是企业最珍贵的资源。董事长花时间去关注设备参数，其实是浪费时间。按照前面的观点，这种做法在经济上不合适。

管理与控制的融合

最初的管理计算机和控制计算机之间是没有通信联系的，但后来人们意识到，两类计算机之间的通信是有必要的。管理计算机需要把生产计划、质量标准等下达给控制计算机执行；而生产过程的实际数据，要从控制计算机上传给管理计算机，以便于生产管理，如统计产量等。

> 一般来说，低层控制计算机不可能把所有数据都传递给高层管理计算机，需要经过过滤、筛选、压缩后才能上传，比如控制计算机采集数据的周期是秒级、毫秒级，但却只把几分钟、几十分钟的平均值上传给管理计算机。

20世纪80年代宝钢建设之初，负责计算机系统建设的何麟生先生强调"数据不落地"，其含义就是数据采集和传输过程要避免人的干涉，以保证数据的准确性和管理的有效性。当时的网络技术不发达，只能用磁盘等原始的办法。随着互联网技术的发展，让数据在不同计算机之间传送就变得非常简单了。

自动化系统（或控制系统）是实时响应的，而管理系统（或信息化系统）一般是离线、非实时的。这意味着生产过程中出现异常时（如出现产品质量问题），即便将实时信息传递到管理系统，管理系统往往也不是实时响应的。管控融合的一个重要意义，就是要提高管理工作的响应速度和质量。

> 计算机网络出现后，国外有人提出计算机集成制造系统（Computer Integrated Making System，CIMS）的概念，希望实现管理和控制功能的融合，提高企业的快速响应能力。20世纪末，国内也开始重视这个方向，但受技术条件的约束，早期的实践几乎都失败了。

随着计算机和通信技术的发展，互联网、物联网、大数据、云平台、人工智能等技术逐渐成熟，为管理与控制的深度融合奠定了基础。在德国《工业4.0》白皮书中，提出三个维度的信息集成，其中"纵向集成"的本质就是把管理和控制计算机的信息集成起来，只有充分的集成，才能支持"流水线上的个性化定制"。

工业互联网与管控融合

把工业互联网的设想放在工厂的场景中,并与传统计算机系统进行比较,就会发现一些新意。GE 公司《工业互联网》白皮书提到了三个要素:智能机器、高级分析和工作中的人。把这个逻辑与工厂的业务对应起来就会发现,智能的机器属于自动化系统的范畴;而互联网上的工作人员远离生产现场,属于管理工作的范畴。

传统的做法中现场问题是现场人员解决的,远程管理者一般不需要看到设备的实时数据。如果把这些数据都传给远程"工作中的人",管理者的注意力就会被淹没在低价值信息的海洋中。所以,给远程的管理者传输大量的实时数据,往往是没有价值的。

工业互联网的第二个要素(高级分析)其实就可以用来解决这个问题。在笔者看来,高级分析的本质作用,就是对信息的过滤和提取——从"智能机器"中抓取必要的信息送给"工作中的人",从而避免人的注意力淹没在低价值密度的信息海洋中,笔者将高级分析形象地称为"小秘书"。

如前所述,传统计算机系统的管控范围是有局限性的,这种局限性体现在管控范围和响应速度之间存在矛盾。换句话说,要么响应速度慢,要么管理范围小。在图 10.1 中,计算机的管控范围限于三角形内部。利用工业互联网,管控范围可以拓展到三角形之外,实现大空间的实时管控。

> 能源系统的管控是工业互联网最典型的应用场景。能源管控具有空间范围大、实时性强的特点。在传统钢铁企业中,生产和消耗煤气的设备分布在几平方公里到几十平方公里的范围内。生产和消耗需要实现动态平衡,否则就会浪费煤气或影响生产。人们从事这类工作时,难免会因计算错误、反应迟钝等导致经济损失,而机器则不会出现这些问题。优也公司利用工业互联网的思想,及时提示管理人员做出决策;某钢铁企业利用这项技术,一年创造了 4200 万元的效益。

"小秘书"提升了管理者实时关注生产现场事件的能力，这对企业管理具有重要的意义。

> 企业的管理中的很多问题，往往是管理者不了解现场实际导致的。过去要求"干部参加劳动"的目的之一，就是让管理者了解一线的工作情况。何麟生先生认为：这种要求的初衷非常好，却较难落实。因为领导不可能时刻都在现场，而领导在和不在是不一样的。

在数字化背景下，"小秘书"可以让远离现场的管理者看清企业的运行情况，及时发现操作层面的问题。下面以集卡运输公司为案例，说明具体的做法。

> 运输公司老板最头疼的管理问题之一，是司机用公司的车辆干私活。过去，个体户从事货运工作时，每辆车上都有自己亲戚押车。然而，车队规模变大以后，老板就找不到这么多可信赖的亲戚了。这时，可以用"高级分析"充当电子"小秘书"来解决这个问题。

要解决司机"干私活"的问题，首先需要让计算机知道什么是"干私活"，也就是要让计算机具有"认知能力"。为此，就要把"干私活"转化成计算机可以计算的问题，比如把"干私活"定义为：在不该装货的地方装货，在不该卸货的地方卸货。但计算机并不知道什么是"装货"和"卸货"。这就需要进一步定义，装货就是车载重增加，卸货就是车载重减少。而具体的做法是：读取车速、功率等信息，当车子开起来的时候，就可以根据这些信息推算出车的车载重有没有发生变化。

那么，解决方法就是在车子上安装GPS，跟预定的装货、卸货地点进行比对，判断装货、卸货的位置；再依据速度、功率推算载重的变化，就能判断司机有没有"干私活"了。有了这样的"高级分析"或"小秘书"，不管车队有多少辆车，老板都能管好。

总体上看，工业互联网可以解决三类管理问题：首先是解决跨工序、跨部门的实时协同问题，如工厂的能源平衡问题；其次是尽快地发现设备、质量、安全、环保等问题,避免对生产和安全产生不利的影响;最后是高层管理者要了解基层的具体工作情况,以便于给出科学的评价并督促基层解决问题。特别需要指出的是,数字化方法可以有效地提升企业的管理能力和操作的规范性。这样,就可以通过"小秘书"把"管事"与"管人"有机地结合起来。

数字时代的管理

> 有一家民营的豆腐厂,在车间安装了摄像头。此后,豆腐的产量就增加了。

工厂中的许多问题是职工不尽责导致的。如果领导能"看得见"职工的工作状态,许多问题就会自然消失。在互联网时代,企业的管理者可以通过数据时时刻刻了解到企业的具体运行情况,相当于让企业家"看得见",安筱鹏博士把这种能力形象地比喻为"望远镜""放大镜""CT机"。

计算机不仅能帮助管理者"看得见",还能帮助他们"记得住"。

随着人们对产品质量的要求越来越高,许多国内企业开始关注"可追溯"问题。生产过程的追溯,可以人工记录,但是人工记录的数据质量差,对应性和实时性都难以保证,追溯过程本身也费时。所以,理想的"可追溯"必须由计算机来完成——自动产生数据,数据自动对应,把秒级、毫秒级的问题记录下来。

在"看得见、记得住"的基础上,数据会越来越多,人的注意力就成了瓶颈。笔者将解决这类问题的方法称为"透明化",其内涵就是让管理者用尽量少的关注力,去发现企业中正在发生什么,而不必等到事后出现问题再去检验。工业互联网中的"小秘书"其实就起到这个作用。

"透明化"不是看到烟气温度300摄氏度,而是看到烟道堵了;不是看到炼钢花了37分钟,而是看到这炉钢冶炼多花了7分钟。换句话说,不是看检测数据,而是数字背后的业务和价值。从某种意义上说,"透明化"就是要从感知走向认知。

"透明化"不仅适合上下级,还可用于协同工作的各方。

北京大学的陈龙博士做了半年的外卖骑手,写了一篇名为《"数字控制"下的劳动秩序:外卖骑手的劳动控制研究》的博士论文。在陈博士的眼里,平台更像是一名管理者,是真正的老板。平台为骑手制定计划、优化计划、调整计划并准确评价骑手的工作。

通过工业互联网,人们可以利用机器提升企业的管理能力。随着互联网应用不断深入,越来越多的员工可远离办公室,在外地工作,在家工作。这种工作方式能够让员工更好地兼顾家庭和工作,上班途中的时间也可以节省下来。但人不在单位时,这给管理工作提出了挑战。为了解决这个问题,有些公司尝试用数字化技术对员工的敬业度进行考核。国外有些企业,甚至根据计算机的考核结果开除了一些"不敬业"的员工,引起了很大的矛盾。由此可见,数字化背景下的人员考核方式是需要认真对待、仔细研究的。方向是正确的,但相关技术需要不断演进。

管理能力的提升将进一步导致生产方式的改变。工业4.0倡导的"流水线上的个性化定制"就是一种典型的场景。按照这种方式组织生产时,会对物料跟踪、工艺切换、库存管理、销售采购、设计研发等产生极大的挑战,传统的管理手段难以有效应对。只有采取数字化技术,让计算机深度参与管理,才能有效应对这种挑战。

第十一章

Mind and Hand
知行

计算机决策的潜力

计算机决策蕴含巨大的潜力。但当计算机性能受到条件制约时，潜力就难以变成现实的能力。信息通信技术的发展过程，是制约条件不断弱化的过程，也是潜力逐渐释放的过程。计算机决策潜力转化成能力，还需要软件和算法的支持。更重要的是，计算机决策潜力的释放，需要实践者不断开拓新的、有经济价值的应用场景。

知识、信息与决策

"知己知彼，百战不殆。"这句话道出了科学决策最基本的原则：要实现科学决策，就要力求完整、及时、准确地掌握知识和信息。信息技术的价值，正是帮助决策者完整、及时、准确地获得信息。

> 荆人欲袭宋，使人先表澭水。澭水暴益，荆人弗知。循表而夜涉，溺死者千有余人。

信息反映的是特定对象的属性。对象的属性是不断变化的，决策者必须了解这些变化，才能做出正确的决策。信息的作用就是帮助决策者捕捉这些变化，以便于做出及时、科学的决策。然而，人们能够直接获得的信息是有限的，而且获得信息需要花费时间，也需要付出成本。为了解决信息获取的问题，人们可以借助知识间接地获取信息。

> 有道之士，贵以近知远，以今知古，以所见知所不见。故审堂下之阴，而知日月之行、阴阳之变；见瓶水之冰，而知天下之寒，鱼鳖之藏也。尝一脟肉，而知一镬之味，一鼎之调。

DIKW 理论认为**知识是信息之间的联系**。在上面的例子中，"堂下之阴"是信息，"日月之行、阴阳之变"也是信息。通过"堂下之阴"得知"日月之行、阴阳之变"就是知识。**总之，知识的作用是从一部分信息获得另外一部分信息。**比如，**从容易获得的信息得到不易获得的信息，从现在的信息获得未来的信息**。信息往往针对具体对象在特定时间的具体属性，而知识反映的是某类对象在一定时间段内共同的特征。人们一般通过考察具体对象得到知识，并将其应用于同一类对象。这就是学习知识的过程。

> "人不能两次踏入同一条河流"。

不同时间点上的同一个对象可以看作一类对象，这类对象的属性可能随着时间而变化。现实中，人们往往把那些变化快的属性称为信息，而把保持不变的属性当成知识。例如："竹笋高度是 120 cm"被叫做信息；"珠峰高度是 8848.86 m"却往往被称为知识。

一般来说，对象属性并非是瞬息万变的。对于那些变化慢的属性，人们可以事先获得某些信息并保存起来，以待决策时使用。过去的自动控制系统，人们用电感、电容、电阻等电子元件建立控制器。电路的固有参数（电感、电阻、电容的大小以及连接方式）用来记忆或表达知识，而电压、电流等可变参数是用来记忆和处理信息的。

我们注意到，在传统的电子线路中，信息难以转化成知识。人的大脑则不一样：对知识和信息的存储、处理全都通过神经元系统实现。这种神经元系统便于将信息转化成知识，并使得人类具有学习能力。计算机登上历史舞台后，信息和知识都用统一的二进制代码表述，这就为机器的自主学习奠定了基础。

认识模型的意义

模型是一种快速、廉价、灵活获取信息的方式，一种高效存储知识和信息的方式，一种方便利用知识和信息进行决策的方式。

模型最初的概念，是依照实物的形状和结构，按一定比例制成的物品。人们很早以前就把这种模型用于工程活动中。

> 曾经有个电影，讲的是年轻建筑工人搞技术革新。过去老师傅建房，先要做一个木头模型，再通过放大计算出真实的长度。年轻建筑工人觉得这种做法费时又费力。于是，他在图纸上画出几何模型并用数学方法计算出实物尺寸，相当于把木头模型放在图纸上。从某种意义上说，年轻建筑工人是在信息世界中建立模型。

随着计算机技术的发展，木头做的模型和图纸上的模型可用计算机表示成数字化的模型。人们可以对一台设备、一架飞机建立整体的三维数字模型。除了几何属性，物质对象还有各种物理属性，如强度、重量、温度、导电性等。在计算机中，可以把产品的物理属性与三维空间的几何属性结合在一起，就可以相对完整地描述这个产品了。

模型有个重要的优势，即可灵活获取多种信息需求。比如，有了房子的模型后，依据一套家具的尺寸，就能计算出房子是否可放置下这套家具。

用模型获取信息时需要进行各种计算,这又引出了数学模型的概念。木制的模型、纸上的模型和数字化的模型描述的是具体对象的信息,而数学模型针对的是抽象对象,描述的是自然规律,本质上是一种知识。

> 数学是宇宙的语言。伟大的科学家伽利略曾说过:数学是上帝用来书写世界的符号。

笔者读博士时,班里的同学们来自不同领域和专业,却都在研究数学模型。这并不奇怪,因为人类发现的各种自然规律,都能用数学来描述。我们知道,人类发明计算机的重要目的,就是帮助人们进行数学计算。计算机不仅擅长计算各种数学函数、进行微积分运算,还能求解各种数学方程。现实中各种优化和分析工作,往往又进一步被归结为数学方程的求解。

过去的模型用木头做、写在纸上,由人来完成计算。信息载体和处理信息是分开的,就无法实现机器决策。现在,计算所需要的信息都存在计算机中,计算过程也是由计算机来完成。这样,信息和信息的处理就融合起来了。这意味着,人可以从计算过程中脱离出来。于是,机器决策就具有了无限的潜力。

工程师在设计飞机、汽车、飞船、火箭、工厂设备时,需要非常复杂的数学计算,并花费大量的时间和精力。计算机在计算效率和准确度方面,远远超出人的能力,且计算效率大大提高。在全球竞争的背景下,技术水平越来越高,利用计算机进行模型设计,才能在竞争中立于不败。

"多算胜、少算不胜"。科学决策不仅依靠信息和知识,还要有精细的测算。计算机的存储和运算能力要足够强,才能在可以容忍的时间内完成足够精细的计算。计算机的潜力虽然很大,却是随着摩尔定律的持续逐步释放的。

几十年前,人类进行这种计算时,需要针对特定问题进行独立的编程。虽然计算机的运算能力很强、计算速度很快,但编程的过程却非常耗时，也容易出错。要解决这个问题，就要有通用的程序。各种通用工业软件的诞生，恰恰解决了这个问题。把物理对象模型用标准化的格式统一表示后，就可以利用通用程序解决各种计算问题了。这样，人们就不再需要针对每个具体对象编程。这不仅大大提高了工作效率，也显著地降低了计算出错的概率。于是，数字化研发产生了革命性的变化。

当然，模型的应用并没有在设计研发领域止步，而是迈向了更加广阔的空间。

> 古代的日本人锻造武士刀时，要严格按照一代代人传承下来的套路和标准去做。这些标准中，包括进行各种神秘的仪式。从科学的角度看，这些仪式其实是没用的；但工匠们缺乏科学知识，不敢擅自改动或取消，只能按照标准去做。他们更不知道，如果改变锻造的温度和时间，效果可能更好。这些都是经验的局限性。

人们的许多知识来源于实践。一种做法成功了，就把它记下来，变成标准，成为工业知识。但人们往往不知道适当改变这种做法，会带来什么样的不同。这就是实践的局限性。有了数学模型，就可以在数字空间中分析各种变化对最终结果的影响，寻找更优的做法，这样就能帮助人们突破实践的局限性。

> 数学模型的本质是一组数学函数，函数都是有定义域的，只要自变量取在定义域内，就可以计算出因变量的结果。这样，人们就可以在函数的定义域内选择更好的做法和参数。从这个角度看，传统经验是定义域内只有唯一选项的函数。

模型求解的潜力

从数学模型的角度，可以理解计算机决策的潜力。前面谈到，数学模型可以描述世界的规律，而在计算机决策过程中，数学模型是"反着用的"。

数学模型是从输入到输出的映射；决策的目的是在求得理想输出的前提下，找到一个合适的输入。在计算中，优化和控制等决策问题往往被转化为求解问题，也就是说，应用过程往往是建模的逆向过程，如图 11.1 和图 11.2 所示。

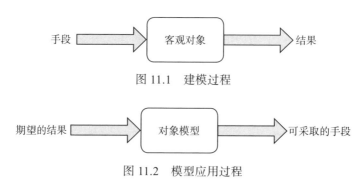

图 11.1　建模过程

图 11.2　模型应用过程

数学方程的求解曾给数学家带来巨大的困扰，对复杂问题的求解，往往需要高超的手段和独特的技巧。但是，借助计算机可解决一般性的问题求解。

许多计算机算法看起来比较"笨"，但却能解决一般性的计算或求解问题，"暴力计算"就是一类通用的解决方法。用这种方法求解优化问题时，可以从模型定义域内随机地给出若干取值，分别计算模型的输出。如果某个取值对应的输出结果相对满意，这个取值就是人们需要的"解"。这样得到的解不一定是最优的，但却是相对较好的。如果尝试的次数足够多，就可以按照一定的概率逼近最优解。所以，只要有了模型且计算次数足够多，就可以解决各种优化问题。

人们进行复杂的函数求解、优化或其他计算时，常常需要直觉、顿悟和联想能力。人的这些思维过程很奇妙，但却难以将这些思维过程变成计算机代码。但是，通过"暴力计算"的方法，计算机就可以模拟这种能力，AlphaGo 的能力就是这么来的。

数学模型的局限性

数学模型的潜力是巨大的,但现实的模型却不是万能的,这种现象与模型的精度有关。

业界有种形象的说法:机械行业模型的误差是1%;电子行业模型的误差是10%;化工行业模型的误差是30%;冶金行业模型的误差是50%~100%。

针对设备、流程等工业对象,人们往往可以建立机理模型,但建模需要大量与具体对象有关的数据。这些数据需要试验或测量获得,但获取过程不仅费时、费钱,精度也有限。一般来说,对象越复杂,需要的数据就越多,数据误差叠加导致的计算偏差就越大,实际要求高时,就无法容忍这些误差。所以,工业企业实际使用的参数往往不是模型算出来的,而是在实践中摸索出来的,但这些做法和参数往往只能用在特定的场景下,我们称这种现象为"工业知识碎片化"。

工业生产中常有工作点切换的情况。这时,人们对模型适用范围就有了要求。常见的做法是针对每个"工作点"建立模型族,每个"子模型"拥有独立的参数和适用范围。对每个子模型来说,可以通过牺牲应用范围得到较高的精度。对整个模型族来说,则是大范围和高精度的结合。但是,这种"大范围"以实践经历的范围为基础。

尽管如此,模型的精度仍然常常不能满足现场的需求。一个重要的原因是,现场数据测量精度低,不可见的干扰多。把精度有限的模型用好,往往是一件体现技术水平的工作。

控制论之父维纳意识到模型是有误差的,他提出利用系统的输出来修正系统的输入,这就是所谓的反馈。采用反馈计算时,即便模型精度不高,也能得到理想的结果。这是控制论中最基本的思想之一。

生产过程不稳定时,生产参数变动范围大。这时,人们希望模型有较大的适用范围。在这种场景下，往往需要借鉴专业知识和机理模型，但建模的难度很大。

有些人认为，既然机理模型的参数影响模型精度，就应该设法搞清楚参数。这个思路在现实中很难实现：搞清楚参数的工作量和成本太大，往往不具备经济性。现实中的做法是把模型和实践相结合：先设法得到一个相对较好的结果，再在这个结果的基础上进行修正。

需要特别说明的是，在工业大数据的背景下，有可能通过数据发现科学规律，找到大范围适用的高精度模型，但这样的工作需要付出巨大的工作量。同时，在互联网的背景下，还可以通过共享让模型的价值倍增，这会让许多建模工作的经济性有本质的提高。这些都是数字化时代给我们带来的机会。

技术对潜力的约束

"多算胜，少算不胜。"正确的决策依赖于认真、周密的计算。

理论上讲，只要有了模型，计算机就可以用"笨办法"求解所有问题。但是，这些"笨办法"可能需要巨大的存储空间和计算能力。如果计算机的性能不够，计算问题就无法在可以接受的时间内完成。幸运的是，摩尔定律持续了50多年，计算机的性能不断提高，许多计算问题变得可行，这极大地促进了数字化技术的应用。

计算机能力的发挥，不仅依赖于硬件条件，还依赖于软件和算力。人们研究了各种算法，尤其是数学方程的求解算法，这大大地拓展了计算机的应用场景。可以说，硬件和算法技术共同推进了计算机的应用。

然而，人们经常遇到这类问题：求得理想解的计算量是某个指标的指数函数。当这个指标稍微大一点，性能再好的计算机都难以在可接受的时间内完成计算。这可归结为一类被称为"NP完备性问题"。对于这类问题，人们希望能够找到一种算法避免计算量的指数爆炸，但直到今天，人们仍然不清楚这种算法是否存在。这个问题是人们遇到的最重要的数学问题之一。

对此，常见的做法是放弃求取"最优解"，设法在可以接受的时间获得相对较好的解。人们发现，人类的大脑具备这样的能力。人能够通过有限步的计算，得到相对满意的计算结果，而这正是人工智能（AI）技术研究的重点。

人工智能的研究已经有几十年的历史了，其间多次成为学术界的热点，又多次进入冰河期。大约30年前，我国学术界开发了数以千计的"专家系统"，但随着时间的推移，这类研究也逐渐冷寂下去了。

专家系统受到冷落的原因，与技术的价值低和应用场景少有关。好的技术缺乏合适的场景，就会沦为屠龙之技。人类面临的决策问题往往是需要实时完成的，如果没有实时信息的驱动，智能化的场景就要少得多。过去开发专家系统时，往往并不强调联网，系统不能自动地获取实时数据，这样，有价值的场景就少得多。互联网和物联网技术的发展，让机器决策的场景极大地增加，智能化的时代到来了。

第十二章

Mind and Hand
知行

人工智能及相关学派

把计算机的潜能释放出来,不仅需要硬件条件,还需要软件和算法。人们很早就发现,在解决某些问题时,常规算法往往难以奏效,人工智能的理论和方法就是为解决这些困难提出来的。所以,人工智能本质上是种特殊的计算机算法。

人工智能的思想

人们对"智能"的理解各有不同,不同的理解造就了不同的学派。人工智能学科主要有三个学派,分别是计算机学派(符号学派或符号主义)、生理学派(人工神经元学派或连接主义)和控制论学派(行为主义)。在这三个学派中,控制论学派发展很快,应用的方法也较特殊,成为一个相对独立的门派。现实中,学术界谈论人工智能时,往往指的是计算机学派和生理学派。

控制论学派关注的是人（或动物）具有的随机应变能力。这个学派取得了巨大的成功，主要原因是它找到了众多适合的应用场景。离开适合的场景，在更加开放的环境下，机器仍然难以模仿人（或动物）的决策功能。在另外一些场景下，需要用到其他学派的方法，比如计算机学派模拟人的逻辑思维能力，生理学派模拟人类经验和直觉的产生过程。

> 计算机曾被称为"电脑"，但是有些人类大脑很容易处理的问题，计算机却不容易处理，比如人很容易通过面貌认出一个人，棋手可以在瞬间想到好的走法，而计算机却不容易做到。所谓计算机难以做到，指的是常规算法难以做到。所以，计算机学派和生理学派针对的是常规算法难以解决的问题。学术界甚至有种观点：凡是能用普通算法解决的问题，就不再是典型的人工智能问题了。

几十年过去了，人工智能技术经历多次起伏，但基本思想仍然没有脱离最初的范畴。从某种意义上说，这也体现了当初学者们的先见之明。另外，人们也可以从多个角度认识人工智能。比如，传统人工智能问题常常可转化为搜索问题，而搜索问题的困难在于搜索量过大。于是，有人就从这个角度定义智能：**智能就是在一个巨大的搜索空间内，迅速找到较优解的能力。**

谷歌公司在创立之初，就意识到网络搜索与人工智能的联系，所以，谷歌不仅提供搜索引擎，还是世界著名的人工智能公司。著名的 AlphaGo 和波士顿动力机器狗，都是谷歌公司的产品。在无人驾驶方面，谷歌也拥有世界领先的技术。

> 在一次听证会上，有人问谷歌 CEO：为什么在搜索栏里输入 idiot（白痴）时，会出现某个政治人物的照片？CEO 回答说：这是因为用户输入 idiot 时，就是想看到这个人。

人工智能不仅能模拟人的思维方式，还能猜测人的想法，构造"读心术"。对商家来说，这样的"读心术"是非常有价值的，最常见的用处就是向用户定向推送广告。我们用一个非常简单的例子说明其基本原理。

用户输入某个关键词后，网络找到了两篇文章，第一篇被人点击了1万次，第二篇被点击了100次。由此系统会判断：用户希望看到第一篇的可能性比第二篇高，应该把第一篇放在第二篇的前面。谷歌收集到的搜索数据越多，"智能"的水平就越高，也就具有了"读心术"。

人工智能的学派

计算机学派关注的是人的逻辑推理能力，希望能让计算机具备人类的复杂推理能力。专家系统是这个学派的典型技术。专家系统模拟专家的思维过程，可以减轻人的工作强度，提高工作效率，并取得更好的决策效果。

专家系统可用于安排课程表。大学排课程表时，要求教室、老师、班级的时间都不能冲突；老师和学生的工作学习负荷要适中；连续上不同课时，学生移动的距离最好短一点；基础课尽量排在好的时间段。班级和课程较多时，排课程表就是一件费时的工作，让计算机去做就方便多了。

工厂排生产计划也很复杂。在现代化钢铁厂中，一条产线可以生产不同的产品。生产计划安排不好时，切换就会很频繁，这会影响生产效率、产品质量、材料收得率等，还会增加劳动强度和库存，延迟交货期。用计算机排计划，可以显著提高经济效益。

人们在设计算法时，往往把逻辑推理和优化问题转化成搜索问题。最简单的做法是把各种可能的情况罗列出来，并对每一种情况进行评估，从中挑选出最合适的做法。但是，按这种思路计算时，往往会遭遇"组合爆炸"问题。这样，计算机无法在可接受的时间内把结果计算出来。

人类的运算能力远远不及计算机，但却能通过少量的计算找到相对较好的办法。这种现象让研究算法的学者们感到困惑，也引发了他们的兴趣。计算机学派研究的重点内容之一，就是实现模拟人的这种思维能力，找到一种算法，能把计算量降下来。最常见的方法之一是利用人的知识，专家系统就是采用这样的思路。

> 棋手思考问题时，往往是有重点地考虑某些步骤，而不是把所有的可能性都遍历一遍。计算机模拟棋手时，对各种走法建立优先级，优先搜索那些优先级高的走法，找到相对满意的结果后就停止搜索。表征优先级的函数一般称为"启发函数"。20 多年前，IBM 的深蓝计算机打败了国际象棋冠军卡斯帕罗夫，就采用了这种思路。

2016 年，AlphaGo 打败了韩国顶级围棋棋手李世石，比深蓝打败卡斯帕罗夫晚了 20 多年。导致这种现象的原因之一是围棋的搜索量远远大于国际象棋。换个角度思考，围棋和国际象棋的差别在于建立"启发函数"的难易程度。

"善弈者谋势，不善弈者谋子。"棋手的智慧往往在于对"势"的把握，即对重要性的把握。但这种经验是一种不容易说清楚的感性认识，往往"只能意会，不可言传"，这样的知识被学术界称为"默会知识"。人类拥有大量的默会知识，例如我们熟悉一个人，却说不清楚他的长相；我们喜欢一种水果，也说不清它的味道。对程序员来说，说不清楚的知识就不容易转化为合适的代码。

> 为了让计算机具备默会知识，人工智能的生理学派（人工神经元学派）诞生了。这个学派给出的办法是：让机器模拟人类神经元的学习能力，让机器自己获得知识。

生理学家认为，人的知识存储在大脑的神经元细胞中，并通过树突的连接来表示。人类通过条件反射，改变树突的连接方式，产生并记住相关的知识。于是，人们用一种非线性函数模拟神经元细胞和细胞构成的网络；同时，模仿条件反射机制提出"学习算法"，来调整非线性函数的参数。这样，机器就能自动掌握默会知识，而不必再由程序员编写代码。

生理学派几经沉浮，终于在十几年前取得了突破性进展。人工神经网络方法刚产生的时候，往往采用单个层次的神经网络。后来，人们意识到了单层神经网络的局限性，便开始使用多层网络。但受计算和数据条件的限制，人们过去往往只使用两层或三层神经网络，学习效果无法令人满意。后来，随着计算能力的增强、数据的增多，人们提出了"深度学习"方法，能够有效地训练多层神经网络。最近几年，深度学习技术取得了巨大的成功，AlphaGo 的成功，就得益于这种算法的应用。

对工业企业来说，深度学习最成功的应用领域是在图像和语音识别。这一突破有利于重新构建人与机器的关系，引发了人工智能的新一轮热潮，国内称为"新一代人工智能"。

> 在笔者看来，深度学习的算法并不难想到，但是用好这种算法需要大量的训练数据，对计算机的性能要求也高。所以，深度学习本质上也是摩尔定律持续 50 多年带来的结果。

学派之间的关系

几十年来，人工智能的三个学派就像三个孤岛，相对独立地发展。其原因是三个学派分别用于不同的场景，解决不同的问题。进入智能化时代后，技术应用的场景大大拓展了，各个学派的方法开始走向融合，这就像陆地上升形成了新大陆，把三个孤岛连在了一起。

> 智能的特点之一是实时响应，在互联网、物联网、传感器技术高度发展与广泛应用的基础上，计算机能够更容易地获得实时信息。同时，计算机能力增强以后，许多问题可以实时计算，这样智能的应用场景就增加了。

控制论的思想博大精深，历久弥新。当时代发展到智能化阶段，传统上依靠人类决策的事情开始交给机器去做。这样，机器决策涉及的系统就变大、变复杂、变开放了，技术应用的场景也就不一样了。与此同时，人工智能的另外两个学派开始与控制理论相互融合。

利用控制论的逻辑可以理解人工智能各个学派之间的关系。控制论强调的是把信息的感知、决策和执行联系起来，形象地说，就是把人的感觉器官、大脑和身体功能进行融合和统一。其中，决策过程可能会遇到复杂的推理，需要模拟人脑的推理功能，这就属于符号学派研究的范畴了。在开放系统决策时，决策者接收到物理信号后需要一个认知过程；推理过程也需要人的经验。两者都会涉及人的默会知识。让计算机自动获取默会知识，是生理学派研究的范畴。这样，三个学派的工作就统一到控制论的架构中。

《三体智能革命》一书提出智能的五要素：状态感知、实时分析、自主决策、精准执行和学习提升（如图12.1所示）。控制论强调感知、决策和执行三个最基本的要素，当决策过程复杂时，可将其分为分析和决策两个阶段。这样，控制论就强调了感知、分析、决策和执行四个要素。在这四个要素背后，都需要知识的支撑。其中，默会知识是通过机器学习得到的。这样，五个要素都能用控制论的思想统一起来。

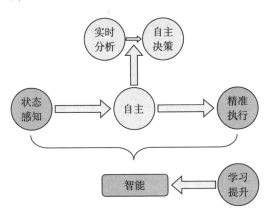

图 12.1 《三体智能革命》中智能的五要素

生理学派与符号学派的融合

学术界谈及人工智能，指的往往是生理学派和符号学派。生理学派用于解决计算机获取知识（特别是默会知识）的问题；而符号学派模拟的是逻辑推理，即使用知识（主要是显性知识）的过程。

默会知识与显性知识的综合运用，是 AlphaGo 成功的原因。AlphaGo 用深度学习技术获得默会知识，减少不必要的搜索。而逻辑推理则采用传统符号学派的方法。当计算机能够在允许的时间内完成决策，AlphaGo 就成功了。

AlphaGo 取得了举世瞩目的成功，但遗憾的是，现实中需要这种复杂推理的问题并不多，开发这种复杂系统的人才也非常难得，开发成本也不是普通工业企业能承担的。

控制论与符号学派

> 许多年前，某"智能控制"项目摘取了一个重要的奖项。当时，"智能控制"是个新颖的概念，让很多人觉得神秘。但知情人却说：所谓的"智能控制"，其实就是在算法中加入了三条"IF 语句"。项目采用"智能控制"的名称，是用来表示与常规 PID 控制不一样。

学术界希望解决复杂问题，而企业界希望复杂问题简单化。对工业人来说，"理论过剩"是一种常态。符号学派帮助人们处理复杂推理问题，但遗憾的是，在现实的自动化系统中，需要复杂推理的场景其实并不多，符号推理往往只用于生产计划等少量场景。导致这种现象的原因，仍然可以归结到工业人处理问题的基本思路：设计工业对象或系统时，首先要尽量让它变得简单，不必用复杂的逻辑进行控制。

几十年前，国外就开发了用于"智能控制"的软件，便于工程师用类似人类语言的方式编写代码，一套软件可以包括成千上万条"知识"。但这类软件一直没有得到广泛的应用,究其本质,使用这类软件开发控制系统,好比"杀鸡用牛刀",大多数实际问题没有这么复杂。

控制论与生理学派

开发自动化系统的常规思路,是先把人类做事的逻辑搞清楚,再将其转化成计算机的算法。这种思路很好,但也会遇到困难。

若干年前,有位年轻的同事希望推动钢板板型的自动控制。笔者建议他研究一下操作工的做法。同事调研后发现,操作工首先要根据光线的闪动,判断是否有"边浪""中浪"等缺陷,再以此为依据调整控制参数。这其实需要一个认知的过程。在当时的技术条件下,计算机无法识别板型缺陷,也不具备认知能力,同事的想法也只能不了了之。

从看到光线闪动到识别"边浪"是需要知识的,在上面的例子中,机器恰恰不具备这种知识。但随着人工智能技术的发展,图像识别技术取得了长足的进展,突破了这个瓶颈。于是,与图像识别相关的自动化技术开始迅猛发展,在自动化的历史上,这是一个重要的进展。

最近几年,很多停车库变成了自动收费,其中一个重要的原因,就是图像识别技术取得了突破性进展。各种交通运输和工程设备的无人化,也取得了高速发展。

随着企业对产品质量的要求越来越高,从事质检的人也越来越多;随着自动化水平的提升,操作机器的一线工人越来越少。许多工业企业的用工向质检领域集中,图像识别技术的发展极大地提高了这类企业的劳动效率和工作质量。

第十三章

Mind and Hand
知行

从自动化到智能化

几十年来,自动化技术有了巨大的发展,根本原因之一是找到了广泛的应用场景。智能化时代,机器决策的场景拓展了,决策的复杂性也增加了。从某种意义上讲,机械化、自动化的主要作用是提高工人的劳动效率,而智能化则是提升管理人员的劳动效率。从自动化到智能化的发展过程,是应用场景变化的过程,也是人机关系演进的过程。在这个过程中,计算机性能和通信能力的增强可使计算机用简单的逻辑进行有价值的决策。

机器决策的隐患

"欲得其利,先知其弊。"在推进机器决策时,人们需要对机器决策的风险有所了解。机器有能力进行非常复杂的决策,但也可能会犯简单的常识性错误。

把人的决策工作交给机器去做时，往往要给机器设定一个目标，甚至让机器去寻找实现目标的方法。有时候，机器寻找的方法能够达到目标要求，但却不是人们期望的结果。维纳在《控制论》中就讲过一个恐怖的寓言故事。

> 有位老人得到一个猴掌样子的法宝，能满足主人的三个愿望。老人对着法宝许愿，希望得到200英镑。果然，第二天有人送来了200英镑，但来人沉重地说："您的儿子在我们厂里工作，不幸被机器压死了，这是抚恤金。"老人的第二个愿望是让儿子回来。结果，儿子的幽魂开始不分昼夜地哀嚎。等到老人精神濒临崩溃时，提出了第三个要求："让儿子走吧。"

维纳用这个故事告诫人们：**不能只告诉机器要实现的目标，还要约束机器实现目标的方法。**这种提醒是有现实意义的：实现方法不受约束时，风险会非常大。

维纳提出的观点同样适用于今天的智能决策。我们知道，工业技术成熟的前提是安全、稳定、可靠，对决策风险的容忍度很低。在工业场景，这样的情况其实是常见的。

> 某企业开发了一套优化控制系统，用于加热炉的节能降耗。这套系统的节能效果很好，但工厂却放弃了。原来，这套系统工作时，煤气阀门开关过于频繁，导致阀门寿命大大缩短，这不仅会推高成本，还会带来安全风险。

更为常见的一种情况是：工业企业追求质量、成本、效率、节能、环保等多个指标的平衡，机器决策的结果可能偏重某些指标，而并非理想的平衡结果。

人们在表达需求的时候，准确性往往是有限的，这会导致最终的结果偏离人们真正的期望。解决这类问题的办法，是让机器用人能明白的方法和逻辑进行决策。

工业场景中的机器决策

我们推进智能化的目的，是让机器代替或帮助人们从事决策活动。为了避免决策中意外的风险，常常需要人们把决策逻辑说清楚，然后转化成计算机代码。正如《机·智：从数字化车间走向智能制造》指出的，要把人的知识转化成机器的知识，用"人明白的道理"让"机器去执行"。这样的决策就不容易产生预料之外的风险。同时，这样的做法还有利于技术的持续改进。

> 投资股市需要丰富的专业知识和智慧。但却有一位姓吴的女士，她投资的专业知识有限却从不失手。原来，她投资的成功靠的是内线消息，从而能比别人更加及时、准确、完整地获得相关的信息。

"智能"的内涵非常丰富，工业界和学术界的关注点并不一样。学术界关心的智能就像"巴菲特炒股"，需要采用复杂的算法；而工业界关心的智能像"吴女士炒股"，逻辑本身简单、清晰。这时，机器决策的优势依赖于完整、及时、准确的信息。

> 某个咨询师在企业发现锅炉的热效率低了3%，经进一步分析，原来是烟道堵了，余热回收少了。于是，他要求工人把烟道清扫一下，锅炉的热效率就上升了。

在这个案例中，咨询师的工作虽然有效，但服务费用却非常昂贵。在数字化时代，咨询师的工作可以交给计算机来完成，让机器实时管理成千上万台设备。

> 咨询师分析锅炉热效率时，需要若干数据。为此，首先需要让计算机实时采集咨询师用到的数据。在此基础上，请咨询师把他知道的知识说出来：如何判断热效率降低？怎么知道是烟道堵了？什么时候清扫？这样，就可以将他的知识变成计算机代码，让机器全天候、实时地监测锅炉状态。

学术界往往难以理解：逻辑上简单的智能为什么会有创新的机会。其实，这种机会并不是理论或算法的进步带来的，而是信息网络技术的发展带来的。信息网络技术的发展，为计算机提供完整、及时、准确的信息，为机器决策奠定了基础。企业要抓住机遇建立工业互联网平台和工业大数据基础，为创新创造条件。

在相对复杂的工业场景中，机器决策会遇到一种麻烦——有些工作的执行周期很长，涉及的步骤很多，往往不能在短期内完成。机器决策时，要事先把每个步骤都想清楚。例如，在钢铁企业，从开始生产某个产品到生产完全结束需要经过多个环节，一般需要一个星期以上的时间。机器决策生产某种产品时，要把每道工序、每个工艺参数、每个控制指标等具体要求明确下来。所以，面对上述复杂决策时，机器决策需要目标体系的支撑。

> 工业企业为了实现最终产品的质量目标，生产合格的产品，需要给每道工序提出工序质量目标；为了实现工序的质量目标，要对工序的工艺参数和控制基准提出要求；为了达到这样的要求，又要对设备、控制和操作提出进一步的要求。由此可见，要生产出合格的产品，需要目标体系来支撑。

智能化强调机器参与决策，却不一定是完全的机器决策。面对开放系统和开放问题时，往往需要人类的参与，这时的智能决策通常是人机协同决策。人机协同决策的本质是人类对机器"有限授权"，以保证机器执行的结果是人们所期望的。

智能潜力释放的三条线索

智能制造和数字化技术成为全球热点，是计算机潜力释放的结果。在中国工程院《中国智能制造发展战略研究报告》中，把智能制造分成了三种范式：数字化、网络化和智能化。笔者换个角度，从演进的逻辑来描述这三种范式——在智能化发展过程中有三条演进的线索。

第一条线索是数字化的线索。

随着计算机技术的发展，数据的采集、处理和存储能力越来越强。从数据角度看，有两个方面的变化特别重要：一个方面是数字模型的广泛使用，另一个方面是通过传感器采集的数据越来越多。

> 在三十多年前的一个顶级学术会议上，国外学者展示了他们用计算机画出来的葡萄架。为了这幅图，计算机运算了 7 天的时间。二十多年前，某企业做了一个科研项目，目的是将某个实时控制软件运行的内存需求降低几十 KB，以便运行其他功能。

受计算机性能的约束，人们花费很多精力去降低软件的计算量和存储量。那时，许多 3D 数字化设计图纸，计算机都存储不下。如果希望基于这些数据进行复杂的运算，也很难在可以接受的时间内完成。但是，随着计算机性能的提升，云计算、大数据等技术的出现，这些困难逐步消失，计算机的潜力也开始释放。

这种潜力的释放，首先带动了数字化研发。当产品用数字化方法设计出来以后，就可以用计算机仿真软件分析产品的各种特性，并优化设计，还可以促进研发过程、研发与制造的协同等。这不仅大大提升了研发的效率，也降低了研发的成本。在此基础上，产品设计的质量也会显著上升。

更大的潜力是支持实时决策。数字模型可以用于安装调试、维修维护、异常处置等多个业务环节，为相关工作人员的决策提供信息，甚至可以自主决策。

随着数字化技术的发展，人们有条件为设备、车间，甚至工厂建立模型，记录它们各种相对静态的属性，而实时采集的数据则描述对象的动态属性。静态和动态属性结合在一起，就有能力及时、准确、完整地描述客观对象，从而为机器的智能决策奠定基础。这就是数字化线索的意义。

第二条线索是网络化的线索。

工业和信息化部两化融合专家组首任组长王安耕先生发现，我国两化融合的进展，往往是沿着信息集成逐渐扩大的脉络展开的：从部门内部联网拓展到部门之间联网，再从企业内部联网拓展到企业之间联网。

> 销售、制造、采购部门的信息集成是最常见的线索之一。过去，企业的销售部不了解制造部门的生产安排，也就很难承诺用户交货期。把销售和制造的信息集成起来后，销售部门就能了解生产的空档期，这个问题就解决了。同样，采购部门往往不确定该采购多少、何时采购，为了保证正常生产，通常倾向于较大的库存。把销售、制造、采购的信息集成起来后，采购部门可以在接到订单时再进行采购。这样，既不耽误生产，也不会有过多的库存。

按照工业 4.0 的理论，信息集成的线索有三条：横向集成、纵向集成和端到端集成。销售、制造、采购信息的集成属于横向集成的范畴，而管理与控制的融合则属于纵向集成的范畴。

第三条线索是智能化的线索。

如果把智能看作"感知、决策和执行的统一"，那么在足够短的时间内完成决策就是智能化的必要条件。从这种意义上说，计算能力的增强和实时信息的获取都扩大了智能化的应用场景。所以，网络化和数字化是智能化的基础。

"知己知彼，百战不殆。"人们可以把设备、车间、工厂看作一个对象。数字化线索的作用，是让计算机获得系统本身的静态和动态数据，做到"知己"；网络化线索的作用，则是用来获取与系统相关的外部信息，实现"知彼"。由此可见，数字化和网络化两条线索，让计算机逐渐具备了"知己知彼"的能力，从而为计算机决策奠定了基础，并推动了智能化的线索，如图 13.1 所示。

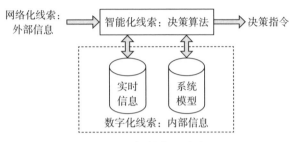

图 13.1　智能化的线索

在智能化的发展过程中，人工智能（计算机学派、生理学派）起到了一定的作用。在某些场景下（主要与图像识别有关），甚至会起到关键作用。但是，企业界不宜把这种技术的作用过度夸大。有些学院派的专家认为，智能制造等于人工智能加制造，这种观点其实是没有看到数字化和网络化带来的机会。在多数场景下，智能决策意味着"用人明白的道理，让计算机去做"，意味着通过程序员把工业知识转化为计算机代码。

三条线索的发展有独立性却又互相关联。比如，互联网带动了大数据技术，而大数据技术促进了互联网的应用；大数据和互联网技术提升了信息的完备性，进而促进了智能决策，而智能决策又为大数据和互联网应用提供了场景。这样，智能化技术就在三条线索不断成熟的基础上持续演进。

CPS

在自动化相关教科书中，控制对象模型一般用微分方程组或与之等价的传递函数描述。在计算机用于自动控制之前，这样的模型可以用电子元件搭建。但是，对于复杂的工业系统，这种模型具有明显的局限性，比如车间场景不能用连续的数学方程描述。进入智能化时代后，人们可以用计算机为工业对象建立一般的数字模型。于是，CPS 开始受到广泛重视。

CPS 是 Cyber Physical System 的简称，是由物理空间（Physical

Space）的对象及其在赛博空间（Cyber Space）中的映像（模型）共同构成的系统，中文一般翻译成赛博物理系统。赛博物理系统的作用是感知、存储和处理信息，就像人的大脑，负责行动的物理对象则对应人的躯体，两者的结合就成了 CPS 智能体。

> Cyber 一词来源 Cybernetics，即控制论。从某种意义上说，CPS 是计算机和网络时代的控制技术。CPS 的思想与软件工程中面向对象的思想异曲同工。这样的思想利于程序员理解世界，从而便于用计算机描述世界。

CPS 的概念最初来源于嵌入式系统，嵌入式系统由硬件和软件组成，是能够独立运作的器件。嵌入式系统往往用单片机等完成计算，信息处理能力相对较差，当通信技术足够发达时，就可以将物理对象的实时信息传递到远程的计算机。计算机中还可以存储物理对象的模型及其他属性信息，这样对象的信息就完备了。于是，物理对象的变化可以实时地反映在远程的计算机模型中。这时，CPS 的计算能力就不再受嵌入式系统计算条件的制约了。

这种方式带来很多好处。首先，多个物理系统在赛博空间的映像，可以由同一个系统统一处理。这样，就可以描述多个物理系统之间的相互关系和相互作用，从而用于对复杂大系统的管控。在德国工业 4.0 的体系中，CPS 用于管理企业中各种复杂问题。原则上讲，每台设备、每个产品、每件原料都对应一个 CPS，而小的 CPS 又可以组成大的 CPS。只要信息通信技术足够发达、计算机的运算能力足够强，CPS 可以描述一个车间，甚至一个工厂。

如果工厂总是生产同样的产品，那么每道生产工序的工艺就可以保持不变；如果不同批次的产品不同，那么工艺就要随着批次变化。在工业 4.0 的典型场景下，产品是个性化定制的，每个产品都有特定的工艺组合。在这样的场景下，生产管控的难度就很大。例如，某个产品在生产过程中发生异常时，产品与工艺对应关系就可能发生错乱。为了避免这类麻烦，需要在加工工位上识别待加工产品的 ID。通过这个 ID，可以从赛博空间索引这个产品的加工工艺和信息。所以，把每个产品的物理实体和信息对应到一个 CPS 中就是很自然的做法了。

CPS 还有个重要的作用，即便于通过人机协同解决复杂的问题。无人机系统其实就是典型的 CPS。借助 CPS 技术，人们可以像打游戏一样，通过操控虚拟的无人机，来指挥现实世界的无人机。

可以设想，在未来可见的时间内，在矿山、海底、工地和其他需要野外作业的场景中，现场的工作人员会越来越少，大量原本需要人工现场操作的设备，可以通过 CPS 的方式进行操控。这时，操作者可以远离条件恶劣的工作现场。同时，随着 CPS 自主控制能力的增强，人们的工作就可从操作机器演变为设定工作任务。这时，一个人就可以同时管控若干台机器，极大地提高劳动效率。

从感知走向认知

如前所述，即便是在全自动化的无人工厂里，也需要有人的参与，而人参与的两类基本工作是正常生产的维持、改进和创新。这两类工作由人来做，与计算机的局限性有关。

一只羊正在草原上安静地吃草。它突然看到远处有一只狼正在向它逼近。于是，羊停止了吃草、迅速地逃向了远方。在这个场景中，羊的神经系统把"眼睛发现狼"、"大脑决定逃跑"和"四肢开始运动"三者联系起来，属于典型的智能行为。但我们注意到：羊的眼睛接收到的是光学信号。光学信号传到羊的脑子里要转化成"狼"的概念才会逃跑。我们把这个过程称为"感知到认知"的转化。

在传统自动化系统中，控制器接收到的物理信号往往有明确的内涵。比如，某个传感器送来 15mA 的信号，代表烟气的温度是 120℃；某个光电管的通断，意味着新的加工部件到来了。这些本质上是"感知容易转化成认知"的场景。换个角度看，传统的自动化系统一般只适合"感知容易转化成认知"的场景，这体现了这类系统的局限性。

传统自动化系统之所以能够取得成功，是因为避开了"感知难以转化成认知"的场景。在工厂的环境下，这一点往往不难做到，这是因为工厂是人造系统，工厂里的设备、流程、工艺、产品都是按照人的意志设计出来的，并尽量排除了意外的干扰。在这样的人工系统中，自动化系统容易得到明确的信息。

如果机器无法实现认知，就要采用人机结合的控制方式，利用人的认知能力。在前面轧钢的例子中，需要工人用眼睛判断带钢的"浪型"，这就是一种人机结合的控制方式。

在"感知不易转化成认知"的场景，需要发挥人的作用。人工智能的作用之一，就是让计算机具备一定的认知能力，从而进一步改变人与机器的关系。

智能系统最常见的"认知"就是发现异常，比如产品质量有没有异常、生产节奏有没有异常、原料供给有没有异常、操作过程有没有异常、设备状态有没有异常、安全管理有没有异常、能否及时交货等。在有些场景下，还需要判断发生了什么样的异常。

为什么针对"异常"呢？这是因为在自动化产线上，"正常"是不需要人干涉的。人的各种管理工作基本是针对异常的，推进智能化就是试图代替或帮助人们把这些工作做好，故而识别异常是非常重要的。

在工业场景下，判断异常的方法很简单，也具有一定的普适性：只要把正常范围的标准确定下来就可以了，超出正常范围就叫异常。一般来说，只要积累一段时间的生产数据，就有条件把正常的范围确定下来。范围确定以后，就可以成为标准，而超出标准就是异常。

数字化的一个重要好处是便于建立标准，用数字化方法建立标准有利于知识的传承，也便于人们交流和提升。最近100多年，西医的发展速度远远超过中医，一个重要的原因就是西医的标准化程度比中医高，从而有利于学科的传承和持续发展。

在标准化的基础上，可以促进"从感知到认知"，例如"排烟温度为300℃"是感知，"烟道堵了"就是认知；"振动频率为200Hz"是感知，"机器不稳定"就是认知；"报警持续20分钟"是感知，"操作工处理不及时"就是认知。计算机的一个重要优势，是可以根据个性化的场景建立和执行标准。在轧钢环节，不同的钢种、规格都对应不同的工艺标准。一个工厂可以有数以万计的标准。计算机不仅能够准确地记住这些标准，更能方便地根据生产情况实时切换标准，从而支撑定制化生产。当然，这些做法离不开信息集成：管理系统根据场景的变化切换标准，控制系统负责执行标准。总之，数字化技术的应用，能够让标准化的能力显著提升。当然，有些参数的正常范围可能是其他参数的函数或若干条曲线，而不是固定的参数。

在数字化时代，一条或多条曲线、曲线的特征都可以作为认知的标准。计算机可以根据标准，实时判断生产情况是否合适。

用射钉枪在相同的材料上钉同类的钉子时，扭矩的曲线应该是一样。把这种曲线记下来，就可以作为标准。如果某次工作时，曲线与标准不同，往往就意味着发生了质量问题，机器就可以报警并及时采取措施。

从功能上看，单纯的"从感知到认知"类似于传统的报警，但在数字化时代，由于信息收集的完备性得到提高，报警的准确性和完整性也会有所变化。这样，"认知"的深度有所不同，并能更多地与机器决策结合。从这种意义上讲，从传统的报警到"认知"是技术的演进过程。

需要特别指出的是，人工智能技术的发展，显著提升了计算机"从感知到认知"的能力。在工业界，人工智能最重要的作用就是从图像、曲线中获得信息。依靠现在的人工智能技术，机器完全可以识别"狼来了"。这种技术进步既促进了自动化，也促进了智能化。

第十四章

Mind and Hand
知行

数字时代的人机关系

在日常工作中，人们会遇到许多复杂问题，比如决策执行周期长时，外部环境发生变化。这时，要不断地获取新的信息和知识，甚至需要改变预定的目标。与计算机相比，人获得信息和知识的方式更灵活。人工智能或其他计算机算法都具有局限性，所以，即便在智能时代，人的作用也是不可替代的。促进智能化的发展，本质上是要找到更好的人机协同方式。

算法的局限性

《三体智能革命》强调了人、数、物三者的融合。推进智能化的一般性办法，是充分发挥人和机器各自的特长，重构人和机器的关系。

机器决策的成功取决于优化范围和评价指标都是明确的。但是，在实践过程中，尤其是做复杂、创新性工作时，目标和范围往往并不明确。条件和环境不同，需求也不一样。在前面章节中曾经提到，创新工作的需求往往是潜在的，人们往往无法明确表达出来。机器决策是服务于人的，机器决策的目标应该是人的目标。当人的需求表达不清楚时，机器往往不能自动、准确理解人的需求和愿望。

> 在工厂里，人们需要综合考虑质量、效率、安全、成本、交货期等多方面的因素。多方需求产生矛盾时，人们往往能找到合适的办法，但却不容易把决策的原则说清楚。这样，就无法给计算机的算法以明确的目标。

人所能利用的知识、信息、能力、资源来自开放的空间，而机器获得信息、知识和资源的范围却来自相对封闭的体系。

> 机器分析问题时往往只使用特定的数据集合，这些数据可能不足以判断一个结论的真伪。人遇到问题时，可以从其他渠道获得知识和信息，例如人通过阅读和交流，可以很快地获得知识；而计算机获得知识时，往往需要通过编码，而编码需要很长的时间。再如，人可以通过与物理世界的交互获得知识：怀疑设备出现故障时，可以把设备拆开进行分析研究；产品质量出现问题时，可以拿到实验室进行分析测试；而机器决策则难以做到。

> 算法是为了特定目标而建立的，而人却有一个掌握综合知识的大脑，能够应对各种开放性的问题。人类的大脑可以根据实际条件和要求，不断突破信息和知识来源的边界，不断提出或修正目标。显然，机器缺少这样的灵活性。

> 人遇到难以解决的问题时，知道如何"退而求其次"，可以尝试各种过去没有尝试过的方法；而机器决策时，每一种解决问题的方法本质上都是"预料之中"的。

人机协同决策的层次

从决策主体的角度，我们可以把智能决策划分成若干个层次，计算机可以在各个层次上提高决策的科学性和有效性。

第一个层次是人的决策。在这个层次上，决策的主体是人，但信息的获取和传递都可以借助数字化、网络化手段。通过各种数字化的手段，人们可以"看"得更完整、更准确、更及时、更方便、更直观；不仅有了"望远镜"，还有了"放大镜""CT机"，从而把决策做得更好。利用这些手段，人们可以远离工作条件艰苦的生产现场，推动工作岗位的集约化——一个人干几个人的活，并提升协同能力；还有助于利用好远程的专家资源，帮助高层管理者了解生产实际并提高管理水平。

第二个层次是人机协同决策。在这个层次上，机器需要具有一定的认知能力。机器可以主动地发现异常，推送那些需要人们关注的事件、异常、信息和知识，提醒人们做出决策，甚至提供可选择的方案，就像人类的"小秘书"和"参谋"。

第三个层次是机器自动决策。为了避免机器决策的风险，人类可以适度干涉机器的执行。一种典型的做法是：正常情况下机器进行决策；遇到特殊问题时，将决策权交给人类。另一种典型的做法是：机器决策完毕后，需要经过人的确认后方可执行。

机器决策时，需要用到数学模型，但可能会发生精度漂移的情况。这是个常见的、必须引起关注的问题。解决这个问题的办法之一，是不断地修正模型的参数，甚至结构。问题足够简单时，可以让机器自动去做，即所谓自学习。但是，对象复杂到一定的程度时，还是需要专业人士来维护。采用云原生等技术，可使系统修正的风险更低、效率更高。

一般来说，机器决策的比重越大，对技术的要求就越高。企业推进数字化技术时，应该尽量为高层次的机器决策创造条件，但具体的应用场景不同，决策的难度也不一样。面对复杂决策、决策目标模糊、决策需要系统之外的知识和信息时，人的决策是难以避免的，不能盲目强调层次的提升。

远程化的意义

GE 工业互联网白皮书有个副标题——Pushing the Boundaries of Minds and Machines，笔者将其理解为重构人和机器的界面。在笔者看来，工业互联网提供了一条人机关系演进的新途径——远程化。

从某种意义上说，远程操作是从自动化的理想目标"退半步"。一般来说，远程化的技术难度低于机器自主决策，但可导致技术可行性的上升。与此同时，能帮助工人离开恶劣、危险、遥远的操作环境，意义也是明显的。在矿山、工地、能源等众多场景中，有望实现常规生产的无人值守。在工业企业，安全的主体主要是针对人，人离开现场之后，安全隐患将会大大降低。前面曾经谈到，现代工业在提高效率的过程中，安全稳定性是最常见的瓶颈。所以，安全隐患的降低有利于促进生产效率的进一步发展。

人们经常把"自动化"和"非自动化"看成非黑即白的两种存在。然而，远程化可以看作从非自动化向自动化过渡的桥梁。有了这样的桥梁，自动化的演进就变得容易了。人类远程工作时，信息和指令都是在计算机网络上传递的，理论上讲，当计算机能获得人类决策所需的全部信息时，凡是人能做的决策工作都可以交给计算机去做。

当然，要实现上述思路，在技术上仍然存在各种困难。但人们却有了一条可以逐步演进发展的道路：具备条件的，就让机器去做；不具备条件的，就通过人机交互去做，并在人机交互的过程中，把人的工作逐渐减少。靠着这条逐步演进之路，就可以把"登天的困难"转化成"登山的困难"。在远程操作的基础上，机器需要人类干涉的工作会越来越少，而人远程操作的工作量和复杂程度也会逐渐降低。

推进远程化，也是件有技术难度的工作。这里有两个前提：首先是必须有远程可控的机器；其次是需要在远程收集到与人在现场基本一致的信息。这需要软硬件技术共同进步，才能解决问题。

一般来说，远程操作技术比远程监控难度大，而远程的设备维护和维修比正常的远程操作要难。CPS、AR/VR、AI、数字手套等技术的发展，都有利于远程化工作。可以预见，这些技术最先出现在需求最强烈、技术条件最好的场景，并逐步向相对低端的场景扩散。

笔者主张尽量"让部分工人的工作远程化"，而不是"让部分工作远程化"，两种做法的经济效果是不一样的。

第四篇

Mind and Hand
知行

数据技术与工业知识

在高度自动化和智能化的工厂里，人的工作大体可以分成两类：维持正常的生产与改进和创新。为此，需要进行根因分析、数据建模、工业 App 开发等工作。

工业企业从事生产活动时，难免发生意外和异常，意外和异常发生后，需要找到问题发生的根源，这就是根因分析；优化效率、质量、成本时，要找到合适的参数和控制策略，就需要根据实际情况进行数据建模；为了把这些工作交给机器完成或者希望机器帮助人类完成时，就需要开发工业 App。由此可见，这些工作是工业企业利用数字化技术进行持续改进与优化的基本技术手段。

这些工作是数字化技术的热点话题，在几十年前，人们就开始从事相关或类似的工作，方法的变化并不大。既然如此，这些技术为什么能够成为热点呢？笔者的观点是：技术应用的基础条件发生了变化，导致创造价值的机会多了、工作难度低了、成功率高了、工作效率提升了。总之，技术经济性不一样了。

数据建模、根因分析、工业 APP 开发等工作的效率、成功的概率决定了技术活动的经济性。现实中，效率和成功率极大地依赖于数据本身的质量。企业建立工业大数据、工业互联网平台的目的，应该是改善获取数据的条件和数据质量，以便于提高技术经济性。

根因分析、数据建模、工业App开发等是支持企业持续改进的数字化手段。持续改进不是一次性完成的，需要长期坚持，不断完善，这个过程要贯穿企业的生命周期。从这种意义上说，工业大数据和工业互联网平台的本质作用，是促进数字化技术的演进。

目前，越来越多的企业意识到知识管理的重要性，但多数企业的实践效果却并不理想。对此，笔者的观点是：要将知识管理与数字化技术结合在一起，与智能化工作一起推进，将知识融合在软件之中。我们注意到，根因分析本质上是发现知识，而数据建模和工业App开发本质上是开发知识产品。

在可以预见的未来，数据质量低仍然是根因分析、数据建模、工业App开发等面临的主要困难。从方法论的角度看，要做好数据相关的工作，需要采用人机结合的方式，要发挥人的特长，利用人的知识，弥补人的不足，针对人的盲点；要把数据分析与实践活动结合起来。只有将这些工作的效率和成功率提高了，工作本身才具备经济性，企业才会真正接受。

第十五章

Mind and Hand
知行

引爆技术热点的机会

最近几年,数据建模、数据分析、工业 App 开发等突然成为工业界关注的热点,然而许多工作既不需要大量的数据,也不需要复杂的计算,甚至不需要特殊的算法。这类技术突然成为热点的原因,其实是机会和经济性发生了变化。工业互联网和工业大数据为这些工作带来了更多创造价值的机会,也让相关工作的工作量更少、成功率更高、成本更低、质量更好。企业要抓住这些机会,需要通过建立和完善相关的平台,以提高相关技术的经济性。

理解数据质量

笔者从事数据分析工作多年,有个切身的体会:数据质量好的时候,数据分析和建模工作往往很容易进行;数据质量差的时候,即便花很大力气，也往往会无功而返。

某企业引进了一个生产异常预警软件，使用效果并不理想。人们曾经认为是算法的问题，但多次改进都没有取得成功。后来意识到，效果差是数据质量低导致的。原来，这个设备要用冷却水冷却，用久了之后容易结垢，温度测量精度显著下降。后来，工厂对冷却水系统进行了改造，消除了结垢现象，问题就彻底解决了。

现实中，数据质量的内涵不仅仅限于精度。对数据质量的定义，应该符合"质量"概念的一般性要求：质量是适合特定需求的程度。进行根因分析、数据建模等工作时，人们经常感到缺少必要的数据，数据关联关系缺失难，这些本质上都是数据质量问题。对数据工作者来说，数据质量往往体现在数据的存在性、完整性和一致性等方面。传统企业采集和存储的数据，主要是为了保证正常的生产和生产管理，而数据分析师采集数据的目的是建模、分析和优化。两种工作对数据质量的要求是不一样的。

传统上，工厂采集数据的主要目的是满足常规生产和管理的需要，而不是为了分析和优化。例如，在把钢水浇铸成钢坯的工序，需要测量钢水温度而不需要测量钢坯温度。这是因为钢水温度是确定浇铸速度等工艺参数的依据，没有测量结果就不能进行生产。钢坯温度可用于分析和优化，但这个温度与工艺标准和制度无关，即便没有测量结果，也不会影响生产。由此可见，常规生产与分析优化对数据和数据质量的要求是不一样的。

DIKW体系的理论可以帮助我们理解数据质量。DIKW体系的理论告诉我们：数据（Data）的关联构成信息（Information）；对信息的联系体现知识（Knowledge）；知识的综合运用形成智慧（Wisdom）。

按照DIKW体系的理论，单独的数据并不构成信息，只有将数据关联起来，才能构成信息。例如，"180"和"张三"两个数据本身不包含信息，把两者关联起来，"张三的身高是180cm"才构成信息。

在关系数据库理论中，人们一般用实体关系图（Entity Relationship Diagram，简称 ER 图）来描述软件开发人员关注的对象。实体和关系都可以用一张表来描述，表中的每一行记录着某个实体或者关系的属性。关系记录清楚了，信息才能保留下来。

在现实的工作中，很多人满足于"把所有的数据都收集上来"，却没有考虑存储数据之间的关联关系。这样的数据再多，都不能上升为"信息"。数据不能表示信息时，人们就无法从中发现知识。

> 宝钢技术专家王洪水先生很早之前就重视数据质量。他有种形象的说法："要像录像一样把数据记录下来，不能让有用的信息丢失掉。"

所谓"像录像一样"，就是对数据质量的形象描述。企业记录数据的目的之一是做到可追溯。可追溯是对现代工业企业最基本的数据质量管理要求之一，当质量、设备、安全、环保出现问题时，可以通过数据追溯找到问题产生的原因。通过追溯，人们也可以分析质量、效率、成本方面的差异，从而更好地优化生产过程。通过追溯，可以科学、准确地评价供货商、部门和员工，以提高管理的科学性。

"可追溯"是许多质量贯标的基本要求。许多企业都声称自己做到了"可追溯"，但实际内涵却有巨大的差别。比如，在某些落后的企业，许多数据是手工记录的。手工记录的数据不仅数量少、对应不准确，也容易造假。数据质量差了，数据的用途就少了，价值也就大打折扣。这样，"可追溯"也就成了表面文章。

宝钢在 40 年前提出"数据不落地"，让数据避免人的干涉，就是从数据质量角度考虑问题的。随着计算机的广泛应用，数据的采集、传递、存储过程可以完全交给机器来完成，就可以避免手工记录的各种问题。如果用机器自动地记录、存储和处理数据，追溯过程非常方便，有利于进一步开展数据的自动分析。

可追溯的目的，是通过数据寻找异常或事故的原因。数据分析过程就像探案推理。数据分析师要从蛛丝马迹中找到问题的根源，并尽量避免被假象误导。侦探经常遇到的问题是，查到一个地方线索断了，就再也查不下去了。数据分析也会遇到类似问题。过去数据记录不完整，数据记录频度低，存储周期短，都会导致分析的线索断裂，无法进一步确认事实。

产品出现质量问题的时候，人们可能会怀疑设备或操作是不是有问题。如果操作和设备的数据没有记录，自然就查不到原因。有些问题是秒级、毫秒级的异常导致的，如果数据记录的频度不够，也就难以从数据中找到原因。根因分析时，人们往往需要区分原因和结果。一般来说，原因发生在结果之前。但是，如果数据采集的时钟不准确、不一致，也就难以判断因果。判断原因时，还经常要进行对比分析。如果历史数据记录量少，就没有办法进行充分的对比分析，也就难以确认原因。

在笔者看来，工业大数据带来的机会，本质是数据质量的提升。我们知道，数据规模大并不等于数据质量高，也不可能解决所有数据质量问题。但是，数据采集、存储和处理的能力强，有助于数据质量的提高。反之，如果数据采集、存储和处理的能力弱，就没有办法保证数据的质量。数据质量提高后，数据分析、数据建模、工业 App 开发等创造价值的机会也会随之增多。

消除断点的意义

数据分析、数据建模、工业 App 开发的价值与机会，与消除业务的断点有关。

1973 年，欧姆龙开发出日本规模最大的交通控制系统，将自动化和智能化技术深入地运用于交通领域。这个系统的开发可以追溯到创始人立石一真先生强调的一个观点：工作、流程上有断点的地方，就有创新的机会。

所谓断点，就是容易出现错误、耽搁，让效率降低的地方。消除断点往往能消除工作中的瓶颈，提高工作效率和质量。特别地，消除断点不仅能带来直接价值，还会带来难以估量的间接价值。

> 高速公路的本质就是取消了交通灯导致的断点。少了交通灯，不仅可以减少车辆等待的时间，更能把车辆行驶的速度提上来。而交通能力的提升，又会进一步带动城市的经济发展，所以有"要想富，先修路"的说法。

人们很早就发现，业务工作的断点往往与人的参与有关。如果人在工作中没有及时发现并合理地处理问题，就可能产生断点。自动化、智能化技术的一个重要作用就是减少人的参与，从而弱化甚至消除业务活动中的断点。

> 现代化工业强调多方协作。多方协作时，就会有工作交接的界面；有了交接的界面，就容易产生断点。人做复杂工作时，往往要分成若干个步骤，步骤衔接时，也会产生断点。工业技术越发达，需要分工协作、分步完成的工作就越多，产生断点的可能性也就越大。这些断点会阻碍分工细化和效率的提升，但换个角度看，消除断点就可以促进分工细化和效率的提升。

工业 App 可以帮助人们快速捕捉信息甚至自动决策，有助于消除工作中的断点。人们从事根因分析、数据建模、工业 App 开发工作时，工业大数据和工业互联网平台能够帮助消除工作中的断点，从而让这些工作的效率更高、成本更低、质量更好，并更具经济性。

工业互联网平台的作用

人们对 App 的认识，往往来自苹果或安卓系统上的应用程序。人们自然地认为，工业 App 也应该基于某个工业互联网平台。其实，在普通的

PC 上，也能开发出工业 App 软件。但是，数字化、网络化技术带来了巨大的发展机会，工业互联网平台能够帮助人们抓住机会。

> 在数字化设计的平台上，设计所需的模块、材料、知识、计算工具都是数字化的，生产设备的信息也可以数字化。这样，计算机就可以根据设计过程和内容推送相关的知识和工具，可以直接对设计结果进行评估和仿真测试，并把设计结果传送到生产设备上。在生产过程中，借助工业互联网平台，可以让计算机自动地采集数据和传输信息，促进不同工序的协同；质量、设备、安全出现问题时，计算机能更加迅速地发现问题、找到原因，并提升问题处理的效率。这些本质上都是在做消除断点的工作。

原则上讲，如果计算机能够获得决策所需的信息和知识，而不需要人介入，就可自主地完成计算。这就是开发工业 App 的机会。工业互联网平台和工业 App 是相互促进的：平台越理想，越有利于 App 的开发；工业 App 越多，越有利于平台的持续改进。

> 有了智能手机的平台，人们可以开发大量的 App；App 多了，手机的重要性就会不断增加。久而久之，智能手机就成为现代人必不可少的工具。

在传统的工业企业中，管理计算机和控制计算机是相对独立的。控制计算机实时处理问题，而管理计算机处理非实时业务。现场出现实时问题，管理者往往不能实时响应，这样业务上就产生了断点。在工业互联网时代，人们可以在平台上开发若干高级分析算法。这些算法从传感器获得物理信号，判断生产过程中发生的实时事件，帮助人们实时地启动或调整管理策略。这些算法都可以做成工业 App。于是，实时和非实时的鸿沟就消失了，企业的响应速度大大提高，开发工业 App 的机会也就多了。

> "日光之下无新事"。工业的实践往往会早于相关理论的产生。在钢铁行业，有种叫作"数学模型"的控制软件，本质上就是一种工业 App。

这种软件一般运行在 L2 系统上。所谓 L2 系统，本质上就是连接管理系统和自动化系统的平台，具备工业互联网平台的基本特征。

工业 App 的一个重要作用是促进企业的持续改进，不断地将工业知识固化成软件。持续改进项目成功的前提，是改进工作的收益大于投入的成本。好的平台能让 App 的开发更加方便、高效，还能避免对生产的负面影响，从而大大降低工业 App 的开发成本，App 的开发具备经济性。所以，工业互联网平台促进了工业 App 的发展，继而促进了工业技术的演进。

根据目前的实践来看，工业 App 涉及能源管理、设备管理、安全管理、操作管理等多个领域。这些 App 的价值往往在于实时发现问题，帮助相关人员及时找到问题根源并实时解决问题。

工业 App 的应用场景往往与高频度的实时数据采集有关。通过这些数据，计算机可以实时监控设备状态；可以通过图像数据，及时发现质量问题；可以在更短的时间内促成能源的产用平衡；可以实时发现安全和操作问题。分析问题根源时，则与数据集成和历史数据存储有关。

这样的 App 不仅能给基层工人、技术人员和管理者提供帮助，还能帮助高层管理者准确地了解现场发生的情况，便于对人员做出合理的评价。

大数据与工业大数据

大数据的概念产生于消费互联网领域。大数据的概念刚刚出现时，人们将其特点归结为数据量大、种类繁多（包括结构化、半结构化、非结构化数据）、产生速度快、价值密度低。在这四个特点中，数据量大是大数据最基本的特征。在学术界，大数据一般指的是数据量达到 PB（1PB=1024TB）以上级别的数据。数据量到达这个规模时，传统的做法没有能力处理。从 IT 人员的角度看，所谓大数据时代就是有能力处理大规模数据的时代。

> 大数据给人们提供了认识世界的新视角，能为企业带来巨大的利益。消费互联网领域有句名言："大数据是相关，不是因果。"在消费领域，相关关系往往就是有价值的知识，比如张三喜欢穿红衣服，李四喜欢吃螃蟹等。利用这些相关关系形成的知识，可以提升广告投放的精准度和投入产出比。同时，即便这些知识不准确，也不会导致严重的负面问题。

数据量的增加也会给工业界带来巨大的机会。于是，"工业大数据"的概念应运而生。但是，人们很快发现，消费互联网领域的大数据概念，并不适合工业领域，例如人们在从事根因分析、数据建模等工作时遇到的困难，往往不是靠提高计算能力就能解决的。同时，工业大数据分析不能仅仅满足于相关性，否则可能会给应用过程带来巨大的风险和损失。在工业和消费互联网领域，遇到的困难和问题是不一样的。

> 在工业领域有个形象的说法，有人通过数据分析，得到了100条"相关性知识"。其中，90条是工程师早就知道的；剩下的10条中，有9条是错误的。

在工业领域，收集和存储的数据量在不断增加。数据量增加的直接原因是经济原因导致的——数据采集和存储的成本降低后，企业愿意采集和存储更多的数据。在消费互联网领域，计算机的处理能力是技术的瓶颈；在工业领域，计算机的处理能力却未必是瓶颈。如果仅仅从数据量和IT角度看问题，就看不到工业大数据的特点和机会。

对于工业大数据，不宜过度纠结于"大"字。我们应该关注的是数据的采集、存储、传输、处理能力增强所带来的机会，而不是数据量本身。

在笔者看来，不论是消费互联网领域还是工业领域，大数据的本质作用是帮助人们获得知识。但在这两个领域中，人们对知识的要求不一样，对数据的要求也不一样。在工业领域，数据中蕴含的知识和信息与数据质量密切相关。数据量小时，往往就不具备保证数据质量的条件；数据量变大后，就具备了提升数据质量的条件。

> 以前受经济因素制约，数据的采集、传输、存储都是有限的。企业无法长期、全面、完整地存储数据，这就导致了工业数据质量的降低，笔者称为"小数据时代"。现在，随着信息通信技术的发展，数据采集、传输、存储的成本逐渐降低，原来的制约也逐渐弱化。于是，工业界告别"小数据时代"，进入"大数据时代"。

在笔者看来，数据量大本身虽不能为工业企业带来机会，但数据量大却能为提高数据质量带来了机会。要抓住大数据时代的机会，关键是要提高数据收集和存储的质量。

工业大数据的另一个重要机会，与产品的数字化研发和设计有关。我国数字化技术领域著名专家宁振波先生认为，不懂数字化设计，就不懂工业大数据。数据处理能力过去一直是制约数字化设计的瓶颈，而数据处理能力的增强，为数字化设计和研发带来了前所未有的机会。

> 过去做 CAD 和 CAE 计算时，如果数据量大到一定程度，计算机就要花费很长时间处理，严重影响了实用性。30 多年前，人们就提出了 CAD、CAE、CAM 一体化的设想，但推进的过程却受到了技术条件的约束。在大数据时代，技术条件进步了，机会也大不一样。

数字化设计的数据量规模可达 TB 级别，这个规模比互联网大数据小很多，但处理的复杂程度和对计算性能的要求却要高得多。计算机处理能力的提升可实现复杂系统的全数字化设计，更好地打通 CAD、CAE、CAM 系统。人们可以在不断消除业务断点的过程中，提升技术水平，发现创新机会。

常见的数据质量问题

笔者在实践过程中发现，数据分析、数据建模和工业 App 开发中的很多问题，本质上都是数据质量不佳导致的。认识这些问题，有助于我们对数据质量和工业大数据的理解。

测量误差问题

许多人会强调仪表的测量精度很高，数据质量没有问题。但是，从事分析、优化和建模活动时，仪表测量精度高并不意味着误差可以忽略不计——当数据来自某个固定的工作点附近，人们会让相关参数的变化尽可能小。在这种场景下，测量结果的波动往往是测量过程中的干扰导致的，故而数据的信噪比可能非常低。

系统性干扰也是难免的。传感器测量的结果可能与实际值存在相对稳定的偏差，例如用红外方式测量温度时，要事先设定对象的黑度系数，但黑度系数的设定往往带有主观性，未必合理。测量对象发生变化时，黑度系数的设定值未必同步变化。这时，测量值的变化并不意味着真实温度的变化。另外，如果数据存储的周期很长，那么某些相对稳定的系统偏差也会产生变化。这些变化对过程控制的影响不大，但足以影响建模和根因分析。

做深入的数据分析时，要认真对待测量结果与物理对象的真实属性之间的差别。

数据代表性问题

人们获得的测量数据，本质上反映的是工业对象的属性，但是，测量过程往往针对某个部位、某个样本、某个特定的时间段。同一个对象中，不同部位的属性可能不一样；同一个过程中，不同位置的属性也可能不一样。比如，测量钢水成分时，取样位置不同，测量结果就不一样；再如，测量设备内部的温度时，不同位置的测量值就不一样。现实中，人们往往只能在某个固定或随机的位置和时间进行测量，这样就会有测量结果的代表性问题——测量结果的合格并不意味着全面的合格，测量结果的稳定并不意味着过程的稳定。

数据内涵问题

人们可以把测量过程看作数据的"生产"过程。测量过程要规范、合理，才能得到有效的测量结果。测量过程和方法不规范，数据的内涵就会发生变化，会给数据分析过程带来误导。在不同的场景下，同一个数据可能代表不同的含义，也会导致歧义和混乱。

实践表明，人们从事根因分析、数据建模、工业 App 开发时，深层次的问题往往是测量的规范性不好导致的。数据是测量的结果，不能想当然地认为数据就是真实的。

数据对应问题

如前所述，数据是某个对象的属性。如果属性和对象对应出现偏差，数据本身就可能失去意义。现实中，有两种典型的对应问题：一种是空间对应偏差，一种是时间对应偏差。空间对应偏差常发生在抽样取样的场景。以钢铁行业为例，测量材料性能时，需要从某个具体位置上取样。人们研究工艺参数对材料性能的影响时，难以将工艺数据准确地对应到取样点。时间对应偏差常发生在不同的设备之间。不同设备采集数据时，可能采用不同的时钟，时钟的误差让人难以准确判断事件发生的先后关系，也难以准确计算与时间有关的参数。

数据采集频度问题

有些质量、设备和操作问题是秒级、毫秒级的事件引发的。原因是数据的采集频率需要更高一些，才能捕捉到这些事件。从事根因分析等工作时，人们经常会发现数据的采样频度不够，把关键信息和事件遗漏掉了。

另外，数据的采集频度不等于传送和存储的频度。有时候，采样数据是批量传送的，而传送间隔比采集间隔要长得多，这在开发实时管控 App 时，会导致很多问题。

数据存在性问题

人们往往在进行数据分析时，才发现缺少某个重要的数据。有些数据理论上存在，却不是实时采集的，这种现象非常普遍，从而导致许多分析工作无法进行下去。

以上这些问题，有些是在数据采集、传输、存储成本高昂的背景下产生的，有些则与数据采集系统的设计有关。要抓住工业大数据时代的机会，对数据采集和管理进行更加深入的思考和系统规划。笔者认为，在工业大数据时代，可追溯的内涵之一是对数据本身的质量进行监控和追溯。

第十六章

Mind and Hand
知行

工业知识软件化与工业 App

工业 App 是承载工业知识的软件，是工业知识与软件的结合。宝钢老专家王洪水先生认为：即便是非常普通的知识，一旦与计算机结合，价值也会极大地增加。知识与软件结合后，不仅便于应用，还便于传承、持续改进和管理。工业 App 的概念是最近提出的，但实践却早早地走在了前面。过去，有些 App 往往运行在控制系统或管理系统上，从某种意义上说，这些系统就是原始的工业 App 平台。

管理系统中的工业 App

管理系统中的工业 App 用于多方协同和跨部门综合优化，如生产组织、质量管理等，这类 App 在技术实现时以信息系统集成为基础，对实时性的要求相对较低，但需要集成跨专业、跨领域的工业知识和管理知识。

企业安排生产计划时要考虑到生产组织的可行性、交货期要求、质量要求、生产效率和成本等，指标要求多了，技术矛盾就会多，问题就会变得复杂。人工安排计划时，不仅耗费大量的时间，效果也不一定理想。事实上，即便是用计算机安排生产计划，计算量可能也是惊人的。大约二十年前，某企业用计算机安排生产计划，大型计算机运算了几天的时间。为了降低计算量、提高计算效率，人们往往把自己的经验用于算法中，所以生产计划安排也被看作人工智能的典型应用场景。

企业安排生产计划时会遇到各种矛盾的需求，如质量与成本的矛盾、能耗与效率的矛盾、上下工序的矛盾等。不同业务人员处理矛盾的方式是不一样的，关注的侧重点也不同。同一个计划安排，不同人的评价也是不一样的。用户不同、市场情况不同，人们处理矛盾的做法也是不一样的。比如，市场好的时候，可能会侧重产量；市场差的时候，会侧重成本。人们在价值侧重点上的差异，往往很难准确地描述出来，映射到算法层面，就是目标函数难以准确定义，这给系统的开发带来了困难。

质量管理涉及全流程和多个部门。质量相关知识往往跨越多个领域，既涉及生产组织的知识，又涉及产品、工艺和用户相关的知识。质量与成本、效率之间往往存在矛盾，需要进行综合平衡。质量、成本、效率等与生产安排、工艺线路、质量检验等多方面因素有关。因此，质量管理的工业 App 往往需要通过相关环节的综合平衡来解决这些问题。

质量管理的一个重要工作是对质量异常的处理，这项工作涉及发现异常、识别异常、处理异常等多个方面。质量异常可能涉及工艺线路的变更，生产计划的变更，甚至用户合同的变更，工作量非常大。对于严重的质量问题，还需要找到问题发生的根源，提出和落实避免再次犯错的办法。

随着数字化技术的广泛应用，机器发现质量问题、追溯质量问题的能力大大增强，大量的质量处理工作也可以交给机器自动去做，这不仅能够提高质量管理水平，也能显著提高人的工作效率。

研发类工业 App

研发类工业 App 是研发人员的工具，这类工具对创新和研发非常重要，却长期被工业企业忽视。长期以来，我国企业的创新能力相对较弱，许多企业只有生产部门，没有研发部门；即便在有研发部门的企业，部门的重要性也往往偏低。只有当研发和创新成为企业日常性的、重要的业务时，这类 App 的重要性才能显示出来。

改革开放之后，我国从国外引进了大量的先进技术。在引进技术后的若干年里，企业主要采用国外引进的设备和工艺，生产国外设计出来的产品，自主开发的技术和产品都很少。引进国外的产品和技术时，国外企业只告诉我们"怎么做"，却不会告诉我们"为什么这么做"。那时，我国企业自主研发新产品时，常规做法是直接模仿和借鉴引进，很少进行正向设计。

> 二十年前，宝钢希望生产某个新的钢种，如果参照国外给定的轧制规程，会超出设备功率的极限。对于这个问题，国外供应商的建议是更换功率更大的马达，但是这个方案不仅要耗费1亿多元的资金，还会影响正常的生产。这时，有位老专家根据自己的经验和知识，重新提出了一套计算轧制规程的算法，利用这个方法计算出来的参数，不必更换马达，也没有耽误正常生产。

> 大约十年前，宝钢接到一个国外的特殊订单，对产品质量要求特别严格。厂里参照引进工艺参数进行生产时，钢坯的合格率只有50%左右。后来，用自己开发的软件计算后，发现国外的工艺参数很不合理。改用自己计算的参数后，生产出来的钢坯全部合格。

这两个例子都面临类似的场景：工厂需要生产新产品或面临新的用户需求，而原来引进的方法不再适用。我们注意到，工厂研制新产品少时，这样的场景很少发生，对正常生产的影响也不大；但是新产品种类多时，这种问题就会经常发生，对正常生产的影响就会很大。

在上面这两个例子中，工艺参数的计算方法往往都特别复杂。需要自己开发软件以解决工艺设计问题。这样，工艺和产品知识就与软件结合起来了。

> 根据调查，国外企业有大量类似的工具软件，但这些技术往往被国外企业当作核心技术，不对外公开或宣传，许多国内技术人员甚至不知道国外有类似的技术。

需要指出的是，流程行业和离散制造业的侧重点是不一样的。相比之下，离散制造业的产品研发更多地依赖于人的构思，而流程行业的产品研发则更侧重于实验和试验。所以，离散制造业的设计和仿真工具往往更加完善，开发工业 App 的基础也更好。

国外某飞机制造公司拥有 5000 多种用于产品设计的计算软件。当用数字化方法进行产品设计后，计算机就可以基于设计结果直接进行计算，开发设计类 App 就变得非常方便。基于数字孪生技术，这类工业 App 的设计有着巨大的潜力。从某种意义上说，这种变化是革命性的。

制造过程是物质生产的过程，而研发过程是知识生产的过程。与现代化大生产过程相比，研发过程的规范性和标准化程度更依赖于人的经验。要把工业 App 作为知识沉淀的载体，首先需要把研发过程流程化、标准化，并尽量基于平台进行工作。这样，就容易把设计研发过程规范起来，用工业 App 沉淀知识的机会也就会大大增加。

索为公司的李义章先生认为，在创新的过程中，创造性工作的时间比例其实并不高，多数工作是常规性的。他们希望通过工业 App，让研发人员 80% 的时间用于创造活动，20% 的时间用于常规活动。知识软件化便于知识复用，也可以降低创新的风险。

软件与工业知识的结合，会给研发过程带来巨大的变化。

受生理条件的限制，人类专家的知识有限，侧重于某个特定的专业，故而称为"专家"。但不同专业的知识可以放入同一个计算机中，这样计算机就可以成为一个跨专业、跨领域的"超级大脑",在特定决策能力方面有超越人类的可能。

> 人类制造和使用的材料有成千上万种,即便是材料专家,往往也只是熟悉其中很少的一部分。零件设计师选取材料时,其实并不清楚哪种材料最适合自己的设计。用数字化方法进行设计时,设计师可以通过数字仿真的手段,用仿真软件选择适合自己设计的材料,并在此基础上继续优化自己的设计,找到材料和设计的最佳匹配。

企业在推进工业 App 的过程中,要多鼓励大家进行实践,避免求全责备。模型、算法、软件总会有这样或者那样的问题,有问题不可怕,只要在应用中不断改进就可以了。如果实现了软件化,也会促进经验的清晰化,便于传承和改进,从而促进技术的演进。

实时管控与工业 App

自动化工程师都知道,自动化系统的多数控制算法往往比较简单。离散制造以逻辑控制为主,流程行业 95% 的控制算法采用 PID⊖,这些算法甚至不需要计算机就可以实现。所以,在过去的控制系统中,很少有类似于工业 App 的技术。

工业 App 往往与处理复杂管控问题有关,比如应对工况变化进行调整,进行实时优化等。这些问题往往需要综合运用管理信息和(来自控制系统的)实时数据,故而可以称为管控融合问题。

> 如前所述,钢铁行业有种叫作"模型"的工业 App。这种 App 的本质作用是根据工况的变化调整控制参数。与常规控制算法不同,模型的应用场景并非某个"工作点"附近,而是要应对"工作点"的变化。例

⊖ PID,即 Proportional(比例)、Integral(积分)和 Differential(微分)。——编辑注

如，应对产品品种、规格的变化。与工作点相关的信息一般来自管理系统，而实时控制的功能则通过自动化系统实施。所以，"模型"的运行往往以管理和控制系统的信息集成为基础。

开发这类工业 App 时，往往需要对工业对象进行建模，即建立机理模型。但是，人们往往难以及时、完整、准确地获取机理模型所需要的参数。参数不准确时，机理模型的精度往往也不够高。所以，在生产制造环节中，应用纯粹机理模型的情况并不多。

现实中，人们往往根据现场的实际数据条件进行建模，也就是所谓的数据建模。进行数据建模时，需要从容易检测的数据中获得信息，比如无法测量设备磨损情况时，可从振动信号推算；无法获知物料温度时，可从加热时间、能源消耗推算。确定输入变量时，数据建模的选择往往不是唯一的。我们注意到，数据选择不同，模型的计算效果就不一样，有些稳定度高，有些精度高，有些实时性好，有些适用范围大，这些优点往往不可兼得。特别需要提醒的是，模型精度高并不意味着计算结果的稳定性好，也不意味着最适合特定的应用。

采用数据建模方法时，模型的精度和适用范围经常存在矛盾。为了解决这类矛盾，需要区分场景，在不同的场景中分别建模，在不同场景下使用不同的模型。在工厂中，人们可以根据产品种类、用户需求、设备产线等要素区分场景。区分场景的本质，是在不同的工作点上建立子模型。在此基础上，软件根据信息识别工作点，在切换工作点时切换子模型。这时，模型与软件的结合就变得很有必要。

随着工业互联网技术的推广，管理和控制系统的信息集成会变得越来越普遍。人们可以通过机器上的实时数据，监控操作的规范性、设备的稳定性、生产节奏的合理性，并对质量、能耗、安全等问题实时地做出评判。在此基础上，再进行各种管理工作。从某种意义上说，管控融合是工业互联网为企业带来的最重要的机会之一。

实时管控工业 App 的开发

促进管控融合是工业互联网平台的重要作用之一，平台上的 App 往往用于实时管控。开发这类 App 时，不仅要重视工业知识和算法，还要重视软件开发过程。事实上，这类 App 开发的难点往往体现在对实时性、安全性、稳定性、可靠性的要求上，对软件开发的要求很高。

实时管控 App 处理的是实时发生的事件，从而体现出智能的特征。这样的软件平时往往处于休眠状态，相关事件发生后，计算机会启动这个 App，并响应特定的事件。在日本企业里，这些事件被称作启动要因。当然，时间本身可能就是一个启动要因，这样就可以定时启动 App 的运行。定时启动的时间周期可以短至秒级、毫秒级，体现了 App 的实时性，如图 16.1 所示。

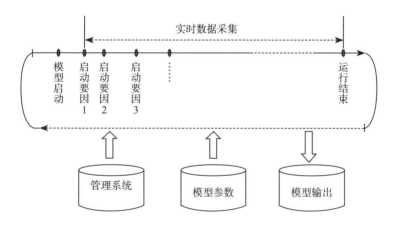

图 16.1　实时管控 App 示意图

启动要因发生往往意味着生产状态发生了改变，如生产事件发生、工艺参数异常、产品种类变化等。这些事件往往是需要进行处理的，比如调整工艺参数目标值。例如产品发生变化时，要读取与这个产品相关的控制标准，而这些数据往往来自管理系统和模型参数库。另外，在 App 完成实时控制功能时，需要采集实时数据，这些实时数据往往来自设备或自动化系统。由此可见，App 的运行是以数据集成为前提的。运行 App 的平台，既需要读取设备的实时数据，又需要读取管理系统的数据。

开发实时管控 App 可能会遇到两种典型的问题。首先需要实时地给出计算结果，为此，开发相关算法时，既要降低计算量又要提高精度。其次是应对数据质量问题，包括误差大、通信不畅、时序混乱、人为干预等。

用于实时管控的工业 App 大体有两类应用方式：一种是自动控制的，一种是操作指导的。前者是 App 直接输出控制指令；后者输出供操作者参考的数据，最终的控制指令是人下达的。

自动控制 App 需要自动识别和处置数据质量问题。无论现场出现任何问题、输入信息出现何种错误，都不允许出现严重的计算错误。这样，软件开发时的防错机制往往非常复杂。开发自动控制 App 时，调试的困难大，现场测试的风险大，对开发者的软件开发水平要求也高。开发者需要反复地思考：系统运行时，可能出现哪些意外、错误、异常、歧义？如何识别这些问题，识别方法本身有没有问题？如何处置这些问题，处置方法有没有问题？

考虑上述问题时，必须要考虑到处理方法对最终结果的影响。一般来说，开发者首先要满足安全性、稳定性、可靠性的要求，在此基础上才会考虑优化性能。相比之下，操作指导模型的开发要简单许多，因为操作工为最终的结果负责，软件系统承担的风险往往要小得多。

工业 App 的调整问题

工业 App 的开发经常会遇到一种问题：系统运行一段时间后，效果和精度变得越来越差。这种现象其实是难免的。工业 App 往往采用了不同来源的数据，针对相对复杂的场景和大的时空范围。系统运行时间久了，App 运行的环境难免发生变化，如环境温度变化、数据误差分布变化、原料变化、设备状态变化等，这些都会影响计算结果。除此之外，生产管理也会引发一些变化，比如产品种类变化、设备变化、生产流程变化、市场变化等，这些变化也会影响 App 的使用效果。例如，市场变化时，企业要从重视产量到重视质量、从重视质量到重视能耗等。这时，如果 App 的优化目标不能发生对应的变化，使用效果就会变差。

面对这种问题，往往需要对 App 做出调整。最理想的办法是机器自动调整参数，被称为"自学习"，"自学习"是学术界非常感兴趣的话题。但是，工业界使用自学习算法时，必须以稳定、可靠为前提。为了保证可靠性，用于自学习的参数往往不能太多。第二种办法是人工介入的机器学习。学习的过程中，可能需要人工选择数据并确认学习结果。这种做法对使用者的要求比较高。最后一种办法就是纯粹的人工调整。这种方法的灵活性较大，但用户往往不喜欢、也不习惯调整参数。要解决 App 的调整问题，有两种思路：一种是企业自己建立维护 App 的团队，一种是与 App 的开发者建立日常性的合作关系。

> 许多 App 的参数与产品、设备、产线等有关。更换产品时，往往需要调整 App 的参数。如果采用机器学习的方法，可能会导致调整过程过长。开发这类 App 时，应该尽量避免对机器学习的依赖。现实中，通过巧妙地利用与产品设计相关的工业软件，可以减少对机器学习的依赖。

工业 App 的人才需求

工业 App 中包含数学模型或算法，故而人们往往都会强调算法。在笔者看来，开发者需要具备一定的算法基础，但更重要的是跨专业的知识融合。App 的开发需要三种人才分工协作。

第一种是业务知识的拥有者（专业人士）。他们往往有着丰富的实践经验，并与教科书的知识不一样——教科书给出的常常是理想情况下的做法。现实的条件通常不理想，专业人士知道在不理想的具体条件下如何工作，知道哪些因素可以忽略，哪些条件可以借助。

第二种负责知识的转化。他们不仅要理解业务，还要善于把专业人士的经验转化成计算机的算法。领域专家的经验有优势也有局限性——他们的经验适用于特定场景，但往往也只适合特定的场景。把专家知识变成计算机代码的时候，必须把经验的适用范围搞清楚。

第三种人负责软件的开发和维护。他们要对相关的平台和数据情况特别熟悉，才能开发出高质量的软件。在工业 App 开发时，经常会遇到一些意外的问题，如数据异常、计算异常等，只有熟悉具体的数据和平台，才能合理地处理这些问题。

如前所述，工业 App 的开发、应用和维护对人才素质的要求很高。笔者预计，未来可能会产生一些专职从事相关服务的人员、部门，甚至企业。

第十七章

Mind and Hand
知行

工业数据的根因分析

在平庸的企业里，技术人员的日常忙于"救火"，解决各种重复发生的问题。在优秀的企业里，同样的问题很少出现第二次，"救火"的工作量就会大大降低，这时，技术人员主要从事创新和持续改进的工作。进行优化和创新工作时，需要不断地发现问题，找到问题的根源，提出改进的方法。遇到异常问题时，要从问题的根源入手，既避免了重蹈过去的错误，也可以做到举一反三。寻找问题根源的过程就是根因分析。

过去，技术人员必须深入现场一线才能找到问题的根源，效率比较低。在数字化时代，人们可以在数字空间中追溯事件产生的过程，寻找事件发生的原因。但是，数据条件不理想时，这种做法会遇到许多现实的困难。随着工业大数据时代的到来，数字空间越来越完善，根因分析的条件越来越好，工作效率和成功率也越来越高。由此，数字空间的根因分析就会逐渐成为具备经济性的工作。

理解根因分析

"取法其上,得乎其中;取法其中,得乎其下。"

掌握新技术,要善于学习,更要善于创新。创新的过程也是真正掌握新技术的过程,但新技术还没完全掌握,又怎能创新呢?解决这个矛盾的做法是从"微创新"开始,在持续改进中学习,在学习中创新。有些小革新的价值未必很大,却能帮助人们深入地理解新技术,也是企业培养人才、提升能力的好抓手。这是日本企业赶超欧美的经验之一。

有一天,科学哲学奠基人波普先生走到讲台上说:"请观察。"然后,他就站在那里不动了。于是,听众开始困惑:"他让我们观察什么呢?"其实,波普只是想用这个行动说明一个道理:人们的脑子里要先有问题,才会有理论和思考。

许多创新活动起源于实际问题或异常事件。所以,工厂出现生产、质量、设备、安全等问题时,就是创新的机会。优秀企业出现的问题少,技术人员就要学会"没事找事",主动寻找问题,比如为工艺、设备、操作等建立严格的标准,超越标准则看作异常;为各种生产指标建立标准,生产指标的上升或下降也看作异常。人们还可以不断地提升这些标准,让"问题"不断产生。

出现问题后就要设法找到原因,避免日后出现同样的问题,并让好的指标保持下去。根因分析需要寻找因果关系,在这个过程中,需要循环往复地提出假设、验证假设。提出和验证假设的过程往往是人机互动的过程,是定量和定性结合的过程,也是用定量的数值验证定性假说的过程。必要时,还可以通过试验和实验检验来分析结论。

根因分析有时像大海捞针,需要尽快地聚焦关注点。开始的时候,人们根据自己的经验,选出若干可能的影响因素或与之相关的因素。在此基础上,通过简单的数据分析进行初步的筛选和印证。如果在分析中发现关联性较强的因素,就可以进入验证阶段;反之,如果找不到值得关注的因素，就要修订原来的假设或重新给出假设，并进入下一轮的分析和验证。

进行根因分析时，经常会出现"路灯底下找钥匙"的窘境——在有限的数据中，找不到真正的原因。遇到这种情况时，人们的做法是"与物理世界接触"：到生产现场、物理空间中寻找蛛丝马迹，进行实验验证等。这些过程本质上就是补充信息的过程。所以，根因分析的成功率与数据条件有关。在工业大数据时代，数据的质量和数量都有了本质的提高，通过数据分析进行根因分析的成功率也会显著提高。

根因分析的陷阱

根因分析往往要从相关性入手，但要寻找的却是因果关系。混淆相关关系和因果关系，是根因分析中常见的陷阱。

用数据进行根因分析时，本质上都是从相关性或关联关系入手的，但变量之间存在相关性或关联关系，并不意味着也存在因果关系。反之，变量之间存在因果关系，也并不一定能表现出相关性或关联关系。

> 有统计数据表明，穿大鞋子的人智商高。其实，这个统计针对的是青少年，孩子的年龄越大，鞋子的尺码就越大，智商往往也越高。鞋子尺码与智商之间其实并没有因果关系。统计数据还显示，练太极拳的人往往身体差。而真正的原因是老人和身体差的人往往更喜欢练太极拳。

英国前首相迪斯雷利说："世界上有三种谎言：谎言、弥天大谎和统计数据。"人们经常强调"用数据说话"时，数据分析师却常常感慨"数据会说谎"。数据之间的关系与统计样本的选取有很大关系，样本选择时很容易产生"幸存者偏差"，从而导致错误的认识。

有人研究癌症与吸烟的关系时发现：吸烟的人得癌症的比例低，不吸烟的人得癌症的比例反而高（见表 17.1⊖）。但是，如果把调查对象按性别区分，就会得到相反的结论：不论男性还是女性，吸烟的人得癌症的比例高（见表 17.2⊖）。这就是统计学上著名的"辛普森悖论"。

表 17.1　患癌症人数与吸烟关系的统计数据举例（不区分性别）

是否吸烟	患癌人数	未患癌人数	总人数
吸烟	20	80	100
不吸烟	30	70	100

表 17.2　患癌症人数与吸烟关系的统计数据举例（区分性别）

是否吸烟	女性			男性		
	患癌症人数	未患癌症人数	总人数	患癌症人数	未患癌症人数	总人数
吸烟	15	5	20	5	75	80
不吸烟	29	51	80	1	19	20

辛普森悖论产生的原因是统计结论受多个因素影响，而分析问题时仅考虑了部分因素。人们能够意识到的影响和可以收集到的数据，就如同寓言中"路灯照到的地方"。如果真正的原因和关键要素在统计数据范围之外，就没有办法通过数据分析找到根因。所以，人的经验和意识，以及统计数据的范围都能决定根因分析的成败。

在工业场景中，相关性和因果性不同步的现象非常常见。工厂或车间往往可以看成一个系统，系统中会存在若干个前馈和反馈环节。这样，一个变量的变化会引起其他多个变量的变化，共同对某个指标产生作用。单纯从数据上看，人们很难分辨某个变量对指标的影响有多大。如果仅看相关关系，就可能会得到相反的结论。

在如图 17.1 所示的例子中，为了减少扰动对结果的干扰，人们往往会采用前馈手段，消除扰动的影响。这时，最终的结果很可能是扰动对输出没有影响。

⊖ 耿直. 因果推断与 Simpson 悖论 [J]. 统计与信息论证，2003(3)：9-12
⊖ 耿直. 因果推断与 Simpson 悖论 [J]. 统计与信息论证，2003(3)：9-12

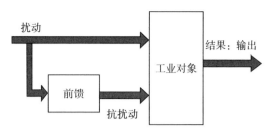

图 17.1　工业系统中的抗扰动

例如，人们用阀门的开度控制液体的流量，液体压力变小时，阀门开度会增大，以保持流量的稳定。但仅从数据上看，阀门开度和流量不存在相关性。再如，某个钢种的粗轧温度与强度有显著的相关性，但二者之间其实没有因果关系。实际情况是带钢变薄会导致强度提高，而带钢较薄时往往采用较高的粗轧温度，如图 17.2 所示。

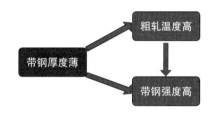

图 17.2　某个钢种的一种相关关系的产生

> 数据分析师需要有较好的专业背景，以辨别相关性和因果性。数据分析师本人难以判断时，还可以与专业人员讨论。但是，如果数据分析师缺乏必要的专业知识，交流的频度就会非常高，工作效率就会低到无法容忍的程度。

进行数据分析时，许多因果关系并不能从相关性或关联关系中得到。除了上面介绍的情况，以下几种情况也是常见的。

首先是参数波动范围小。工厂为了提高生产过程和产品质量的稳定性，总是希望关键参数的波动范围越小越好。参数波动范围小到一定程度，对质量的影响就不显著了。而参数波动范围小时，测量误差所占比例就会相对变大，数据的信噪比就会变低，这也会降低工艺参数与质量指标的相关性。

其次是非线性因素的影响。下面用一元非线性函数来解释这种现象。微积分中有个费马定理，即最大值位置的导数为零，如图 17.3 所示。自变量在最大值点附近变化时，无论变大还是变小，都会导致因变量变小。这样，自变量和因变量的相关系数就接近于零。现实中，许多工艺参数常常选在最优值附近，就会出现这种情况。事实上，统计学中常用的相关系数本质上指的就是变量之间的线性相关关系。

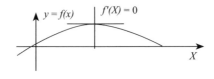

图 17.3　费马定理

最后是多变量的影响。影响因素多的时候，某个变量的影响就不突出，就容易淹没在数据噪声中。某些影响因素不可见且无相关测量数值时，分析就更加困难。根据笔者的经验，对结果产生随机影响的往往是间接因素，但在特定的工作点附近，间接因素的影响可能会变得相对较大。

陷阱背后的深层原因

常规的概率统计方法在进行根因分析时有时会失效。这种现象并不奇怪，因为失效情形下相关方法的理论基础往往也不存在了。下面讨论几种更一般的问题。

统计分析的理论基础是概率论，概率论是一门典型的数学学科。数学理论的特点是：前提假设正确时，结论自然就是正确的。在概率统计理论中，这些假设往往被称为先验知识。工业系统非常复杂，统计学常用的先验知识在工业现场往往并不成立，例如统计学上常用的显著性判据（如 F 检验），就经常失效。

在统计理论中，变量服从某种概率分布是常见的假设，有人甚至认为这个要求是天然成立的。但现实中，变量分布的特征往往是不断变化的，没有规律可循。这样，"服从某种概率分布"的假设也就不成立了。

> 人们习惯于把产品缺陷发生率当成概率事件。如果看成概率事件，缺陷发生率应该相对稳定。但现实中，不论用天、周、月，还是年为单位统计，缺陷发生率都可能有显著的变化，也不是围绕着某个常数波动。导致这种现象的原因是影响质量的因素很多，每个因素发生都会产生严重的影响，而影响因素的发生并不遵循特定的统计规律。

进行回归分析时，有一种常见的假设：自变量的误差可以忽略不计。这种假设也不适合大生产数据。

> 工业过程常会把重要的参数控制到一个很窄的范围内，也就是某个工作点附近。如果数据都来自某个工作点附近，那么仪器检测到的参数波动很大比例是检测误差导致的，而不是数据本身的波动。这时，自变量的检测误差是不可忽略的。

自变量信噪比低会带来一个很大的问题：基于误差最小化的回归建模方法可能失效。人们建立模型时，往往需要用到"误差最小化"的相关算法，但自变量存在显著误差时，这种做法可能会出现问题。我们用一个简单的例子说明这个道理。

假设实际对象可以用一元线性模型来描述：

$$y=kx$$

我们用最小二乘法来估计这个参数。假设自变量的测量值 $\tilde{x}$ 存在检测误差 ξ，即

$$\hat{x} = x + \xi$$

那么，用最小二乘法得到 k 的估计值 $\hat{k}$ 具有以下特点：

$$E(\hat{e}) = k \frac{D_x}{D_x + D_\xi}$$

式中，$E(\hat{k})$ 是 $\hat{k}$ 的数学期望，D_x 和 D_ξ 分别是 x 和 ξ 的方差。

这个结论告诉我们：如果自变量存在误差，回归（误差最小化）得到的结果在统计意义上也是有偏差的，并不逼近真实值。这就是所谓的"有偏估计"，用通俗的话讲就是误差最小的模型并不逼近真实。这个结论影响所有的以"误差最小化"为手段的优化和建模方法。

我们进行数据建模和回归分析时，往往难以避开"误差最小化"原则，因此要合理地使用"有偏估计"。事实上，当人们的目的仅仅是预测某个数值时，误差最小的模型就是最好的模型。但是，人们将模型用于控制或优化时，也就是希望通过调整自变量改变因变量时，就不宜采用这种误差最小的有偏估计模型。这是因为，当自变量作为控制手段时，自变量与测量误差的分布关系会发生改变，原有模型就失效了。这时，最好的模型应该是"正确的模型"。

> 在科学史上，人们经常用误差的大小评判理论模型的优劣和对错。但在有偏估计的场景下，误差小的模型并不趋向于"正确"。

要得到"正确的模型"，就要对有偏估计的参数进行纠正。有两种纠正的方法：一种是设法估计信号的信噪比，在此基础上修正模型参数；另一种是提高自变量的信噪比，即在更大的范围内选择样本，让自变量的变化幅度扩大，从而使方差扩大，而检测误差的方差不变。这样，数据的信噪比就会上升，参数估计值的偏差就会变小。

> 一般来说，如果样本选择在某个工作点附近，自变量的方差就会比较小，数据的信噪比就可能较低。但是，如果样本来自多个工作点，自

变量的方差就会变大，数据的信噪比就可能大大提升，且可能还会引入更多影响因素和系统性干扰，增加了建模的难度。

跳出陷阱的思路

根因分析一般从相关性或关联关系入手。但如前所述，即便变量之间存在因果关系，也不一定能表现出相关性；反之，数据之间存在相关性，也不一定存在因果关系。对于这种问题，有几种常见的方法。

多变量与非线性

假设 $Y=\sin(X)$，X 在 $[0, 2\pi]$ 之间随机波动。这时，X 与 Y 的相关系数可能会趋近于 0，但 Y 与 $\sin(X)$ 的相关系数却会趋近于 1。

变量之间存在非线性关系时，相关系数可能很低，可借助对机理的理解，构造一些"人工变量"。在上面的例子中，用 $\sin(X)$ 代替 X，就体现了机理的作用。这种方法不仅可以针对单变量，也可以针对复杂的多变量问题。

Nb、Ti 等元素对钢铁产品力学性能的影响很大。冶金学告诉我们，真正影响性能的是它们的碳氮化合物。Nb、Ti、C、N 含量已知时，可以用机理模型相对准确地计算出它们的碳氮化合物含量。在此基础上，分析它们对力学性能之间的影响。

除此之外，人们还可能会用到动态仿真计算。通过机理方法的应用可以分析出非线性和时变因素的影响。

多变量与随机性

在前面"辛普森悖论"的例子中，区分和不区分性别，会得到不同的结论。这给我们的启示是：通过更多的分组，从更多的角度分析问题，可以提高分析结论的可靠性。

> 分组分析问题有两个好处：一是有利于减少干扰因素；二是可以提高观察结论的可重复性。所谓减少干扰因素，主要是减少与分组变量相关的干扰。在辛普森悖论中，分性别统计就可以剔除性别的影响。所谓观察可重复性，就是在更多的分组中观察结论是否成立。一般来说，结论在越多的分组中成立，正确的可能性就越大。

现实中，可从多个维度对数据进行分组。针对人分组时，可以按照性别、年龄、地域、收入等分组；针对质量问题分组时，可以按产品种类、原料批次、工人班组、生产设备、工艺过程和参数、时间、检验方式等分组。分组的时候，可以用一个指标细分，也可以用多个指标从多个维度进行细分，例如同时按性别和地域对人进行分组。这样，分组的方式就会有许多种。分组研究问题时要注意样本的选择，比如将一些特殊的、可能存在系统性干扰的样本去除。

> 需要特别提醒的是：单纯的数据分析无法保证结论绝对正确。但是，从更多独立的角度分析，往往能够更好地逼近真实。从多个维度分组分析，就是为了提供更多独立的证据。

从多个维度分组时，会遇到一个两难的问题：分组的维度多了，每个组内的样本就会变得很少，受随机因素的影响就会变大；维度少了，受系统性干扰的可能性就增大。所以，找到合适的分组方式，往往需要结合领域知识。

在实际的分析过程中，一种常见的现象是：某个结论在有些分组中成立，而在有些分组中不成立。这个时候，要得到正确的结论，就要解释这种差异，比如某些分组的样本量少，就可以归结为随机影响，不予关注。对于其他情况，需要进行更加深入的分析，判断是否有其他因素影响，或者判断预期的观点是否错误。

进行探索性分析时，工程师往往会有些关联关系的主观设想，但数据的表现可能和主观设想不一样：预料之中的相关性不存在，预料之外的相关性却是存在的。这些现象能给人们带来启发，令人产生新设想，人们可以再根据这些新设想重新组织数据，并再次验证设想。如果数据显示出来的现象与人的设想不符，就需要重新提出、修正或者完善原有设想，再次从数据中寻找证据。最终被确认的分析结果，一般是与领域知识相符的。所以，与领域知识的结合，是保证因果性的基础。

大数据时代给我们带来了很多机会，比如只有当数据分布足够广的时候，才能找到更多的分组方式，视野才可能更广泛。当数据量足够多的时候，才能有效地排除随机干扰；信息足够完备的时候，才能避免关键因素的遗漏。

在已有的数据中，可能找不到足够的证据判断一个结论的真伪。从这个角度看，利用生产数据做根因分析是有局限性的。进行根因分析时，也可以同时采用实验或仿真的办法，不必单纯地纠结于数据分析。

提高根因分析的效率

企业出现意外的问题和异常时，总希望"找到问题根源，避免再次发生"，但真正做到的企业却不多。导致这种现象的一个重要原因是根因分析的效率和成功率很低，通过数字化的方法和人机结合的工作方式，可以有效地提高根因分析的效率。为此，我们的指导思想是：发挥人的优势，利用人的特长；针对人的盲点，弥补人的不足。

发挥人的优势

将专家分析问题的经验和方法固化下来，让计算机去自动分析，以提高分析的效率。

可以把人的经验变成一张检查表（CheckList），表格中定义各项参数"正常"的范围。计算机收集到数据之后，就可以自动地完成检查，看哪些数据超出了正常的范围。

为此，首先要把不同来源的数据规范地整合在一起。这样，计算机就可以按照人分析问题的逻辑对全过程、全要素进行分析，从而消除人分析问题时的各种断点。在有些场景下，计算机甚至可能会在人发现问题之前，就找到了问题的根源。例如，一家电子公司采用这种办法后，过去人工3～7天才能完成的分析工作，现在15分钟就完成了。

现实中，这样的检查表（CheckList）往往不完善。不完善的原因是标准制定得不合理，而导致标准不合理的常见原因是标准制定得过粗：标准应该与场景有关，但却制定了统一的标准。例如，机器振动的频率和振幅与生产的产品、生产速度有关。这时，就要制定出与场景或参数相关的标准。不完善并不可怕，只要不断地修正就能逐步地完善，相关工作也要走逐步演进的道路。

针对人的盲点

由于原料、设备等存在波动，质量问题往往会按一定的概率发生。要降低这种概率，可以提升管控标准，减少参数波动的幅度，但这种做法往往会大大增加企业的成本，甚至很难实现。现实中，人们经常发现即便把各种干扰因素的影响叠加在一起，也不足以解释质量指标的波动。换句话说，有些不可见的因素起很大作用。这时，人们就不清楚干扰到底是怎么来的。

对于这类问题，笔者的经验是：从数据本身入手看问题。技术人员习惯性地相信数据，并根据数据做出分析，但问题是数据其实是检测的结果，检测过程本身是有误差、偏差或错误的。技术人员的盲点之一就是对数据本身的问题不敏感，过度相信数据本身。无论是质量指标还是工艺参数，测量过程的误差往往是导致指标波动的重要原因。要提高产品性能的稳定性，往往要从检验和测量环节入手，才能找到真正的原因。

综合运用试验仿真手段

检查信息有限时，医生往往不能确定患者的疾病。这时，医生往往会根据自己对疾病的估计，尝试性地开出药方。如果治疗无效，再尝试别的办法。工厂里处理问题时，也会遇到信息不足的情况，也需要通过试验测试的办法寻找原因、解决问题。

通过数据可以发现一些问题或异常，但这些问题或异常未必就是导致质量或设备问题的原因。这时，人们常用的办法是按照自己的猜想，找到一种解决问题的办法。如果在后续的生产过程中，问题不再出现了，就证明这个办法是有效的；如果问题依旧出现，人们就会尝试其他的办法。

这样的办法虽然有效，却要付出大量的时间和成本。在尝试的过程中，问题可能一直存在，并持续地造成损失。

解决这个问题可在数字空间进行仿真分析。仿真分析可以用来判断特定原因是否可以引起特定问题，还可以判断特定方法是否能够解决特定问题。这样，就可以避免在物理空间中尝试，从而提高根因分析的效率，降低根因分析的成本。但是，仿真手段并不总是有效的。有效的前提是有一个合适的模型。

第十八章

Mind and Hand
知行

工业对象的数据建模

模型在工业界应用很广,但实际上有两种不同的模型:一种是设计师设计出来的模型,一种是针对客观对象建立的模型。前者先有模型再有物理对象,后者先有物理对象后有模型。本章讨论的是后一种模型。

数据建模的出发点

很多人认为,工业数据建模的前提是"工业机理不清楚"。事实上,工业对象是人造的物理对象,往往是在科学原理的指导下设计出来的。系统相关的科学原理基本上是清楚的。那么,既然科学原理清楚了,为什么还要用数据建立模型呢?

一般来说,科学模型是抽象的,工业模型是具体的。从抽象到具体,要确定若干参数,而这些参数并不容易获得,更不容易准确、及时地获得。而且，科学原理针对的都是简单对象，工业对象却是复杂的系统，由大量的子系统构成。这样，用模型描述工业对象时就需要大量的参数。多个参数的误差叠加在一起，理论模型的误差就会很大，难以满足工业生产的需要。

工业对象的许多参数是无法准确、及时获得的，人们必须基于现实的数据条件建模。对于这种情况，可以用一个比较形象的说法进行描述。假设某个工业对象可以用理论模型描述，描述它的数学公式为 $Y = f(X)$。但在现实中，X 是无法准确、及时获得的，而实际的模型必须用现实中可以得到的数据。为此，人们会寻找一些与 X 有关联关系的数据进行建模。假设这些数据为 Z，则现实的数据模型就变成了 $Y = H(Z)$。

> 产品的合格率与工人的班组有关，预测产品合格率时，可以采用班组信息。我们知道，班组本身不会影响质量，影响质量的是班组采用的工艺参数。这时，工艺参数是人们希望得到的 X，而班组号是模型采用的 Z。

> 材料性能与生产季节相关，模型中可以采用季节参数。事实上，季节本身并不影响性能，但季节影响生产现场的温度、湿度和空气流动速度。温度、湿度和空气流动速度是人们希望得到的 X，而生产日期是模型采用的 Z。

> 钢水包第一次盛放钢水时，包壁的温度较低。为了准确预报钢水温度，人们采用了一个经验公式：如果盛放钢水的钢包是第一次使用，则将预报温度降低5℃。在这个例子中，钢包相关参数是希望得到的 X，而钢包使用次数是模型采用的 Z。

用数学模型描述科学规律时，模型精度高往往意味着适用范围大。这个规律对数据建模并不适用。数据建模时，变量选择不同，最终的模型就不一样，模型的精度、适用范围和稳定性也不一样，模型精度高和适用范围大是两个概念。现实中，往往要根据场景的需求对模型指标进行合理的取舍，不是精度越高越好。

有些人开发出的模型精度较高,却不能得到生产厂的认可,原因是模型在生产稳定时精度很高,在生产不稳定时精度很低。由于多数时间的生产是稳定的,模型的平均精度往往较高。但生产稳定时,工人并不关注模型的计算结果;工人对模型有需求时,往往是生产不稳定的时候。

模型精度和适用范围的矛盾,是建模最常见的问题之一。工业企业建模时,必须根据具体场景的需求建立模型,要对精度、适用范围和可靠性进行权衡。其中,模型精度不理想是一种常态。

大数据时代的建模机会

某人打算从 A 地到 B 地旅行,希望找到最快的路径。如果按"传统理论"的方法,先要找到各种可能的走法,再给出每段道路的长度和平均速度、等待时间等参数,最后挑选出最优的路径。采用这种做法时,由于参数不一定准,计算精度往往不高。在大数据时代,办法就简单多了:从历史数据中找出人们过去的行程,挑出一个最快的就可以了。

大数据时代的机会之一,是可以用简单的方法建立相对理想的数据模型。这种方法的本质是直接模仿过去成功的做法,并在成功的做法上不断修正。

钢水冶炼前,需要计算出合适的工艺参数。计算过程涉及许多与原料、设备相关的参数,不容易算准。可行的办法是从历史数据中找到类似的、成功的案例,并在成功案例的基础上进行修正。

为了把热轧带钢冷却到特定温度,需要打开若干组冷却水。冷却效果受钢种、厚度、起始温度、冷却目标温度、冷却水温度、空气流动状态等多个因素的影响,计算冷却水参数时,传热系数不容易算准。解决问题的实际办法是按照钢种、厚度、工艺等进行分组,在每个分组内确定一组与冷却速度有关的系数,这个系数是根据历史实际生产效果换算出来的。轧制新的带钢时，可以根据这个系数直接计算。轧制结束后，再根据实际情况对参数进行修正。

我们注意到，上述分组的方法解决了应用范围大和精度高之间的矛盾。从总体效果看，模型的应用范围很大，输入输出关系是非线性的。但具体深入地看，模型是由大量子模型构成的，每个子模型是近似线性的，适用范围小但精度很高。模型的修正和使用，都是在子模型的层次上展开的。模型参数的修正，又解决了对象特性随时间变化的问题。子模型相对简单，自学习也相对简单，保证了修正的有效性。

对模型精度要求高的时候，参数往往来自实践。模型的做法，本质上是把实践中行之有效的做法记下来，用于指导下次的实践。这与 PDCA⊖ 的思想是一致的，但这样的持续改进是由计算机自动完成的。同一个功能的模型，用子模型对应成千上万个场景，持续改进针对每一个具体场景。这样的能力，只有计算机能够胜任。

对从事算法研究的人来讲，上述算法思想其实也不新颖。近邻方法、CBR 方法、模式识别、R2R 等方法，基本上都是这个思路。但是，在过去的数据条件下，这些方法不一定能用好，比如人们可能找不到相同或类似的案例。于是，理论上可行的方法在现实中就可能走不通。在大数据背景下，条件发生了改变，计算成功的概率也大大提升了。

如前所述，工业大数据的根本优势之一是提升数据质量。数据质量好的方面，就是数据分布范围大，可以覆盖各种实际可能发生的情况，这就是所谓的"样本等于全体"。我们设想：如果数据存储得足够久且保存的场景足够多，那么出现新问题的机会就会越来越少，这类方法就可以走向实用。从应用的角度看，大数据的本质优势是数据来源全面，而不是数量多。事实上，如果仅仅是重复样本的数目多，并不会显著增加有效的信息量。

⊖ PDCA，即 Plan（计划）、Do（执行）、Check（检查）和 Act（处理）。——编辑注

下面以设备故障诊断和维护为例,解释大数据带来的这种机会。很早之前,人们就用数据进行设备诊断。但是,过去的研究往往针对单台设备,单台设备的故障样本少,每次出现的故障可能都不一样。这样,每次解决问题的经验都难以复用。但在大数据时代,如果把成千上万台同类设备的信息收集起来,某台设备出现的问题,很可能在其他的设备上曾经出现过。于是,与其他设备相关的经验、知识和数据,就可以用于这台设备。

大数据可以让算法变得简单,但也需要一些技巧。按照前面的观点,应用大数据技术时,往往要从历史数据库中找到类似的案例,但世界上没有两片同样的叶子,历史案例与现实情况往往不是一模一样的。那么,如何衡量类似的程度?如何选择类似的案例?当案例之间有差别的时候,如何进行适度修正?这些都是值得研究的问题。好的算法可以学习很快、精度很高,而差的算法却可能不收敛。

> 马克吐恩曾说:戒烟最容易了。我戒过100多次了。

我们经常发现论文中的"好模型"很多,现实中的"好模型"却很少。一个重要的原因是论文中的"好模型"往往只针对过去,而现实中的"好模型"需要针对未来且能够长期稳定地使用。针对过往历史数据,建立高精度的模型其实并不难,难的是让模型精度一直保持下去。从事数据建模工作时,人们常会遇到这样的问题:用一批数据建立了模型,结果非常理想,但不久以后,模型精度却很快下降,无法继续使用。为什么会出现这样的问题呢?

> 小朋友对同学说:"穿红裙子的是我妈妈。"在特定的时间和地点,可以用"红裙子"指认妈妈。但换个时间和地点,就不一定能用这个特点了。换个场景后,妈妈可能不穿红裙子了,穿红裙子的女士也可能有很多个。

模型失效常常是场景变化引发的,建模的本质困难就是要让模型适合多种场景。为了让模型适合更多的场景，往往要综合运用多方面的特征，以避免模型随场景变化而失效。

> 好的人脸识别算法能够在人脸上找出一百多个特征，综合考虑这些特征，就不容易识别错了。有些人过了几十年相貌发生了很大变化，机器仍然能识别出来。

在大数据时代，数据的完整性较好，人们有可能找到若干独立的特征进行综合处理。这样，模型的准确率就会大大提高，许多人工智能算法的有效性就是在这种前提下建立起来的。

第四范式与科学规律的发现

工业企业采用的数学模型往往针对具体的对象，在短期内有效，而科学知识往往针对一类对象并长期有效。即便工业企业成功建立了实用模型，并不等于发现了科学规律，也就是说，这些数据建模只利用了科学规律却没有发现科学规律。

科学规律可以用数学模型描述，这些规律的特点是：模型精度高、适用范围大、长期甚至永远有效。但经典科学原理往往有个特点，即变量的数目往往很少。这并不是偶然的，科学原理需要验证，而变量数目少的模型容易验证。

现实中存在很多复杂的科学问题，但由于影响因素太多，难以准确定量验证，新药的开发就是典型。在大数据时代，这类困难有可能得到改变。图灵奖得主吉姆·格雷（Jim Gray）将科学研究分为四类范式（Paradigm），即实验归纳、模型推演、仿真模拟和数据密集型科学发现，最后一种就是通过大数据发现科学知识。

理论上讲，许多工业过程都可以用科学公式来描述，但现实中的影响因素太多，公式太复杂。化工、冶金等行业的一种典型现象是：在一个生产过程中同时存在着几十种化学反应，每个化学反应都可以用简单的化学反应方程来描述。但这些反应互相影响，参数会动态变化且无法准确测量，整体的化学反应过程就很难准确描述。

> 钢铁产品的力学性能是多种元素和组织综合作用的结果。钢铁材料中的很多物理和化学变化是在固态下进行的，反应过程不充分、不彻底，会形成不同的组织。力学性能和组织本质上是由成分和工艺决定的，但描述这个过程的数学关系却极其复杂。理论上讲，存在一个科学的公式来描述组织性能与成分、工艺的关系，但却很难得到准确的公式描述。

传统办法很难建立准确的模型。除了问题本身复杂外，一个重要的原因就是许多干扰是不可见的，这给模型的建立和验证带来了巨大的困难。

工业大数据为解决这类困难提供了新的可能。首先，当数据量足够大的时候，随机干扰可以通过取平均值的方法滤除。这种滤除方法本质上等价于数据精度的提高。其次，大数据还可能为人们提供较为完整的样本分布，有助于对复杂问题的分析和解耦。这时，我们就可以把变量多的复杂模型简化成若干变量少的简单子模型。建立简单子模型后，也便于科学地验证。通过大数据发现科学规律，是一个提出猜测、验证猜测、排除干扰的过程。这一点，与传统的科学研究并无区别。

需要特别指出的是，第四范式的研究并不能保证成功，因为数据条件不一定能具备。同时，一定数量的科学实验和仿真研究也是必要的。

第十九章

Mind and Hand
知行

知识管理与软件化

数字化时代的知识管理，应该致力于将人脑中的知识变成计算机软件、代码，并让计算机利用这些知识直接代替和帮助人工作。所以，应该将知识管理与智能化工作一起推进，与工业 App 和知识标准化工作融合起来。

知识管理的困境

随着知识经济时代的到来，越来越多的企业意识到知识管理的重要性。许多企业建立了专门的岗位负责知识管理，但效果并不理想。

世界上有两种特别难的事情：第一种是把自己脑子里的想法装到别人的脑子里，第二种是把别人口袋里的钱放入自己的口袋中。知识管理面对的就是第一种难事。

人们往往很自然地认为企业的知识在职工的大脑里。企业进行知识管理时，先要求职工定期"贡献知识"，把自己的"知识"写成文档，经审核后进入知识库。企业内部其他人员对知识有需求时，再从知识库里找到并使用相关知识。按照这种做法，知识需要通过文档这样的媒介，从一个人的大脑转移到另一个人的大脑中。实践表明，这种做法往往不容易成功。在笔者看来，工作效果差的本质可以归结到经济性原因，也就是这种知识管理模式的投入产出比低。

企业在收集和管理知识所花费成本其实非常大。如果每人每年花一周时间写文档，就相当于耗费了企业2%的人工成本。读者花时间寻找和阅读文章，还会花费大量时间。而且，文档知识的质量难以把控。许多员工"贡献知识"只是为了应付差事，而需要知识的人也不一定能看懂。这样，传统知识管理往往是"赔本赚吆喝"的事情。经济上并不划算、也就谈不上成功。

笔者认为，要摆脱知识管理中的困境，就要设法让知识管理成为经济上划算的行为。

> 对于这方面的工作，常见的做法是提高知识检索的效率，降低寻找知识的时间成本。搜索引擎其实就做了这样一件事，这种技术能帮助人们从浩如烟海的网页中搜索到用户寻找的知识或信息，相关技术已经十分成熟。

在笔者看来，搜索引擎的做法有可取之处，但并不适合企业。企业管理知识的数量远没有互联网多，但有鲜明的特色：这些知识往往具体到特定企业、特定产线、特定设备、特定产品，是个性化、碎片化的知识。这些知识涉及众多的细节，很难描述清楚。知识的质量对用户（读者）来说是可掌握的，而文档知识的质量往往很难评估。在笔者看来，碎片化和质量要求高是企业知识管理遇到的两大难题，提高检索效率其实是相对次要的问题。

从价值入手"抓知识"，就要识别有价值的知识。知识的价值是在使用过程中体现的，要把知识的使用过程当作抓手——根据业务需求提炼知识、记录知识、查询知识、应用知识。为此，企业的知识管理需要与企业具体业务结合在一起。与业务结合在一起的知识，就是在某个真实的业务活动中用得着的知识。

> 如果说某个知识"有用"，那么必然是在某项业务活动中能用到的；反之，与业务活动没有联系就是无用的知识。所以，与业务结合，就能保证知识的有用性。有些知识并不直接被业务用到，而是隐藏在背后。业务知识告诉我们"怎么做"，背后的知识告诉我们"为什么这么做""为什么不是另外的做法"。这些间接知识其实也是有用的，可以用在创新和研发过程中。

按照这个思路进行知识管理，能够解决知识碎片化问题和质量问题。但是，实际操作的工作量可能会极大，而经济性可能会更差。要解决经济性的问题，就需要与计算机结合起来。

知识管理与计算机的结合

> 何麟生先生曾经反复强调："抓计算机，本质上就是抓知识。"

他当时强调的知识，其实是企业里的各种标准。对企业来说，"标准"首先是针对标准产品的，目的是要生产出符合用户和市场需要的产品。为了生产出符合标准的产品，要把产品的质量目标分解到各道工序，每道工序要有相应的质量标准。为了实现工序的质量目标，还需要对应的工艺标准、操作标准、设备维护标准等。离开这些标准化的知识，现代化企业将无法运转，其价值也是显然的。这些标准知识既是结构化的知识，又是系统化的知识。有了标准，前文谈到的碎片化和质量要求高的困难也就迎刃而解了。

在宝钢建设之初，相关标准就开始与计算机结合在一起。宝钢老专家王洪水先生经常强调，看似"普通"的知识，一旦与计算机结合起来，就会产生巨大的威力。

> 在现代化的热轧厂，2分钟左右就能轧一卷钢。每卷钢的规格、工艺参数都可能不同，需要单独设定目标工艺参数。如果这些参数靠人设定，就难免会出现错误。只有让机器自动设定参数，才能及时、准确，避免出错。这本质上就是知识应用与计算机的结合。

这些"参数化"的标准或知识与计算机结合后，发挥了巨大的作用，因为它支持了"流水线上的定制化生产"，而这个特征是"工业4.0"的典型特征之一。

> 钢铁行业的用户种类繁多且需求各不相同，需要定制化生产。定制化生产需要跟踪每一炉钢、每一卷钢。过去，生产节奏慢、批量大时可以靠人跟踪。但随着生产效率的加快出现错误的概率越来越高。恰恰在这个时候，计算机进入了工业领域。于是，日本人利用计算机跟踪产品、设定参数，这个问题就解决了。计算机完成这项工作的前提是管理信息与计算机控制信息的集成。20世纪80年代，宝钢把信息集成工作称为"数据不落地"。

知识与软件结合后，便于处理复杂或实时性强的问题，不仅能避免人们犯各种低级错误，还可以提高响应速度和管控效果。换个角度看，在复杂多变的场景中，这类软件的作用和价值更容易发挥出来。

工业App就是工业知识与软件的结合。工业App多用在生产管控领域，其中一个原因就是生产管控对实时性的要求比较高，软件的优势更容易发挥出来。

智能化时代的知识管理

工业App、工业知识软件化与智能化几乎同时成为人们关注的热点，这种"巧合"并不偶然。推进智能化的过程，往往需要把人的知识变成软件、变成工业 App，让机器帮助或者代替人们工作，这就是智能化时代的知识管理。

前面曾经提到工业 App 往往与平台相伴而生，平台的作用是把信息、知识和软件集成起来，以应对复杂多变的问题。平台应用场景的特点，与工业知识软件化的应用场景是一致的。换个角度看，应对复杂问题的软件，其数据来源往往也复杂。软件能够从平台上直接获得数据和资源，也方便了软件的使用。总之，平台为工业知识与软件的结合创造了更多的机会。

在生产制造过程中，人们可以通过工业互联网平台上的工业 App，把处理个性化、异常问题的管理知识沉淀下来，让机器帮助或代替人处理日常工作。在笔者看来，人们对平台的基本要求是便于运行工业 App，也就是便于沉淀知识。而所谓"便于沉淀知识"，就是让知识沉淀的效率更高、质量更好、成本更低，从而让知识管理的经济性更好。

推进智能化的过程与知识管理的过程相辅相成。通过智能化的方式进行知识管理时，直接把人的知识赋予使用知识的计算机，让计算机直接帮助人们解决问题。管理软件化知识时，知识质量容易评估：如果知识细节不清楚，就没有办法变成软件；如果知识内容有问题，在使用过程中就会暴露出来。这样，传统知识管理的困难就不存在了。

我们还可以按照智能化的逻辑对知识进行分类，比如获取信息的知识、从感知到认知的知识、决策目标的知识、决策方法的知识等。

> 在许多场景下，人们可以根据若干曲线、参数判断设备状态、操作合规性、安全合理性等。这些曲线和参数本质上就是认知的知识。日本企业中的"计划值"，是对生产过程的指标性要求，包括生产能力、生产效率、产品收得率等，这些数值本质上是决策目标的知识。

这些知识往往"细而杂"，比如"计划值"关注的生产指标与设备状态、上下游衔接等多种因素有关。过去对生产指标考核时，往往只能用较长时间的平均值，管理上比较粗放。利用计算机管理可精细化到每一个具体场景、每一个时刻，从而通过"入精微"以"致广大"。管理能力提升以后，知识管理的经济性问题就解决了。

知识范畴的拓展

与产品、工艺相关的标准，是企业最基本的知识，没有这些知识就无法组织生产。这些知识既容易标准化，也容易识别和管理。但是，当今企业关心的知识，其实远远超过了这个范畴。除了生产制造部门，企业的任何一个岗位，包括研发设计、采购销售、人员管理等都需要知识，甚至是专业性很强的知识。

生产制造部门涉及的知识，往往超出了上述"标准"的范畴。所谓标准做法是指正常情况下的要求和做法，但生产过程经常会遇到各种意外和事故，如质量问题、设备问题、生产节奏问题等。在高度自动化和智能化的工厂里，人的主要工作之一就是处理这些问题和事故。这些知识既重要又琐碎。由此可见，现今知识管理的本质困难，是知识管理的范畴扩大了。

我们还注意到，制造标准相关知识之所以容易管理，最重要的原因是生产制造过程本身是标准化、流程化的。这样，相关的知识就容易与生产过程直接联系起来。而其他知识的场景，往往并不是标准化、流程化的。

知识管理需要从业务本身的标准化、流程化开始，将具体工作分解成若干具体而简单的步骤。流程本身就是一种知识，流程中的每一步做法也是知识，做法涉及的参数和计算也都是知识，把这些都固化下来，就是标准。

> 许多员工对标准化、流程化工作是有抵触的。这些工作往往会增加他们的工作量、约束了他们的行为。流程烦琐时，还常常会降低工作效率。解决这个问题的一个重要思路，是与计算机结合。

在智能化时代，人们往往通过计算机和网络进行工作，这就好比工人在机器上工作。这种工作方式为工作的标准化、流程化奠定了基础。

研发设计是典型的知识密集型工作，相关知识往往在专家的大脑里。进入数字化时代后，研发设计工作越来越多地依赖于工业软件。这样，工程师的设计过程就演变成了操作软件的过程。于是，有人将调用软件的过程标准化、流程化。在此基础之上，知识的管理和复用就方便多了。

> 现在越来越多的企业通过调用各种工业软件研发自己的产品。调用软件的过程本质上就是设计流程。索为公司建立了一个平台，通过平台调用这些软件。研发人员在这个平台上工作时，计算机自动地把调用软件的过程记录并保存下来。企业设计其他同类产品时，就可以复用这个设计流程了。这样，借助计算机实现了知识的复用。

第五篇

Mind and Hand
知行

数字化技术与价值创造

在熊彼特看来，创新成功的本质是经济上的成功，技术的价值决定于人们对技术的需求。然而，创新者面对的需求往往是潜在的，也是不容易把握的。为此，人们需要首先发现和明确业务活动中有价值的问题，才能有针对性地解决问题并创造价值。

这个逻辑同样适用于数字化技术的推进。推进数字化技术，首先需要善于发现价值。

数字化技术改变了人机关系，改变了人的工作方式，进而提高了人的工作效率、工作质量，降低了人的劳动强度，改善了劳动环境，最终提升了生产力和社会发展水平。人机关系的改变逐渐涉及企业的每一个岗位。

人机关系的改变还提升了系统的响应速度。需要企业快速响应外部因素和内部因素。外部因素主要是市场的变化，内部因素主要是生产经营活动中的问题和异常。企业响应变化时，会涉及企业内部的众多部门，每个部门响应速度的提高，都有利于经济性的提高。为了快速响应外部市场的变化，企业还要不断地推出新产品并关注客户的个性化需求，这样就带来了"小批量、个性化"的要求。在产能相对固定的前提下，批量小与品种多往往是同一回事；而采购的种类和研发的工作量却与品种的数量成正比。品种多了以后，研发和采购的工作量会增加，库存也会变大。批量小意味着持续改进的时间短，会导致质量稳定性差、合格率低。批量小使生产过程频繁切换，会降低生产效率、能源使用效率等，还会导致忙中出错，引发质量、设备、安全等问题。这样，对外部快速响应的需求，就会传导到企业内部。如果没有适当的技术支撑，小批量产品的生产成本会显著上升、交货期延长、质量下降，最终导致小批量产品不具备经济性和竞争力。

企业的快速响应能力，就像一座桥梁，桥梁的一端是技术问题——通过改变人机关系，促进快速响应；桥梁的另一端是经济问题——通过快速响应，为企业创造价值。这样，就实现了技术可行性和经济可行性的统一。需要特别指出的是，创新往往起源于个性化需求，因此，快速响应能力和小批量生产能力往往能够极大地提升企业的创新能力。

另外，快速响应不是盲目蛮干，而是应该以正确、合适的方式进行。企业推进快速响应时，信息的及时性、准确性和完备性会得到显著提高，能让决策"又快又好"。决策的科学性可以带动质量的提升、成本的降低、市场的扩大、价格的溢价等。在有些场景下，价值主要是"快"带来的；在另外一些场景下，"好"是增值的主要原因。所以，无论一个企业是先进还是落后，是高端还是低端，是离散制造还是流程制造，快速响应都是为企业创造价值的有力手段。

在促进快速响应时，数字化技术的本质作用是提高配置和调动资源，从而促进资源共享、多方协同、知识复用，以拓展企业可用的资源。促进多方协同、资源共享、知识复用时，还需要对这种特殊的要素设置"权限"，而"权限"又涉及各方的利益。所以，数字化技术导致的人机关系改变，会进一步引发人与人、部门与部门、企业与企业的关系改变。具体的表现就是业务流程再造和商业模式创新，带来更多创新和创业的机会。

数字化技术通过改变人机关系，改变了人与人的关系；通过加快时间响应速度，拓展了资源配置的空间，改变了企业的生态，这些都促进了人类社会发展的进程。

伟大的目标都要通过一步步的努力才能实现。工业企业的技术是在演进中发展的，数字化技术的一个重要作用是促进技术的持续改进。现代工业中一些行之有效的做法，可以用数字化的手段做得更好。

第二十章

Mind and Hand
知行

价值创造的时间视角

控制论与快速响应

从控制论的思想出发，可以理解响应速度提升的逻辑。控制论强调信息感知、决策和执行过程的统一，就是要消除三项活动之间的断点。在此基础上，推动快速感知、快速决策与快速执行。控制论是自动化的理论基础，也是信息化和智能化的理论基础。快速响应的价值体现在众多的领域和场景中。

在自动化系统中，机器的响应速度可以很轻松地达到毫秒级，甚至更高。响应速度快，纠偏和控制能力就强，系统的稳定性和安全性就高。稳定性、安全性提高以后，有利于进一步提升各种生产经营指标，如质量、生产效率、成本、能耗等，还有利于提高设备的寿命、降低维护成本等。在智能化时代，响应速度快的优势和价值更多体现在企业的经营管理层面。把快速响应的思想用于经营管理时，要特别关注传统理论的局限性：

理论是对现实的抽象和简化，而现实比理论描述更加复杂。

在信息系统和智能化系统中，加快响应速度的价值是巨大的。一般来说，系统并不是对所有接收到的信息都做出反应，只有感知到需要处理的信息时，才会触发决策和执行。也就是说，从感知信息到决策还需要认知和分析判断的过程。决策过程被触发以后，也并不一定马上就能决策。真实的决策过程可能还要收集其他必要的信息甚至知识。只有与决策相关的信息相对完备的时候，才真正开始决策。收集信息的过程，可能需要较长的时间。现实中，执行的过程可能很长，也可能产生需要关注的新变化。为此，要在执行过程中不断地收集信息、修正决策，直到达成目标。

执行过程需要各种物质和知识资源。资源条件的改善有利于快速、低成本、高质量的执行。资源的使用者利用数字化技术可快速收集信息、发现所需的资源。从资源提供方的角度看，数字化技术能够帮助他们获得更多的用户，促进资源共享、知识复用，从而提高资源的利用效率。资源的利用效率提升以后，资源利用的经济性就会提升，这又进一步促进资源的供给，从而提升资源利用方的响应速度。这样，数字化技术的作用就从人机关系延伸到了人人关系。

快速感知

快速感知就是快速"发现"需要响应的事件，并快速"触发"决策机制。数字化技术可以提高感知效率、降低感知成本、提高感知质量。

> 在宝钢设备部门前立着一块石头，刻有"稳定"两个字。设备磨损、环境变化、负荷变化、物料特性变化、操作不规范等都会影响设备的稳定性。传统做法是人跑到设备旁边去看、去听、去摸、去测。也就是说，人到了以后才能获得信息。点检工作环境也差，工人就特别辛苦。人不可能时刻盯着机器，只能按照一定的时间周期点检，但设备异常是时时

刻刻都可能发生的事情。

过去，技术和管理人员必须去生产现场才能发现问题。日本人把一线工人比作发现问题的"哨兵"。靠人去发现问题时，不仅要跑到现场去，还要花时间、花精力。

在数字化时代，人们可以在设备上布置若干传感器，并通过网络将信息传送给远程的工作人员。这样，即便人不在现场，也可以实时发现设备的问题。信息一旦传入计算机，就可以用"高级分析"实时监控设备。这就意味着，人能用更少的时间和精力，更轻松、更及时、更高效地进行设备管理。

中国要从制造大国走向制造强国，关键之一是不断地提高产品质量。质量要求高时，每道工序、每个要素的偏差都可能导致质量缺陷。质量要求高时，对设备状态的要求就会更高。从经济性的角度看，提升设备管理能力的价值就会更大。

利用数字化技术，能够更加及时、准确地发现原料问题、工艺问题、设备问题、质量问题、操作问题等。问题发现得越早，处理问题的办法就越多，损失往往也就越少。数字化技术最直接的作用就是帮助一线员工和基层管理者准确、及时地发现问题，还可以帮助他们降低劳动强度，改善劳动环境。

快速感知不仅适合生产过程，也适合其他工作过程。特别地，如果人们是通过计算机工作的，计算机就有可能帮助人们发现工作中的失误和问题，从而提升工作效率和响应速度。

高科技产品的研发团队可能有成百上千人。设计师交付的版本出现错误时，就可能引发其他人的错误。这样，错误就可能一级级地传递下去，像病毒一样扩散开来，严重影响设计的质量和效率。不同部门协同工作时，也可能会出现失误。使用数字化技术进行设计，就可以在一定程度上减少这类问题的发生。

一般来说，凡是需要分工完成的工作就需要协同，凡是需要协同的工作就可能有断点。如果人们用数字化的方法工作，可通过计算机来发现问题、发现断点。

> 企业的管理者需要了解现场的真实情况，避免被二手、三手的虚假信息误导。过去，许多企业要求管理者常下现场、甚至直接参加劳动，就是为了这个目的。在数字化时代，管理者可以借助信息化手段，在远离现场的地方也能了解到现场的真实情况。

高层管理者较少直接参与生产活动，但要管理直接参与生产活动的人。利用数字化技术，管理者就能够快速准确地了解到基层发生的问题，对他们的工作给出科学的评价，从而提高企业的管理水平。

快速决策

系统发现值得关注的问题后，才会触发决策机制。但是，为了做出科学的决策，往往还需要进一步获取相关的信息。在数字化时代，这些信息可能会涉及其他企业、部门、人员或设备。所以，及时获取或发送相关信息就可以提高决策和行动的效率。

信息的及时性、完整性、准确性是科学决策的基础。但是，如果信息收集的成本大、效率低，人们就可能会在信息不完整的前提下做出决策，这样的决策往往也不是最优的，甚至会给执行过程带来很多麻烦。

> 若干年前，用户向宝钢订货时，并不清楚什么时候能拿到货，原因是宝钢的销售部门不清楚生产部门是如何安排生产的，也就给不出交货期。后来，通过把销售部门和生产部门的信息打通，用计算机进行分析、判断，用户就可以在一分钟内知道交货期。

利用互联网可以把相关环节的信息打通，迅速、准确地获得相关信息。这样，不仅提高了决策的质量，也提高了决策的效率。

制订生产计划时，往往需要多个部门进行综合平衡，有时需要经过多次反复讨论才能确定下来，这样决策效率就很低。决策效率低到一定程度，人们就会为了决策效率而牺牲决策质量。所以有时会出现一种做法：先下达指令，执行过程出现问题再说。这样，就等于把问题抛给了执行环节，这可能会导致生产效率和产品质量的降低，以及成本的上升。

在计划的实施过程中，总会遇到各种意外。出现意外后，就需要紧急调整计划。这时，不仅需要相关部门的实时信息，还要快速做出决策。但人们做决策时，容易"忙中生乱"，导致更大的损失。

> 能源的正常供给是生产的基础。在钢铁厂中，煤气的供给和消耗必须维持动态平衡。但是，煤气的供给和消耗涉及工厂多处设备，如果计算不及时、不准确，就会打破平衡。在数据准确、及时收集的基础上，计算机可以迅速、准确地计算出当前和未来一段时间内煤气的供需情况，避免人们出现低级错误。

快速执行

> 某汽车生产厂通过工业互联网技术，每小时的产量增加了两辆汽车。优也公司用这类技术，为某钢铁公司实现了平均每年降低4200万元的成本。原来，汽车生产过程中存在大量短暂的延迟，很难靠人来优化。明珞公司发现这个问题后，采用工业互联网技术消除这些延迟，提高了生产效率。

现实中的许多延迟是意外导致的。计算机帮助人们及时发现意外，从而及时采取措施，避免耽误时间。

> 某厂是造船厂的配套企业。过去，该厂40%的产品不能按期交货，导致这种现象的原因是焊接过程经常出现质量问题。这些问题往往是后工序发现的，发现问题后需要返回到前工序，就耽误了大量的时间。后

来，该企业采用数字化技术，实时监控焊接的各种参数。这样，就可以在焊接过程发现问题，避免了返工。此后，该厂所有产品都能按期交货。

社会化大分工是现代工业和现代社会的基本特征。分工就必然带来协作，需要多个相关方一起才能把事情做好。通过互联网，可以及时地把信息传输给需要协同的部门，提高了协作的效率。

在工业大生产过程中，工序间的衔接非常重要。在钢铁厂中，连铸是把钢水变成钢坯的工序，而钢水是前面炼钢工序生产的。下一炉钢水要在前一炉浇铸结束之前送过来，否则就可能导致断浇。但钢水也不宜过早送过来，因为等待时间久了，钢水的温度就可能降低过多，同样影响生产。要保持炼钢和连铸工序之间的精准衔接，就需要保持信息的畅通。

在工业 4.0 的定制化流水线上，每个产品可能都不一样。生产线路、操作方法、工艺参数就要频繁地切换。如果切换工作是由人来做的，不仅有延迟，也难免忙中出错。只有让机器自动决策、自动切换，才能无缝衔接，实现高效率、高质量。

在小批量、多品种的背景下，原料种类的需求会急剧增加。如果通过增加库存来解决这个问题，成本会显著地增加。利用数字化技术可提高采购工作的效率，以便减少甚至取消库存。

> 我们设想这样一个场景：客户通过网络向甲企业下订单。甲企业接到订单后，立刻给出所需要的原料清单，并根据清单直接向上游的乙企业申请采购。申请到达乙企业后，商务活动立刻完成并马上组织运输。如果这些工作完全由计算机来做，就不需要人的介入并在瞬间完成。这样，即便甲企业没有相关的库存，也不影响生产和交货。

第二十一章

Mind and Hand
知行

价值创造的空间视角

数字化技术能够帮助企业在更大的空间范围内获得市场、获取资源，从而优化资源配置，这对资源使用者来说，意味着更多可选的资源，进而意味着更优的配置策略；对资源提供者来说，意味着市场的增加、资源利用效率的提升；对资源对接方来说，意味着新的商机和商业模式。

市场与优质资源

德国和日本有大量优秀的小微企业。这些企业在细分领域掌握着核心技术，支撑着大型企业和科研院校的创新。从市场角度看，这些企业之所以能够存在，是因为有足够大的市场和足够多的客户，否则技术再好的企业也难以生存。

不难发现，许多企业往往只服务于本地或距离较近的客户，这是因为距离远会提升商业成本，降低经济性。所以，如果本地客户少，企业没有维持经营的利润空间，也就无法生存。然而，在互联网时代，提供信息和知识服务的企业，很容易突破距离的限制并在广阔的地域空间内获得用户。所以，互联网会催生一些新的创业机会。

事实上，社会上有许多优质资源处于闲置浪费状态，专家资源就是其中的典型。

> 老丁是一家民营企业的老板。有一段时间，企业的一套设备连续坏了好几次，每次直接损失超过万元。由于该企业缺乏优秀技术人员，这个问题一直没有得到解决。后来，老丁托人找到了业内资深专家老刘，两人网上交流了十分钟，问题就彻底解决了。

专家十分钟的碎片化时间，可以创造十万的经济价值。但是，如果没有合适的市场途径，就难以把专家资源转化成商业价值。这对个人是损失，对社会也是浪费。如果能找到适当方式，让他们把潜能发挥出来，对个人、对社会、对技术发展的意义都是十分重大的。

> 通过合适的平台和机制，客户可以利用互联网发现那些拥有"绝活"的企业或专家。换个角度，那些拥有"绝活"但客户少的企业或专家，可以借助互联网获得足够的客户。这样，像老刘那样拥有绝活的专家，就可以用碎片化的时间服务成千上万的客户，为社会创造更多的价值。

资源对接的建立

企业面临资源需求时有两种选择：一种是自己拥有并独占这种资源；一种是借用别人的资源。具体选择时，主要是看哪种做法更具经济性。互联网的发展降低了借用资源的成本，催生了"共享经济"。从经济学角度看，"共享经济"本质上促进了社会分工。

> 企业为了解决交通问题，要么自己建立车队，要么采用公共交通。一

般来说，乘坐公共交通需要等待更多的时间，也是成本的浪费。为此，许多企业建立了自己的车队。网约车出现后，乘坐公共交通工具的等待时间降低了。于是，有些企业解散了自己的车队。

共享经济对于企业来说，可促使企业剥离非核心业务，而专注于核心业务。从经济学角度看，互联网提升了企业获取资源的能力，进而也促进了社会分工，这样的模式同样适用于工业企业。

社会上可以共享的资源其实很多。很早之前就有学者发现，有些企业的设备空闲率很高，而另一些企业则需要购置同样的设备。他们设想如果把设备信息放在网上，让其他企业共享这些设备，应该会有很大的商业价值。这种想法已经提出了近二十年了，但商业成功的案例却并不是很多。这种现象值得研究。

实现设备共享至少需要两个条件：一个是有足够的利润空间，一个是能够保证质量和交货期。

> 无锡有家专门从事不锈钢材料加工的企业，它的加工车间是多家企业共享的。客户有加工需求时，通过网络把图纸和要求传过来，这家企业就替他们加工。组织生产时，往往把不同客户的订单拼在一张钢板上，从而减少边角废料的浪费。这种做法使得材料收得率平均提高7%。这家企业每年加工200万吨不锈钢，效益非常可观。

需要特别指出的是，工业用户对质量和交货期要求很高，一旦质量或交货期出现问题，就可能会给用户带来巨大的损失。对管理规范的企业，采购前要严格审查供货商的资质，不能仅仅因为便宜就去网上随意采购。

在企业之间，借助已有的供应链，容易推动资源的共享。最近，许多设备生产商通过工业互联网提供设备维修、维护服务，这其实就是共享设备维修、维护的知识和资源。

> 传统的设备生产商并不从事设备维护工作，原因之一是设备生产商不了解设备运行情况。利用工业互联网，设备生产商可以全面、及时、

准确地掌握设备的运行信息。这样，就容易为用户提供及时到位的增值服务。

设备维护的远程化也会给中小企业带来新的机会。

> 某企业建设了一条全自动的流水线。由于地理位置偏远，很难在本地找到优秀的设备维护人员。该企业在建厂之初，就把生产实时数据保存起来。设备出现问题时，相关专家可以通过互联网访问这些数据，帮助分析问题的原因，远程指导本地的人员解决问题。

随着劳动力成本的上升，我国劳动密集型企业的转型升级压力很大。在笔者看来，这些企业转型的首要任务是提升自动化水平。在提升自动化水平的过程中，维护人员的缺乏会是普遍性问题。工业互联网技术可帮助企业解决这个问题。

> 旅行箱是某地的特色产业，有几百条生产线。随着劳动力价格的升高，产生了机器代人的诉求。有家公司顺应市场需求，研制出自动化设备，帮助客户进行自动化改造。新的生产线建设时，直接将设备信息上网。这样，公司又可以利用工业互联网技术，帮助客户维护设备、实现备件的共享。

对我国的许多中小企业来说，从手工劳动、机械化到自动化的转型是急迫的。要促进这种转型，关键是降低转型成本和风险，提高转型的效益。这时，通过数字化手段促进资源共享和知识复用就起到了关键的作用，特别适合我国有地方特色的产业集群。

工业互联网提高了管控设备的能力，也提高了管控产业链的能力。

> 多年来，美国政府一直担心制造业外流导致核心技术流失，但美国的制造业外流是经济规律决定的：美国人均GDP超过6万美元，而同为制造业强国的德国和日本只有4万多美元。美国的人均GDP高，主要是信息、金融等产业的增加值高，而制造业的水平大体与德国和日本接近。这导致美国人才流向其他行业，制造型企业就难以立足了。

为了解决制造业外流的问题，美国找到了两种数字化技术解决方案：第一种是提高境内制造行业的劳动效率和人均产值；第二种是通过工业互联网，加强对境外生产企业的管控，避免技术的流失。

> 当日本、韩国等国的钢企人均产钢量为2000吨左右时，美国大河公司通过智能化技术，实现人均产钢量3720吨。有家热水器生产厂家，采用智能制造技术后对劳动力的需求大大降低，他们将产线从中国转移回美国，生产成本比中国还要低。

> 由于种种原因，苹果公司的制造业务很难留在美国境内。为了防止技术外流，苹果公司加强了对境外生产企业的管控，不仅管理自己的供应商，还管理供应商的供应商。在某些重要的代工厂里，许多关键设备属于苹果公司，苹果公司可以用工业互联网远程管控这些设备。

资源对接的平台

我国的互联网产业相对发达，当互联网应用进入工业领域后，人们设想用淘宝这样的互联网模式建立工业应用平台，建立动态供应链，把供需双方在线联系起来。于是，出现了"工业的淘宝""工业的网约车"的平台公司。在实践中，有的取得了成功，有的遭遇了困难。为了研究两者的差异，下面对比两个案例。

> 有家"工业的淘宝"的平台企业，直接向小企业销售钢铁产品。企业最初的目的，是像淘宝那样越过中间商，从而为客户提供更加廉价的产品。但后来却发现，到平台上来购买产品的，恰恰就是中间商。

原来，工业企业购买钢铁产品是需要专业知识的，如果购买的钢材不对，会给企业带来巨大的损失。小企业雇不起专业的采购人员，就直接请那些有专业知识的中间商替自己购买。中间商不会只服务于一家企业，而是替多家企业购买产品。从这个角度看，所谓的中间商，本质上是多家小企业共享的专业采购员。

　　有家自称"工业的网约车"的平台企业，成功地实现了供应链的动态对接。这家企业平台专注于非标零件的产销对接，需求方多是国外的大企业，而供货方是国内的小企业。这家企业的运作方式是：需求方向平台提出需求，平台接到需求后，会自动查找成百上千家供货方的信息，并在一分钟以内为需求方提供报价和交货期等信息。

这家企业成功的一个重要原因是需求方能按照标准要求把需求描述清楚。这些标准要求包括零件的3D模型、加工精度、材质要求等。这些需求都能用标准的数字化形式给出，从而便于计算机解析成对价格要素和加工能力的需求。

通过对比可以发现："工业的淘宝"的需求方是小企业，难以清晰地表达自己的需求；"工业的网约车"的需求方是大企业，可把需求说清楚。另外，"工业的网约车"的这家企业，也雇用了一些专业人才，相当于共享的采购员。由此可见，保证用户"买对"才是这类平台企业成败的关键。

前面提到，无锡的不锈钢加工企业，本质上是一家共享的加工车间。这种商业模式适合加工不锈钢，却不一定适合普通的钢材。一个重要的差别是不锈钢的价格比普通钢材贵很多，用户对运输成本的敏感度低。所以，不锈钢企业能够把服务半径做得很大，可以获得足够多的用户。普通钢材的价格便宜，对运输成本的敏感度高，企业服务的半径就小，从而使企业利润率低。但是，有人用平台来解决这个问题。

　　浙江有家平台公司，采用了类似外卖平台的模式。公司邀请各地有加工设备和富裕产能的企业加入平台。有加工钢材需求的企业可向平台提出申请，平台寻找本地资源帮助他们完成加工。这样，就避免了高昂的运输成本。

除了共享资源和降低资源的使用成本，平台还可以提供管理能力。

> 网约车大大挤压了传统的出租车市场。网约车占据中高端市场，也是因为网约车管理得好。比如，网约车司机绕路、不按时到达指定地点时，平台马上就能知道。乘客的评价也能促进网约车司机改进服务。网约车的服务好了，自然可以产生溢价。网约车管理好，恰恰就是借助数字化技术的力量。

管理水平高，就能创造更多的价值，从而让多方受益。这样的模式不仅适合网约车，同样适合各种劳动密集型的低端产业。

随着经济社会的发展，生产力发展相对较慢的农林牧副渔产业和低端制造业面临严峻的挑战。通过互联网平台，能够促进这些产业的资源共享、知识复用，促进管理水平和专业化水平的提高，从而有利于产业的发展。这样的平台，可以看成虚拟的"集团公司"或"合作社"，将大量同类型中小微企业和个体生产者联系起来。目前，这样的实践案例很多。这是我国现阶段的国情决定的。

第二十二章

Mind and Hand
知行

价值创造的不同视角

数字化技术能够全面地改变人的工作方式和工作效率。从操作者的角度看,数字化技术不仅可以提高自动化和智能化水平、代替或帮助人的操作,还可以带来远程化的工作方式,并改善劳动环境;从现场技术人员的角度看,日常工作的劳动强度下降了,效果却显著上升;从研发人员的角度看,创造性工作的比例增加了,重复性的劳动减少了;从采购人员的角度看,计算机可以在瞬间自动完成交易,而不需要他介入具体操作;从企业家的角度看,可以做到明察秋毫,考核更加科学合理。

一线工人的视角

数字化技术可以提高自动化和智能化水平,推动远程化操作,甚至还可以帮助从事手工劳动的工人。

某款手机的天线需要手工生产，由于手工操作的标准化程度不高，一次合格率只有70%左右。后来，公司要求操作工戴上手环，手环把手的运动轨迹曲线采集出来。根据这条曲线，可以及时发现并纠正不规范的操作。通过这个办法，天线的合格率提升到94%以上。

通过生产设备数据，不仅可以评估设备的健康状态，还可以判断工人操作是否规范、质量是否合格。

技术人员进行操作时，往往还需要各种知识。通过数字化手段，可以实现知识的共享，提高操作人员的工作质量、效率和标准化程度。

某船厂进行特定焊接工作前，需要一套可行的工艺参数。摸索出这套参数，一般需要半个小时左右。为了提高效率，船厂让水平高的老师傅提前半小时进厂，先把相关参数摸索出来。然后通过网络，把相关的参数传到各个工位。这样，其他的工人上班时就可以直接按这个标准进行焊接了。

生产现场的工作环境相对较差，改善工作环境的办法之一是让人远离生产现场，例如通过数字化手段，可以降低设备巡检工作劳动强度，提高工作的效率和质量。

某化工厂要求工人两个小时巡视一次管道设备。室外巡检要走很长的路，天气不好时困难很大。有些问题可能恰好发生在巡检工人刚刚巡检离开以后，发现故障的时间就会延迟两个小时。后来，工厂在管道上安装了温度、震动、图像等传感器，管道出现异常时，监控室马上就可以知道。这套数字化系统投运后，不仅减少了人工巡检的人数和次数，也大大提高了安全保障能力。

在巡查电网的过程中，许多公司采用无人机、机器狗巡查，让人巡查的工作量和工作强度显著降低。在风机、光伏、油田、小水电等场景，远程监控可以大大减少现场巡检的人数。

某公司为大型医疗设备提供维修服务。该公司的维修人员发现，有大约三分之一的维修工作非常简单，只要将某个按钮复位一下就可以了。

后来，公司将这些设备联网，便于远程的维修人员了解设备的实际情况。如果确认是简单的问题，就可以通过网络告知设备使用者，请他们自行处理。

对暂时难以实现自动化和智能化的工作，可以让人远程指挥机器去做。某机械公司开发了一套设备，放在工作环境较好的办公室内。办公室内的操作界面和远方工地上的设备一模一样。工地上的设备安装了摄像头，把现场的图像信息实时传送到办公室。工人在办公室里操作这台设备，信号通过网络传到远程工地的设备上。这样，工作效果就像在驾驶室里一样，但工作环境却得到极大改善。

类似的工作方式适合工地、矿山等多种场景。通过远程化，可以大大减少现场劳动的人数。现场劳动的人少了以后，安全问题自然也就少了。

我们设想今后会有一款布满传感器的手套。人戴上手套后，手的动作就能被机器感知到。远程的机器再将手的动作还原出来，驱动相应的设备。这样，人就可以在远程的操作室里，方便地操作，甚至维修远程设备。

随着人工智能技术的不断发展以及图像和语音识别技术的突破，大量需要人工参与的工作可以用自动化和智能化方式实现。就目前的实践来看，质量检验是最常见的领域之一。质量检验的自动化和智能化，使质量追溯和根因分析发生了质的飞跃。

基层管理者的视角

有专家发现，许多企业20%～30%的成本损失与管理不善有关。但是，由于涉及个人或部门利益，很多管理问题被包装成了技术问题。所以，许多管理问题是不容易看到的。

某企业的加热设备发生故障，损失1000多万元。这个事件被当作技术问题处理，没有人被追究责任。但真实的原因是：设备报警持续了20分钟，但值夜班的操作工睡着了，没有及时处理。

很久以前，企业就考虑用技术手段提高管理水平。有家豆腐厂在车间里安装了摄像头后，产量明显增加了。

数字化技术用得好，机器可以参与对人的管理。管理人员办不到的事情，计算机可以做到。

1982年，南通第二棉纺厂采用计算机统计停机的次数、时间等，并以此作为奖惩的依据。由于这种记录客观准确，完全体现"多劳多得"的原则，被员工称为"电子包公"。

管理上存在的问题，往往都是因为不能被管理者"看到"。贪污腐败就是典型——如果贪污腐败被人看到，也就不会腐败了。不论是利益问题还是能力问题，人们总是有意无意地推卸自己的责任，这就导致管理中的问题不容易被"看到"。"看到问题"是管理的难点，也是推进数字化转型的重点和价值点。需要说明的是，为了便于推进技术，人们常常愿意用技术的价值掩盖管理提升的价值。

某厂的锅炉采用了一种智能控制算法，节约了大量的煤炭。其实，算法本身的效果有限，更重要的原因是促进了管理。原来，这个算法需要测量煤炭的湿度，但有了湿度测量装置后，就没人敢在煤里面加水了。

某厂对地磅进行了改造，实现了远程化操作，一个人可以管控几台设备，提高了劳动效率。但更重要的价值其实来自管理——远程化操作后，行贿受贿的人就无机可乘了。

技术人员的视角

若干年前，我国某钢铁企业与国外先进的同行对标。国外同行人均产钢 2000 吨，而我国只有 1000 吨。但进一步对标却发现：我们一线工人的人数比国外还要少。由此可见，我国某钢铁企业的生产效率低的另一个重要原因是行政、管理和技术人员太多。几年前，美国大河钢厂建立了一个智能工厂，人均产钢量达到 3720 吨，主要是减少了管理和技术人员数量，提高了效率。

> 早在 20 世纪 80 年代末，我国钢铁厂从日本引进了"连铸品质异常模型"。这个模型本质上是个智能管控软件。当生产过程出现异常时，计算机会自动地改变产品的处置方式。如果没有这个软件，有缺陷的和无缺陷的产品就会混在一起，不容易管理。

现场管理的重要任务，是把生产状态维持在较好的程度。数字化技术能够帮助人们更快地发现、解决问题并提高技术管理的效率。

> 在大型化工企业中，有数以万计的 PID 回路。由于工况的变化，控制效果会逐渐劣化。要保持好的控制状态，技术人员需要不断地检查、调整和优化。由于回路数量多，人工检查和调整的工作量很大。但是，计算机能够从数以万计的回路中，迅速找到需要调整参数的回路。这样既可以把技术人员的工作量降下来，又可以提高工厂的控制水平。

数字化技术可以广泛地用于设备管理、操作管理、生产管理、安全管理、能源管理、研发管理等与技术管理有关的领域。这些应用不仅会促进多方的协同，还会带动综合性的优化。比如，在传统工业企业中，研发设计和生产制造部门经常会出现矛盾。原因是设计出来的产品难以生产。在数字化时代，设计师可以在设计时判断制造的可行性，从而实现综合性的优化。借助数字化工具，设计师可以使用更多的共性知识和模块，从而优化设计效果。

高层管理者的视角

一线工作人员能够获得现场的一手信息，而高层管理者更多是通过直属下级的汇报获得间接的二手、三手信息。在汇报过程中，每经过一个层级，都可能引发信息的衰减和变形。

企业的规模越大，部门和层级就会越多，需要高层管理者协调的事情就越多。但部门和层级越多，高层获得信息的及时性、准确性就越差，处理问题的效率就越低。

> 基层出现问题或事故时，一般总是倾向于设法减轻自己的责任。下属隐瞒事故时，直接领导也会倾向于顺水推舟。这样，越是上层越不容易了解事情的真相，隐患就会被隐藏起来，直到发生重大事故。

当数字化、网络化技术发展到一定程度，高层管理者可以直接洞察到一线发生的问题。如果基层管理者没有及时地处理这些问题，高层管理者也能及时地了解，从而有效地督促下属。

这个逻辑看起来合理，其实也存在问题：企业里面的数据太多，高层管理者其实并没有足够的时间和精力去看这些数据。对此，可以借鉴工业互联网的思想——采用高级分析算法，计算机只在必要的时候推送相关的信息。这样，高层管理者就能用有限的精力，洞察细节的问题，通过"尽精微"而"致广大"。

> 在车间里，可能随时随地发生安全事故。理想的安全管理，必须关注到整个生产过程的每个位置、每个人、每个时刻。这种理想的管理要求，很难靠人完成。但是，用数字化技术，可以让计算机实时监控各种安全隐患，极大提高安全管理的水平。

工厂的一些日常性问题必须及时处理，否则就会出现严重的问题。但是，一个事件的发生可能涉及多个部门，难以协调。为了解决这样的问题，企业经常采取一刀切的"服从原则"：下级服从上级，上工序服从下工序，辅助流程服从主流程，企业服从用户。有了这样的原则，遇到问题时总能找到负责人。然而，这种"服从原则"也会带来许多负面问题，因为强势一方常常从个人和部门利益出发，不利于企业利益最大化。从公司全局利益看，这样的做法就增加了成本。

同一个产品质量问题，往往可以在多个工序处理。处理的工序不同，成本和效率是不一样的。按企业利益最大化原则，应该在成本低、效率高的工序处理。但按"上工序服从下工序原则"时，一般会要求在上工序处理。这样，"服从原则"就可能与"企业利益最大化原则"矛盾。在企业中，类似的矛盾很多。例如，库存过多、设备过度保养、能源浪费等往往都是这种"原则冲突"导致的。

在数字化、网络化的背景下，突发问题时可以让计算机去决定，以企业利益最大化为原则进行处理。这样，部门之间的服从关系就会变成协同关系。所以，推进数字化转型时，需要从改变管理观念开始。

第二十三章

Mind and Hand
知行

价值创造的演进视角

历史事件的价值往往短期被高估，长期被低估。这些事件的意义通常是通过长期演进体现出来的。对工业企业来说，数字化技术的一个重要作用，就是促进工业技术的演进发展。持续演进并不是走一步看一步，而是要有长远的眼光。为此，需要奠定持续改进的基础和条件，让持续改进的效率更高、成本更低、质量更好。

持续改进中的问题

现代化工业企业针对持续改进，制定了相关的管理制度，例如某企业规定，出现质量问题时，需要明确企业责任部门，提出整改措施，以杜绝下次再出现同样的问题。但是，现实中的有些整改意见明显不合理，也不能杜绝同样的问题再次发生。

某企业规定：出现严重质量缺陷时，必须找到问题的根源。有一次，因质量问题被客户索赔。质量管理部门按照上述规定找到了问题根源：某个工艺参数的波动，导致了质量异常。他们给出的整改措施是：今后需要控制这个参数的波动。

事实上，这种处理方式并不合理，人们早就知道这个参数的波动会影响质量。但控制该参数波动是普遍性难题，波动是常态，现有技术无法消除。事实上，即便该参数波动，绝大多数产品质量也是合格的。其实，人们希望知道的是：这一次波动为什么会引发严重的质量问题。由此可见，质量部门的处理意见并不合理。

导致质量问题的原因可能有很多，比如参数波动过大；产品或客户对稳定性要求高；工序协同出现问题等。要确认具体的原因，就要从多个方面分析，不仅涉及多道工序，还可能涉及工艺、产品、客户服务等多个部门。再比如，相关数据来源于多个计算机系统，读取数据、整合数据的工作量就非常大，某些关键数据可能没有记录下来，这样，即便是花费了大量时间，也不一定能找到真正的原因。

如果无法找到问题的根源，同类问题就会反复出现。现场技术人员就成了"救火队员"。现场技术人员看起来很忙，却是无效劳动——今天遇到一个问题，修改了一个做法；明天遇到另一个问题，又恢复过去的做法。这种做法俗称"翻烧饼"。如果允许这种事情发生，企业的技术一定会遭遇"天花板"，持续改进的进程就会受阻，与先进企业的差距也就逐渐拉开了。要避免这种现象，一定要找到问题的根源，并提出针对性的防范措施。

从经济可行性的角度看，要真正落实质量管理原则，关键是分析问题的效率要足够高，付出的（时间）成本要足够低。而解决这类问题的根本出路是建立好的数据基础，并找到合适的工具和方法，利用计算机自动分析，把发现问题、分析问题、解决问题的工作效率提上来，把时间成本降下去。

在某电子企业经常出现批量质量问题，必须尽快找到问题根源并进行处理。人工分析问题时，一般需要 3～7 天的时间。让计算机按专家的逻辑分析时，15 分钟就能找到原因。

现实中，即便人们找到了问题发生的根源并提出合理的整改要求，但面对大量繁杂的规定，也还是难以保证以后不犯相同的错误。

有一天，某炉钢材的性能不合格。原来钢包在盛放这炉钢水之前，盛放过含 Nb 的钢水。这样，上一炉残余钢水就混入了这炉钢里，而这个钢种对 Nb 元素特别敏感。找到原因后，该厂规定钢包盛放这个钢种之前，不能盛含 Nb 钢。然而，工人有可能忙于其他事情而忘记这个要求，等到冶炼结束后，才想到这条规定。

要解决人容易犯错的问题，就需要采取智能化的方法，让机器在必要时给出提醒，犯二次错的概率就会大大降低。这种做法特别适合处理那些发生概率很低却影响安全生产的相关问题。

在钢厂中，为了保证安全性，钢包的重复使用次数是有标准的。某天，钢包烧穿了并导致了安全事故。事后分析发现：钢包的重复使用次数符合安全生产标准，但当天生产的钢水比较特殊，导致耐火材料的侵蚀速度显著增加了。由此可见，把钢包使用次数标准设置成常数是不合适的。类似的问题，在工业企业中并不罕见。

一般来说，工厂的管理制度是相对固定的，也都有适用范围。适用范围发生改变的时候，人们往往意识不到制度需要调整。要解决这类问题，同样需要计算机的参与。比如，人们制定制度的时候，要进行失效模式分析，在此基础上，把可以导致失效相关的参数输入计算机。一旦条件发生变化，就会及时提醒管理和技术人员，避免事故的发生。

丰田公司的经验

丰田公司是推进持续改进的典范。丰田公司推进持续改进时，会把异常处置、标准化、持续改进和数字化技术融合在一起。在发现和处置异常的过程中积累知识,并将知识固化成标准;在实践中对标准进行持续改进;在标准持续改进的基础上推进数字化;在数字化基础上继续进行持续改进。在这个过程中,逐步推进人机关系的改变。

李兆华先生曾长期在中国台湾地区的丰田子公司工作,他介绍了丰田公司的做法,如图 23.1 所示。

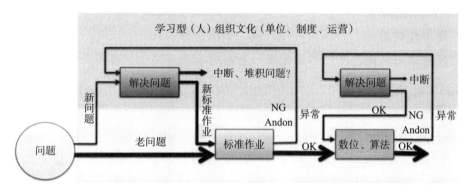

图 23.1　丰田公司推进持续改进的做法

企业里每天都会出现各种问题。如果是新问题的话,往往由资深专家解决。专家把问题解决后,将解决问题的方法固化下来,形成标准。下次出现同样的问题时,就可以按这个标准处理问题。但是,这个标准可能并不完善,执行过程中可能出现新问题,就再次请资深专家解决问题。问题解决后,优化并改进原来的标准。

当标准成熟以后,就可以变成算法固化到计算机中。这样,下次出现问题后,就可以由计算机自动解决。当然,计算机在执行过程中也会出现意外。这时,人们可以对算法进行持续改进。

知识的标准化、数字化,是个长期积累的过程,是人机结合的过程,也是技术演进的过程。笔者曾经建议某家企业,把"不犯二次错,做得更好点"作为推进数字化转型的抓手。这是个很简单的要求,但真正做到并不容易。

对标找差与 PDCA

许多工业诀窍是在解决问题和异常工况的过程中形成的。然而，管理良好的企业并没有那么多异常工况，这就需要"没事找事""自我加压"。"对标找差"就是常见的方法。通过"对标"找出先进与落后之间的差距，而这个差距是现实的、具有可操作性的改进目标。

对标的维度有很多，可以是公司与公司对标、车间与车间对标、设备与设备对标、班组与班组对标、批次与批次对标，还可以将不同的时间段进行对标。只要不同维度的对标的表现不同，就容易找到改进的空间；只要找出产生差异的原因，就可以增加知识，从而提升企业整体的绩效。

PDCA 原本是一种著名的质量管理方法，该方法将工作过程分为 Plan（计划）、Do（执行）、Check（检查）和 Act（处理）四个阶段，PDCA 就是这四个阶段的简称。按这个方法的要求，进行特定工作之前要先做出计划，明确目标和方法。做计划的时候，一般参照过去成功的做法。所以，PDCA 往往可以看作与过去的做法对标。在执行阶段，要尽量按计划执行。执行结束后要进行检查，比较计划与执行之间的差距。在处理阶段，总结经验和教训用于优化下次的计划。

在笔者看来，PDCA 本质上是知识持续积累和完善的过程。"计划"本质是做事的知识、方法或诀窍，往往来自过去成功的经验。经过 PDCA 的不断迭代，这些知识就可以持续改进、不断优化。

推进 PDCA 时，有些企业遇到了一些问题。这些问题的本质，是推进 PDCA 需要花费精力和时间成本。如果花费的时间和精力不够，就会陷入形式主义。为了避免形式主义，有的企业提出"PDCA+认真"的口号。

在笔者看来，人的时间和精力都是有成本的，松懈和不认真，本质上都是不愿意付出成本。所以，要从提高经济性入手，才能改变这种现象。

PDCA与数字化技术结合,可以提升PDCA工作的经济性和效率,从而提高企业持续改进的能力。

PDCA 与 IVRA

宝钢老领导何麟生先生认为,在数字化时代,可以让计算机帮助人们进行PDCA。何老把PDCA看作一个"虚实融合"的过程:计划可以在计算机的数字虚拟空间中做;执行过程则在物理空间中进行,但执行过程的结果要返回到数字虚拟空间。这样,检查过程就可以在虚拟空间进行,将原本的计划与执行过程的实际结果进行对比分析,以便于这个过程完成后形成知识,用于下一次计划的制定。

我们曾经提到工业中采用的方法、知识和参数是实践的结果而不是模型算出来的,因为理论上推导出来的参数往往达不到足够的精度。PDCA采用的是在实践中摸索的逻辑。故而,PDCA方法对知识沉淀具有一般性。

日本推出的智能工厂IVRA(Industrial Value Chain Reference Architecture,工业价值链参考架构)包含了PDCA的思想。IVRA中的智能制造单元用三维视图来描述,如图23.2所示。这个三维视图是资源视图、活动视图和管理视图,其中的活动视图就是PDCA的体现。

我们注意到,PDCA是针对特定问题、特定场景的。现实中,场景类别划分是需要认真考虑的问题。例如,钢铁企业中,某些知识是针对某些钢种的,另一些则是针对钢种内部的某个厚度级别。一般来说,类别划分得细时,优化工作就有可能做得更好。但是,类别分得过细时,也会带来一些负面问题,如工作量会急剧增加。在数字化时代,PDCA是由计算机完成的,就有条件分得更细,在每一个细分场景下都做得最好。这样,就能从"尽精微"发展到"致广大"。

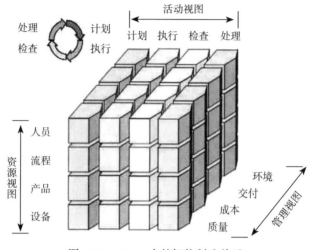

图 23.2　IVRA 中的智能制造单元

平台与持续改进

人们发现,数据建模、根因分析、工业 App 开发的常规方法与几十年前相比,技术原理并没有太大的变化。这些技术发展的推动力,是机会和条件的变化。平台的本质作用就是为这些技术创造条件,使开发效率和成功率更高、成本更低、质量更好,从而提高经济性。

除了一些被企业内部标准采用并固化下来的知识,企业还有很多知识在工作人员的头脑中,这些知识往往是针对个性化或异常的问题,比如异常处置的知识、生产管理的知识、研发设计的知识、用户服务的知识、采购销售的知识、设备维护的知识等。这些知识是碎片化的,不容易组织起来,也不容易管理,更难以与应用场景准确对应。要解决这种困难,首先要将业务活动进行规范和分类,然后将知识纳入具体的业务流程中。这个逻辑的正确性是毋庸置疑的,但问题的关键是经济性:时间成本、工作质量、知识复用的次数等。数字化技术仍然是解决经济性的重要手段。

当业务活动通过计算机实现时，就可以把决策相关的知识嵌入流程和软件中，让知识在计算机参与决策的过程中发挥作用。采用这种办法时，高质量的知识就可以自然地沉淀下来，且与应用场景无缝连接。只要把场景的特征提炼出来，知识就容易与应用场景联系起来。所以，在网络化的背景下，知识数字化的机会将大大增加。

> 专家知识软件化的本质是把人的知识沉淀在计算机中。这个过程的工作可能需要花半年到一年时间，仅人工成本就相当可观的，成本可能大于收益。遇到这种情况，知识沉淀工作的经济性就差，推动这项工作的难度就大。事实上，工业互联网平台的一个关键作用，就是降低知识沉淀的成本，提升知识沉淀的经济性，从而促进知识在计算机中的沉淀。

工业互联网和工业大数据平台的重要作用，就是提高知识沉淀的效率、降低知识沉淀的成本、提高知识沉淀的质量，从而让持续改进具备经济性。

> 在工厂正常生产期间，从现场生产设备采集数据时，有可能会对生产的稳定性造成干扰，甚至可能导致生产事故。过去，为了避免对生产的干扰，往往只能在定期维修和设备维护期间才能采集数据。如果在某次定期维修时间内没有完成采集数据，就要等到下次定期维修，工作周期就可能拖得很久。

平台的重要作用是统一地把数据采集到平台上，需要数据时就不需要重新采集了，减少了数据采集和处理的工作量，也减少了不必要的重复性劳动，并降低了投运过程的风险。

工业互联网平台采集的数据来自多个系统，同一参数值可能涉及多个相关或类似的变量，比如生产计划预定值、修订值、实际值、默认值等。这会给技术人员和数据分析师带来困惑，也给软件开发带来隐患。有效地把数据管好就可以避免这些问题。

企业沉淀知识和保存历史数据的目的都是为了复用，但复用也会带来一些麻烦，比如数据采集方式变动时，可能会引发许多应用的改变。这样，人们需要对这些变动加以有效的管理，这也是平台需要管理的工作。

数据集成是个永恒的主题。随着数字化技术的进展，不断会有新的系统和数据集成进来。平台需要易于拓展、易于集成，才能不断地推进持续改进的过程。从这种意义上讲，平台的开放性也是非常重要的。云原生技术可以提高系统的灵活性、稳定性、安全性，从而有利于持续改进。

数字孪生、移动通信与持续改进

数字孪生的一个重要作用，是帮助人们理解和应对工业对象在全生命周期内的、预料之外的各种问题，以促进其在全生命周期内的持续改进。

数字孪生可在全生命周期内追溯历史数据、寻找问题发生的根源、找到解决问题的方法。例如，设备类产品开发出来以后，需要进行安装、调试、运行、维护、优化等。这些过程中难免出现问题，有些问题是设计环节导致的，有些是制造、安装环节导致的，有些是使用、维护环节导致的。通过数字孪生可把全生命周期的数据集成在一起，从而发现问题的原因、找到解决问题的方法并且把问题反馈到相关的环节，避免下次犯同样的错误。

数字孪生还可以用于主动改进和创新。例如，在设备的调试和使用阶段，人们会希望设备性能逼近甚至超越设计的极限：运行速度能不能再快一点？负荷能不能再大一点？维护周期能不能再长一点？在不断提升指标的过程中，总会遇到瓶颈，阻碍相关指标的进一步提高。利用数字孪生，就可找到这个瓶颈，从而有针对性地进行处理。

移动通信技术同样能加快技术的演进。

有些人对 5G 等移动通信技术的价值持怀疑态度。一个重要的原因是除了矿山、工地等场景，工厂里的多数设备都是位置固定的，通过光纤就可以将设备联网，为什么还需要移动通信呢？其实，移动通信的一个重要优势是提高系统的易拓展性，有利于持续改进。

受成本因素的约束，车间里有些设备数据并不需要采集，也不需要联网和存储。网上收集和存储的数据，往往只是生产必需的数据。过去常见的原则是与工艺标准相关的数据就收集，与工艺标准无关的就不收集。进入智能化时代，数据的作用发生了改变。人们希望利用数据进行工艺优化、设备诊断、质量追溯、操作管理等。于是，过去"没有用"的数据就有用了。这样，过去没联网的数据就有可能需要联网了。

企业进行持续改进时，经常会面对新的数据需求。这时，光纤的局限性就显现出来了：增加数据时，可能要布置新的光纤。如果车间里有了移动通信，增加数据就方便多了。这样，系统的灵活性和可拓展性就发生了本质性的变化。

利用移动通信技术可实现针对人和移动设备的管理，这样就能把人机料法环全面地管理起来——"全面"两个字很重要，因为信息不完备就难以做出科学决策。除此之外，在设备和工艺流程随着产品改变而改变的场景，移动通信也具备更大的优势。

第六篇

Mind and Hand
知行

固有观念与工业文化

在创新过程中,导致困惑的首要原因往往不是缺乏知识,而是头脑中的执念。

社会在进步、技术在发展,人们头脑中的观念却没有与时俱进。无论是推进技术创新还是数字化技术应用,风险更多地来自人们头脑中固有的错误观念。在本篇,我们将对一些不合时宜的观念和文化进行反思。

第二十四章

Mind and Hand
知行

创新过程的固有观念

创新中的常见观念问题

企业从事创新时,有两种常见的观念问题:一种是把技术模仿、跟随的习惯和经验带入创新的过程;一种是把针对科学研究的评价标准和要求用于技术创新。这两种观念产生于我国技术落后、科技人才严重缺乏的时代。随着我国社会经济的发展,企业的内外环境发生了很大的变化,但这两种观念却没有改变。

推进数字化技术应用的过程是长期演进的过程,需要跨越式发展和跨界融合,要在演进中寻找机缘,不能强求,更不能在机缘不成熟的时候蛮干。

人的观念往往体现在文化上。文化是在特定环境下形成并适应特定环境的产物。文化一旦形成,同样不容易改变。在短短几十年的时间里,我国从一个传统的农业国转变成了工业国,现在正迈入数字化时代。推进数字化技术,不仅要接受现代的工业文化,还要认识到工业文化、创新文化和数字文化的差异,并促进优秀文化的融合。

创新过程中遇到的许多风险和挫折,其实可以追溯到人们头脑中的固有的观念。这些观念是在特定历史条件下形成的,具有历史的合理性。但是,随着经济社会的不断发展,我国工业从劳动密集型走向知识密集型,从低端产业走向高端产业,从模仿跟随走向创新引领,过去许多成功的方法和经验会变得无效。如果观念上不能与时俱进,就会给技术的创新和演进带来很多风险和问题。

创新中的常见偏见

有位著名专家经常在各地宣传某个工业大数据的案例,笔者恰好了解这个事情,知道其中存在严重夸大。

这位著名专家并非故意说谎,只是轻信了宣传材料。一般来说,宣传材料中的技术就像化过妆的演员,是按照人们的期望刻意塑造出来的形象,与现实中的真相相差很远。

由此可见,宣传材料上的信息会有不真实、不全面的情况,却易于传播;自己亲眼看到的东西往往更接近真实,却不易传播。其结果就是虚假和片面的认识利于传播,而真实和完整的认识不利于传播,这就是一种典型的"幸存者偏差"。

我国著名数字化专家宁振波先生说:"会议室里听到的不一定是真实的。真实的信息,往往来自接近事实的地方;远离事实的地方,了解到的往往是远离真实的假象。"

网上流传过一种说法:月薪三千的人写文章,告诉月薪三万甚至三十万的人是如何生活的。在工业界,这种现象却真实地存在:一些不

> 懂工业的专家给工业人上课，告诉他们未来的工业是怎样的。

我国存在一种"幸存者偏差"：擅长理论研究的专家，往往对工业实践具有过大的话语权和影响力。这对我国制造业的科技发展是非常不利的。

在某些远离一线的专家看来，评选创新成果时，理论水平是重要的参考依据。但一线技术人员经常发现，在一个科研项目中，理论的先进性与技术的实用性往往难以兼得，就像"一枪难打两只兔子"。现实中成功的创新项目，有些是抓住了某种机遇、回避了某种困难而成功的。真正的创新在于如何准确定义需求和满足需求，而不仅仅是解决问题。

但是，即便长期工作在工业一线，也有实践的局限性，也会导致"幸存者偏差"，也要避免。

> 为了提升创新能力，许多企业学习国外的创新和管理方法，但效果有时并不理想。有人发现，按照过去的方法和经验做事，一个月就可以把事情做好；按照国外先进的做法，却要走大量不必要的流程，要花几个月的时间。

笔者意识到，国外提出创新方法，尤其创新管理方法往往是为了防范风险，而国内从事模仿、跟随工作时，风险要小得多。防范风险是要付出代价的，当项目中的风险不存在时，这些代价就显得多余了。这就好比攀登珠峰时，冰镐是必要的工具，但如果攀登的是北京香山，冰镐就成了多余的累赘，反而会降低登山的效率。

> 世易时移，变法宜矣。譬之若良医，病万变，药亦万变。病变而药不变，向之寿民，今为殇子矣。

未来的若干年，我国需要从技术跟随、模仿过渡到技术引领。国外有学者指出，创新中最常见的错误是把改进型创新的做法用于系统性、原始性创新。类似地，从跟随到创新，容易犯两类错误：一类是对先进理论和技术的盲目迷信；另一类是对用户、需求和市场的认知和重视不足。

项目管理中存在的问题

科技活动往往离不开立项评审、项目验收等环节。在这些环节中，一般要按规定的格式填写相关的文档。然而，这些文档的格式要求恰恰反映了项目管理中的问题。

> 填写项目申报书时，需要介绍"国内外发展趋势"，即分析国外怎么做的、竞争对手怎么做的。对于这种要求，有人觉得是天经地义的。然而，当特定技术的发展趋势能够被总结的时候，创新的机会往往已经消失了。事实上，研究技术发展趋势是为了更好地跟随技术发展，是技术跟随时代的要求。在创新阶段，企业应该更加关注需求的变化。

申报书中典型的栏目还包括技术线路、预期的知识产权和效益、关键点及创新点、技术指标、预期进度等。现实中，评委读完申请书，往往不清楚项目到底打算做什么、预期的技术功能是什么。而填写申报书的人也常常困惑：最关键的想法，往往找不到合适的栏目写出来。事实上，这些不容易说清楚的关键内容，往往是对需求和应用场景的深刻认识。

> "用户需要的不是钻头，用户需要的是用钻头打的洞"。如果不知道洞是打在石头上、金属上、木头上、砖石上，也不知道洞的大小和深度，那就搞不清楚需要什么样的钻头了。

有人申报建立"数字孪生"、"数据中台"、"工业互联网平台"、"数学模型"，但却没有交代清楚要解决哪些具体问题，这些问题中的困难是什么，解决问题的思路又是什么。从用户角度看，用户需要的不是数字孪生、不是工业互联网平台、不是数学模型，用户需要的是用这些技术去解决他们的业务问题。只有把业务需求说清楚，才能明确技术的功能和实现路径。在此基础上，才能判断技术线路是不是合理，以及某些做法是不是可行。

如果没有描述具体问题产生的背景，就无法理解技术遇到的困难，就难以评价技术的功能设计是不是合理、技术原理能不能实现。有些专家和技术人员具有敏锐的直觉，但如果申请书上没有地方说明这个逻辑，他们就会感到困惑。换个角度，对曾经深入思考过特定问题的技术人员来说，往往会觉得重要的想法无处可写。

> 局长让手下人去找张三。对熟悉张三的人来说，这个指令是明确的。但对不熟悉张三的人来说，他需要知道：张三是谁？

制定文档格式的部门往往有种潜意识：看了项目名称，就知道项目做什么。在国外有相关技术时，这个前提可能是存在的。这时，不需要对项目本身的定位进行权衡和精准的描述，更不需要给出权衡的理由。描述项目目标时，只要与国外技术对标就可以了。但是，如果某个项目是原始的创新项目，没有直接对标的对象，申请书的逻辑就会出现很大的漏洞，读者也就不知所云了。

> 申报文档中的格式问题，是长期习惯于模仿、跟随的"后遗症"。这个长期存在的问题一直没有得到解决，恰恰说明真正从事创新的人缺少话语权。

笔者在前面曾经反复强调：从事"从0到1"的工作时，"对用户需求的再定义"是创新思维的典型体现。定义需求本身是一个困难且重要的问题，需要慎重地论证。判断一个项目目标是否可行，需要严格的论证过程。这个过程要从描述场景、需求、条件、约束开始，逐步过渡到对功能和技术逻辑的描述。许多项目申报书淡化的恰恰是这类逻辑。

> 需要特别指出的是：企业的数字化转型往往具有强烈的个性化，不能照抄照搬其他企业的做法。所以，数字化转型工作往往具有创新项目的特点。

许多重大项目经常强调做共性技术，从而不必对具体场景和需求进行描述。事实上，共性技术一定起源于个性化需求。创新的常规逻辑也是先解决个性化问题，再提炼共性技术或产品。对有些学院派专家来说，研究共性技术只是一个借口，用来淡化其对用户和需求的无知。没有个性化技术的历练和基础，谈共性技术就是"空中楼阁"。

> 有个土财主，看别人家建了一座新房子，自己也想建一座。有一天，财主到了工地，看到工匠正在打地基。就很不高兴地说："我不要地基，我只要第三层楼"。

除了申报过程，项目验收阶段也面临类似问题。

在评价创新项目时，往往要求用专利、论文等"创新点"衡量技术的水平。这种做法其实并不科学。现实中，低水平的改进型项目往往容易找到创新点，高水平的原创型项目反而不容易找到创新点。这其实并不奇怪，因为**创新点是比较的结果**，但两类项目的比较对象是不一样的。

> 工业软件 A 是原创技术，采用了微分方程模型。专家对 A 项目进行评价时，不认为这是个创新点，因为微分方程早已广泛地用于多个技术领域。工业软件 B 是从国外引进的，采用了精度较差的代数模型；国内技术人员改进技术时，用微分方程来替换。专家评价时，认为采用微分方程是个典型的创新点。由此可见，改进型创新的创新点是与原有技术比较的，而原始创新的创新点则是与其他众多技术比较的。所以，原始创新往往难找创新点。

创新理论告诉我们，系统性、原始性创新要尽量争取用成熟的技术达到技术目标。换句话说，创新高手会尽量避免出现过多的创新点，以降低创新的风险。所以，用创新点评价原创技术，往往并不合适。

任正非曾经告诫华为的员工：不要为了炫耀锄头，而忘记种地。他的意思是要关注技术的作用和价值而不是技术本身。但我国许多地方的做法往往相反，专利、论文、软件著作权，甚至 AI 算法、机器人的数量都作为评价指标。

> 某高档品牌汽车的顶部有块宝石。久而久之，宝石成了这款汽车的标志，人们习惯用这个标志识别它：车顶有宝石的，是世界上最好的汽车。于是，有家企业突发奇想：在自己的车上安装更大的宝石，并对外

宣称：更大的宝石、更好的汽车。结果显而易见，这并没有达到应有的效果。因此，如果用"标志"评价对象本身，会导致"标志"的失效。

人们用专利、论文等"标志"评价创新项目时，也容易陷入这种荒唐的逻辑。

创新项目申报表、评审表等文档，反映了科技主管单位对创新底层逻辑的认知。这些认知是模仿、跟随当前时代形成的。如果不加以改变，必然会阻碍创新的发展。这种问题长期存在的背后原因是话语权的问题。

科技活动中的话语权问题

在我国的高层次科技项目中，项目申报和评价的过程有许多长期存在的偏见。这些偏见之所以能够长期存在，与话语权有关。前面曾经提到，我国科技界存在着一种"幸存者偏差"：工业技术和学术研究不一样，但工业技术的话语权却往往掌握在对现代工业了解甚少的学院派专家手里。

学术界对技术创新拥有话语权的做法来历已久，有特定的历史原因。

许多年前，我国从苏联引进了一台 PID 控制器。那时工厂的技术人员不懂现代科技，不了解 PID 控制器的调参技术。刚从美国归来的周教授得知后，帮助调好了相关的参数。这件事在当时的影响很大。媒体经常用这样的例子进行宣传：知识就是力量！

现代工业的特点之一，是与科学知识深度结合。在新中国成立之初，中国工业非常落后且懂得现代科学知识的人才非常少。掌握现代科学知识的优秀人才，往往在高等院校或科研院所工作。那时，高校和科研院所是我国的科技人才的聚集地，为企业提供科学知识和技术信息。由此，我国技术创新的话语权就基本掌握在学术界手里。

学术界的知名度往往与发表的论文数量有关。学术界的专家需要通过写论文提高知名度。与之相反，为了保持技术秘密，企业科技人员往往不会把核心技术拿出来交流。另外，由于我国工业长期落后，真正拿得出手的科技成果少，科技含量也低。这样，学术界专家的知名度和话语权往往就高于企业界。

然而，随着社会不断发展，情况逐渐发生了变化。

首先是科技人才短缺问题得到了缓解。改革开放之后恢复高考，迅速培养了大批懂得现代科技的人才，大大缓解了我国科技人才短缺的问题，企业里面掌握科学知识的大学生越来越多。最近，研究生去工厂已经成为一种新的趋势。

其次是现代化工业技术的引进。改革开放之后，我国大量引进国外的先进技术。我国许多行业的技术水平迅速提升了几十年。现代工业企业不仅有现代化的技术，更有现代化的管理。只有把技术和管理融合在一起，才能服务于现代化企业。在企业长期工作的人，才有机会深入学习和理解现代工业的技术和管理。学术界对现代化企业的了解，往往只是走马观花。学术界的技术专家，对现代化管理的理解也更浅。

> 佘老是新中国成立初期毕业的大学生。在他的大学同学中，成绩最好的留在科研机构，成绩中等的去了大厂工作，成绩较差的去了小厂工作。几十年后，班里的同学聚会，发现小厂的同学水平最高，留在科研机构的同学水平最差。原来，科研机构的同学往往只做"显微镜下的学问"；大厂的同学往往负责一个车间的技术，可以研究"车间的学问"；而小厂的同学是厂里唯一的大学生，可以研究"全厂的学问"。由此可见，工程师的学问往往是"实践中获得的学问"。

最后是信息技术的发展。过去，学术界具有获取信息的相对优势。但是，随着互联网的发展，企业科技人员获得信息的条件大大改善了，学术界的信息优势也被削弱了。当企业从跟随和模仿阶段进入创新阶段，科技期刊的重要性也降低了。事实上，跟随和模仿型企业，往往更关注领先企业的做法；企业从跟随走向引领时，需求、市场和供应商的信息更加重要。

最近几年，我国企业的技术水平和创新能力不断提升。以华为、大疆等为代表的中国企业，开始走在了引领科技发展的道路上。我国企业创新能力正在发生巨大的变化，但话语权的问题依然存在。

> 在发达国家，学术界对技术创新也拥有一定的话语权。但他们的话语权，主要在基础性、原创性领域。国外有些实践经验丰富的工程师，会在退休前转为高校老师，从事服务于制造业的研究。但是，由于评价机制方面的原因，我国企业与高校之间缺乏旋转门，能够深度了解现代工业的教师比较少。

话语权问题，会影响国家的政策导向。只会"纸上谈兵"的学院派专家拥有不适当的话语权时，可能会误导国家的政策、也会误导年轻人的职业发展规划，有关部门必须引起重视。

市场失灵与研发机制创新

我国从制造大国走向制造强国，必须发展高科技。在发达国家，市场可以有力地推动高科技的发展；但对发展中国家来说，发展高科技经常会面临市场失灵。换句话说，纯粹依靠市场经济，发展中国家无法与发达国家竞争。要发展高科技，不仅要建立和完善科技市场，还需要政府、行业组织的支持和帮助。

科技项目立项或验收时，往往需要组织专家委员会进行评价。评价结果中总会有些不合常识的项目，最终却能经过层层筛选甚至获奖。这是一个值得深思的问题。只有通过深入的改革，才能解决这个问题。

我们知道，市场机制的好处是用户评价。也就是说，用户通过购买产品或者技术，"奖励"创新者。高科技产品的市场失灵，往往是因为没有足够大的市场，科技团队无法获得足够的收入来养活自己。国家和行业组织的本质作用，是弥补创新者经费的不足。由此看来，我国的科技改革应该将政府投入和用户评价真正地结合起来。为此，用户和企业需要有更大的话语权。

第二十五章

Mind and Hand
知行

抛开数字化转型的执念

工业企业推进数字化技术时，应以促进持续改进为抓手，并以"润物细无声"的方式进行。长期战略要为更有效的持续改进创造条件；革命性创新要注重把满足个性化需求的技术通用化。特殊的和偶然的成功，不应该成为多数企业刻意追求的目标。

放弃理想的执念

有位居士来到寺院，向高僧请教。居士坐下后，高僧给他倒茶，水溢出了杯子，高僧却没有停下。居士急忙阻止："水满了，倒不进去了。"高僧顺势开导说："你的脑子也被执念占满了，怎么能听进我的话呢？"

现实中，阻碍工业企业推进数字化技术的最大阻力，往往不是技术上的困难,而是不切实际的固执思想。头脑有了这些执念,就意识不到真正应该做的事情。

> 有些人有认识方面的执念和偏见,如智能工厂就是无人工厂;机器知道自己什么时候会出现故障;计算机能自动地设计产品和工艺;如果市场有需求,汽车厂马上可以生产冰箱。

这样的设想往往过于理想,很难在可以预见的未来实现。盲目地追求技术的先进性,不仅缺乏技术可行性,也缺乏经济可行性。

有人特别喜欢宣传一些特殊的案例,如某鞋厂通过数字化技术进军健康产业,他们认为这样的工作才算得上真正的数字化转型。但对多数工业企业来说,把极端特殊条件下才能成功的做法当作追求的目标,就是追求小概率事件,并非明智的做法。

人们或许会说,跨界创新的成功案例很多,但人们看到的案例往往也存在"幸存者偏差"——少数成功的容易被看到,多数失败的往往看不到。但是,有了这样的错觉,有人就会觉得大家都在跨界创新。对大多数企业来说,跨界创新的机会是可遇不可求的,不能想当然地把小概率事件当作普遍的做法。

数字化转型的成功,本质上取决于业务活动的经济性,而不是业务逻辑本身。比如,"流水线上的个性化定制"是工业 4.0 的典型场景,对于生产高档西装的企业来说,这种场景或许具备经济性;但对于生产袜子的企业来说,就难以有经济性。再如,通过设备维护实现"从制造到服务"的转型,是工业互联网的典型场景,对制造飞机发动机的公司来说,这种模式是可行的;但对生产玩具飞机的企业来说,就不一定适合了。

很多人希望数字化转型带来跨越式发展。改革开放之初,有些企业全面、系统地引进了国外先进的技术和管理,实现了跨越式发展,技术水平迅速提升。但这种跨越式发展往往有两个前提:首先是技术差距大,可以直接复制国外先进的技术,而不必重复他们的研发过程;其次是新工厂建设时直接系统化地采用新技术,不必采用修修补补的方式。

改革开放四十多年来,国内企业与国外先进企业的差距逐渐缩小,国外对我们的技术限制越来越多,第一个前提逐步消失了。对多数企业来说,推进数字化、智能化改造,是在已有的生产线上进行,改造过程需要考虑很多现实条件,因此第二个前提往往也不存在。所以,对多数企业来说,奢望跨越式发展并不现实。

工业企业推进数字化时,要兼顾经济和技术可行性,以下有两种做法可参考。

第一,走演进道路,力求"从量变到质变",这种做法尤其适合工业企业。走演进发展之路,强调的是现实的需求驱动,要根据外部市场的需求和企业内部的条件,做好每一件小事,并长期坚持下去。但是,逐步演进并不意味着走一步看一步,同样需要有战略性、前瞻性的目标。具体地说,要为不断演进奠定基础条件,让每一次的优化和改进成本更低、效率更高、风险更小;要让员工有更高的热情投入到变革之中;要有合适的组织体系和人才队伍支撑。需要特别指出的是,在逐步演进的道路上,也会产生伟大的创新。在持续改进过程中,有更多的机会把个性化需求变成通用的技术和产品,进而开辟新的技术和业务领域。

第二,主动寻找跨界融合的机会,这种做法适合创业公司。我们前面提到,跨界融合是小概率事件。但换个角度,没有机会的时候可以去寻找机会;发现机会以后,可以创造条件把小概率事件变成大概率事件。比如改变人与人、部门与部门、企业与企业的协作方式。这些机会可能出现在高端企业,也可能出现在低端企业,但高端企业往往会产生新技术,低端往往产生新的商业模式。这些机会往往出现在人们不太关注的细分领域,并逐渐发展壮大。从这个角度看,跨界融合也有"从量变到质变"的过程,只是量变的过程不容易被看到,质变的过程容易被看到。

跨界融合的一种常见模式是在具有上下游关系的企业之间,建立特殊的合作关系，比如共同出资建立一家企业。这家企业首先服务于下游企业的技术改造或创新。在此基础上，以新技术为核心业务建立新的部门，服务于下游企业的同类企业。这样，新企业就可以在技术扩散的过程中创造价值。

企业可以通过自身的努力推动持续改进，而大的创新和变革则需要特殊的机遇。有机遇的时候努力抓住，没有机遇的时候也不可强求。

按照《蓝海战略》中的观点，企业应该寻求竞争者少的新领域，也就是所谓的"蓝海"；而不是停留在激烈竞争的传统领域，也就是所谓的"红海"。这个观点其实更适合科技类和服务类的创新型企业，而不是传统工业企业。在数字化时代，创新型企业应该寻找数字化的蓝海，推出创新型的工具和技术，服务于新的市场或用户；工业企业必须坚守长期、持续的改进，同时还要积极采用数字化的技术和手段，才能取得竞争的优势。

实践带动技术进步

技术领先往往是实践领先的结果。

几年前，上海有家广告设计公司。这家公司的设计师全都采用数字化设计方式，公司的数据处理量很大，服务器每天的耗电量就超过十万度。对这家企业来说，全面采用数字化设计便于知识的复用，可以降低设计成本，提高设计效率。

数字化转型有许多新理论，有些企业的实践远远早于理论的提出。这样的企业往往有个共性：需求强烈，技术价值容易体现。

"流水线上的定制化生产"是工业 4.0 的显著特征。在工业 4.0 的概念提出之前，某服装厂就在流水线上生产定制化西装了，通过流水线提高了生产效率。

工业互联网技术的典型应用场景和方式，也发生在工业互联网的概念提出之前，比如罗罗公司为航空公司提供飞机发动机维护的服务，石油和新能源领域的企业对野外运行设备采用远程监控技术等。

数字化转型的相关理论，通常建立在先行者成功实践的基础之上。宝钢老专家王洪水先生有个观点：

> 一个企业看到其他企业有 ERP，也要上线 ERP，它已经落后了。一个企业看到其他企业研发大数据，它也要干大数据，那它不仅是落后了，而且已经丢失了大量不可恢复的数据。一个企业看到工业 4.0 不错，也要上线工业 4.0，它又落后了，因为人家早就开展智能式发展应用了，工业 4.0 只不过是其经验归纳。

要想实现技术领先，现实逻辑往往是这样的：业务实践领先带动技术需求领先，技术需求领先带动技术应用和研发的领先。

> 有人根据企业采用多少机器人、多少 5G 设备、多少 AI 技术等衡量数字化转型的程度，这犯了本质性的错误——不是从需求入手，而是从技术入手。这样的目标容易导致形式主义，偏离数字化转型的初衷。

数字化转型的目标可以用业务需求来表达，如产品的缺陷率、生产作业率、设备故障率、库存量、单位时间产量、人均产量、单位产品能耗、产品研发周期、采购周期、交货周期、客户响应时间等。这样的目标，员工听得明白，领导便于推进，部门便于协调，能起到"纲举目张"的作用。

责任心是基础

> 多年来，有家企业一直把高压蒸汽和低压蒸汽混在一起使用。后来把高压蒸汽直接送给发电厂，每天多发电 1 万度。要做这件事，仅仅需要动一下阀门的开关。

这家企业之所以会发生这种变化，背后有个重要的原因是企业换了新的领导班子，职工的精神面貌也为之改变。推进数字转型时，职工要真正关心自己的企业；企业要把存在的问题发掘出来，问题找到之后就有了需求，有了需求就容易带动数字化技术。

| 我们公司有个车间，应该怎样进行数字化转型？

要回答这个问题，企业经营者首先应该知道企业存在的问题和不足，从而在推进数字化转型时，根据问题提出需求。企业可利用数字化技术来解决这些问题的。如果企业的管理者不了解存在的问题，其实是用心不够的表现。

数字化转型的一个重要作用是促进企业全局利益最大化，这个过程的困难不仅有技术困难，还需要协调部门和个人利益问题。要解决这些问题，企业必须有好的企业文化氛围。

在推进数字化转型时，许多单位都遇到一个困难：找不到能够通盘搞清公司业务的人。这时，常见的办法是：各个部门提出自己的需求，再由主管部门统筹。但部门往往都是从自身的角度考虑问题，统筹出来结果未必能代表企业的整体利益。为此，笔者认为：部门策划数字化转型工作时，需要相关部门参加，而不是关起门来自己搞。相关部门为了便于把自己的工作做好，会对其他部门的方案提出自己的要求。多方要求产生矛盾时，再由公司进行权衡。

第二十六章

Mind and Hand
知行

工业文化与工业数字化

"文化"往往被看作虚无缥缈的东西，却实实在在地影响着人们做事的习惯、态度和价值观。文化在特定环境下形成，并适应特定的环境，但人们经常把一个环境下形成的文化，带入另外一个环境中。企业文化风格不同的人在一起工作，会降低合作的效率，导致彼此之间的不信任。德国《工业4.0》白皮书中提到，传统制造业和信息产业之间存在文化冲突，而文化冲突是必须面对的问题。事实上，我国工业企业推进数字化技术时，会面对更多的文化冲突。认识文化冲突、正视文化冲突、主动化解矛盾，有利于推动数字化技术的演进。

工业文化

改革开放以来，我国一直处于高速发展阶段，各个地方的发展却不均衡。人的思想转变，并不是一朝一夕就能完成的，许多人的思想是落后于时代的。

工业文化更强调时间、规范、协同和纪律。进入工业社会以后，人们的文化观念也要因时而变。

> 建设某核电项目时，法国管理者要求焊工严格按照他们的标准进行焊接。这个要求引起了中国工人的不满："老师傅的做法更好，为什么一定要按他们的标准做呢？"外国专家解释说，这样才能保证施工质量的一致性。

这样的冲突，在现实中屡见不鲜。这种冲突的本质，是传统工业文化与现代工业文化的冲突。现代工业对标准化和持续改进的执着、对极限质量的追求、对管理的严苛超出常人的想象。

IT 文化与工业文化

> 微软程序员自豪地对通用汽车的工程师说："如果通用能像微软一样推动技术创新，那么每辆车只需要 100 美元，1 升油可以跑 100 公里。"通用的工程师反驳道："如果通用像微软那样创新，车子开到半路会莫名其妙地熄火。司机只有关闭所有的窗户（Window），然后再打开，车子才能发动起来。"

上面的对话反映了工业文化和 IT 文化的冲突。工业企业推进数字化转型时，也会面临诸多类似的文化冲突。

> 公司领导让 IT 部门统计科研项目的准时结题率。IT 部门的人感到困难，领导非常不理解。IT 部门解释道："结题涉及很多的时间节点，比如提交结题申请、提交用户使用报告、启动专家评审、专家评审会议召开、专家提交评审结论、项目组提交结题档案等，到底按照哪个节点统计呢？"

传统工业领域的工程师经常这样评价程序员：喜欢钻牛角尖，在细节上较真。但程序员把想法变成代码时，必须把细节搞得非常清楚。在IT行业工作的人，思维逻辑周密是必须的；工业专家的很多知识来源于经验，描述问题时也喜欢用模糊的语言。

在数字化时代，需要把人做事的逻辑传达给计算机。工业专家提出自己的想法时，只针对常规、正常的工况，而忽视异常情况，常用一些模糊的语言，需要IT人士转化成明确的、计算机可执行的代码。在管理好的企业里，虽然异常时间的占比低，但是异常的种类却非常多，危害也非常大。有经验的IT专家会追问这些逻辑，导致工业专家不胜其烦；缺乏经验的IT人员追问得不深，问题就会出现在应用的过程中。

前些年，互联网思维非常流行。互联网思维主张快速扩张、跨界打击，但传统制造业是发展相对慢的产业，经常强调工匠精神，强调专注，主张"十年磨一剑"。在工业领域，做一件事往往需要深入论证，需要经验丰富的老专家来把关；否则，很可能"欲速则不达"。而在IT、互联网产业，常常需要迅速做出决策并在行动中修正，否则就会失去机会。这其实也是一种文化冲突。有了这种文化冲突，才会有工业互联网"姓工还是姓网"的争论。

研发与生产的文化冲突

工厂的数字化转型是一场创新，往往需要研发部门的参与。生产部门和研发部门工作方式不一样，相应的文化也不相同。

生产部门往往是典型的工业文化，强调计划、规范、协同、服从。生产部门的工作不能容忍目标不清晰、计划不准确、做事不规范等问题。研发部门的文化则与科研院所类似。研发过程往往面对各种不确定性，研发过程的效率和质量高度依赖于研发人员。在科研过程的初期，思路和目标都不太清楚，研发过程也经常会遇到意外，很难准确把握时间，计划和执行往往也难以统一。这些问题往往都是必须容忍的：如果不容忍这些问题，也就没有真正的创新。所以，研发部门讲究宽松、自由、平等。

当企业的研发部门发展到一定的规模，也需要区分项目的类型和划分成不同的项目组，或者把研究和开发分开独立成分部门。研究氛围宽松自由，开发氛围强调计划性。当然，研发部门也应该向生产部门学习，尽量提高执行力和计划的准确程度。

工业数字化与科技向善

推进工业数字化时，要继承现代工业文化和研发文化的精华，并不断演进；要追求极致的产品质量、响应速度、工作效率、安全稳定性等；要崇尚持续改进；要习惯于用数据说话。发生问题时，要习惯于找到问题背后的原因，而不仅仅是就事论事；要客观、理性地讨论问题，敢于挑战权威的观点。

数字文化强调系统和全局，要把局部的问题放在更大时间和空间尺度上去优化和改进。这时，往往需要触动人的权限和利益。需要强调的是：调整的目的是"增值"而不是"让老实人吃亏"。

> 数字化转型的一项重要工作是把人的知识软件化。如果人们贡献了知识却丢失了自己的工作岗位，就不是以人为本，数字化的进程就会受阻。

管理的目的是激发人的善意。如果勤奋工作和游手好闲得到相同的评价，清正廉洁和贪污腐败受到同样的待遇，就不能激发人的善意。数字化技术的作用之一是提高评价的科学公正性，真正落实"多劳多得""善有善报"，从而激发人的善意、促进公平合理。正如宝钢老领导何麟生先生所说的：数字化技术能促进"利和义的统一"。

在传统的管理过程中，"授权"和"受控"往往是矛盾的。企业为了避免不受控的事情，往往不愿意给基层授权，从而降低了企业工作效率和灵活性，也降低了企业的竞争力。通过数字化技术的应用，能有效地化解"授权"和"受控"的矛盾，提高企业的竞争力。

传统工业企业往往强调"服从原则"，这不仅会带来管理的僵化，影响企业价值最大化，也会带来严重的官僚主义。在数字化时代，"服从原则"会转向"协同原则"。强调协同，能进一步促进人与人之间的**平等**意识，这也是"科技向善"。

科技向善最根本的作用，是提高生产力的水平。人类社会发展最重要的推动力，就是生产力水平的提高。